2판

아동 권리와 복지

성 영 화

YANGSEOWON
양서원

머리말

집필을 시작하고 또 마무리하며

내가 아동 권리와 복지라는 주제에 관심을 쏟기 시작한 것은 유아교육과 학생들에게 관련 교과목을 지도하면서부터이다. 유아교사를 꿈꾸며 교과목을 이수했던 2000년대 초반만 하더라도 아동 권리와 복지라는 교과목은 당시 교육과정에서 찾아볼 수 없었다. 학생이었던 내가 개설되지 않았던 교과목을 수강할 수 있는 방법도 없었다.

배움의 기회가 충분하지 않았던 아동 권리와 복지라는 교과목을 학생들에게 잘 가르치기 위해서는 충분히 준비를 해야 했다. 아동 권리와 복지 교재를 찾아보고, 논문을 검색했으며, 관련 기사나 통계도 살펴보았다. 물론 교과목의 내용을 온전히 이해하기 위해서 성실히 준비하는 것은 교수자의 당연한 자세라고 누군가는 말할지도 모른다.

그러나 아동 권리와 복지에 관한 자료를 탐색하는 과정에서는 그동안 관심을 기울이지 않았던 낯선 용어나 정책을 들여다 보아야 했다. 시대적 상황과 맞물려 아동의 권리를 존중하고 아동을 위한 복지를 실현하는 것은 우리 사회의 당연한 책임으로 여겨진다. 다만, 학생들에게 아동 권리나 아동 복지에 조금 더 관심을 기울이도록 잘 가르치는 것은 별개로 느껴졌다. 비단 나만의 고민은 아니었을 것으로 짐작한다.

아동 권리와 복지에서 말하는 아동은 영아기부터 청소년기까지의 아이들이다. 그러다 보니 유아교육과를 다니며 유아발달, 유아놀이지도, 유아교육과정, 유아언어지도, 유아미술교육, 유아과학교육 등 유아를 핵심어로 하여 관련 내용을 중점적으로 학습하는 학생들에게 아동이라는 단어가 포함된 이 교과목은 낯설게 느껴지거나 부담으로 작용하였다. 따라서 이 교과목을 배워야 하는 필요성을 스스로 인식하도록 학생들에게 그 동기를 유발하는 것은 아동 권리와 복지라는 교과목을 지도하는 데 있어서 선결 문제로 생각되었다. 학습의 필요성을 느낀 학생들에게는 아동 권리와 복지에 관한 주제를 폭넓게 생각하며 사고의 깊이를 더하도록 지도할 수 있었다. 다른 교과목에서 다루지 않는 주제들이나 용어를 포함하고 있는 아동 권리와 복지 교과목이므로 주제나 개념을 이해하도록 지원하는 것도 학생들을 지도하는 과정에서는 매우 중요했다.

아동 권리와 복지라는 교과목을 지도하면서 교재에 제시된 이론을 다루고 연계된 활동을 진행한 후 주제 발표를 했던 경험도 있다. 이론에서는 제시된 용어나 복지 정책을 최대한 쉽게 설명하며 강의식 수업을 진행했다. 교수자 주도의 강의식 수업은 학생들에게 수동적인 학습으로 이어질 수 있지만, 이 수업만큼은 학생들에게 아동 권리와 복지에 관한 기본적인 이론에 다가가도록 하는 배움의 시간이었다. 연계된 활동은 학생 간의 소통을 통해 서로의 생각을 나누고, 생각을 키워가는 내용으로 구성했다. 입양에 관한 이야기를 동영상으로 시청하고, 아동의 관점에서 본 입양을 바탕으로 그 뒷이야기를 구성해 보는 활동이 있었다. 주제 발표는 아동 권리나 복지에 관한 주제를 선정해, 교재에서 다루지 않은 아동의 어려움을 깊이 있게 조사하여 발표하도록 했다. 교재에 제시된 빈곤 가정 아동의 어려움에서 더 나아가 코로나 바이러스-19라는 상황을 고려하여 교육적 빈곤을 자세히 조사한 학생들이 있었다. 입양에 관한 교재의 내용을 바탕으로 파양되는 아동을 집중 조명한 학생들도 있었다. 이 과정에서 학생들이 학습하는 내용은 선정된 교재에 영향을 많이 받을 수밖에 없었다. 이에 학생들이 조금 더 아동의 권리를 이해하고 아동의 복지와 관련한 우리 사회의 여러 현상들에 관심을 기울이도록 저서를 집필하고 싶다는 생각을 키웠다. 이 저서를 집필하게 된 동기는 온전히 개인적 경험에서 출발했지만, 비슷한 어려움을 겪고 있는 이들에게 도움이 되기를 간절히 희망하며 각 장을 집필했다.

이 저서는 총 13장으로 구성되어 있다. 1장은 아동의 삶, 그리고 권리와 복지이다. 2장은 아동 권리와 복지의 의미이며, 3장은 아동 권리와 복지 관련 법과 정책이다. 4장에서는 아동 권리와 복지의 행정과 실천을 다룬다. 5장은 보육 아동의 권리와 복지, 6장은 장애 아동의 권리와 복지, 7장은 빈곤 가정 아동의 권리와 복지, 8장은 다문화 가정 아동의 권리와 복지, 9장은 시설보호 아동의 권리와 복지이다. 10장은 가정위탁보호 아동의 권리와 복지, 11장은 입양 아동의 권리와 복지, 12장은 학대피해 아동의 권리와 복지를 살핀다. 마지막으로 13장은 아동의 권리와 복지의 방향을 다룬다.

이 저서는 유아교사를 꿈꾸는 학생들에게 와닿기 위한 목적으로 집필을 시작했지만, 이 주제에 관심을 가지는 모든 이들에게 다가가기를 희망한다. 아동의 권리를 보장하고 복지를 실현하는 것은 우리 모두의 노력이 필요하기 때문이다. 조금 더 구체적으로 생각을 나누기 위해 한 걸음 다가가기, 두 걸음 찾아가기, 세 걸음 성장하기를 마련해 두었다. 한 걸음 다가가기는 각 장의 맨 처음에 제시하여 그 상황에 놓인 아동의 모습을 떠올려보도록 구성하였다. 두 걸음 찾아가기는 각 장의 내용을 학습하며, 우리 사회의 양상이나 흐름을 파악하기 위해 독자 스스로 자료를 찾아 정리해 보도록 각 장의 중간에 제시하였다. 세 걸음 성장하기는 각 장의 마무리에 두어, 살펴본 내용을 확장·심화하도록 하였다. 각 구성 요소를 적절히 활용한다면, 아동 권리와 복지에 관한 독자의 생각을 깊고 넓게 펼쳐갈 수 있을 것으로 기대한다.

더불어, 각 장에서 출처를 밝히고 있으나, 아동 복지서비스에 관한 주요 내용은 복지로에서, 법에 관한 주요 내용은 국가법령정보센터에서 찾아 기재하였음을 또 한 번 밝힌다. 각 장에 제시된 교사는 유아교사이며, 아동 연령은 2023년 6월 28일부터 통일된 만 연령으로 제시한 점도 함께 안내한다.

아동 권리와 복지라는 저서는 그 목차를 구성하고, 내용을 집필하기까지 길고 긴 고민의 시간이 있었다. 아동 권리와 복지에 관한 기초 지식을 어느 정도까지 다루어야 할지에 대한 고민만 있었던 것은 아니다. 입양 가정과 다문화 가정이나 그 가정의 아동이 경험하는 어려움 중 하나로 사회의 불편한 시선을 꼽기에, 나의 고정관념이 저서의 내용에 담기게 될까를 항상 살피며 집필해야 했다. 집필 과정은 더욱 길어졌다. 그만큼 각 내용 하나하나를 집필하며 신중하고자 노력했다.

우리나라는 아동의 권리를 존중하고 복지를 실현하기 위해 계속적으로 정책을 만들며 지원을 해나가고 있다. 이러한 흐름에 비추어 본다면, 아동 권리와 복지에 관한 저서의 내용 또한 변화가 필요하리라 본다. 아동 권리와 복지에서 다 스며들지 못한 이야기는 앞으로도 수정을 해 나갈 것이다.

오랜 시간 준비해 온 아동 권리와 복지라는 저서의 집필을 마무리하도록 지원해 준 모든 이들에게 고마움을 전한다. 더불어, 처음부터 마무리까지 편집에 온 힘을 다해준 양서원 출판사 분들에게도 고마움을 표한다.

아동 권리와 복지 저서의 집필을 마무리한 지 2년이라는 시간이 흘러간다. 짧으면 짧은 그 시간 동안 아동의 권리를 보장하고 복지를 실현하기 위한 우리 사회의 노력 속에 여러 가지 사회적 변화가 있었다. 특히, 보육은 보건복지부에서 교육부로 담당 부처를 바꾼 후 유보통합을 위한 계속적인 변화를 시도하고 있다. 이러한 변화를 담아내기 위해서는 아동 권리와 복지 저서를 개정해야 했다.

개정판에서는 우리 사회에서 변화된 아동 권리와 복지 부분들을 반영하기 위해 부분적으로 수정하였다. 물론 앞으로도 아동 권리와 복지와 관련한 우리 사회의 노력이 계속되는 한 저서의 개정 또한 필요하리라 생각한다. 이러한 내용을 저서에 담으며 앞으로 우리 사회 구성원들이 아동의 권리를 보장하고 그들의 행복을 지원하기 위해 다 함께 노력해 가기를 바라본다.

2025년 12월 1일

저자 성영화 올림

목차

Chapter 5 보육 아동의 권리와 복지

Chapter 6 장애 아동의 권리와 복지

Chapter 7 빈곤 가정 아동의 권리와 복지

Chapter 8 다문화 가정 아동의 권리와 복지

Chapter 9 시설보호 아동의 권리와 복지

Chapter 10 가정위탁보호 아동의 권리와 복지

Chapter 11 입양 아동의 권리와 복지

Chapter 12 학대피해 아동의 권리와 복지

Chapter 13 아동의 권리와 복지의 방향

CHAPTER

1

아동의 삶, 그리고 권리와 복지

한 걸음 다가가기

○○에게 가장 행복한 시간은 유치원에서 친구들과 함께 놀이할 때입니다. 친구들과 놀이할 생각에 ○○는 오늘도 유치원으로 향하는 발걸음이 경쾌합니다. 유치원 교실에 도착하자, ○○는 가방을 정리한 후 곧장 역할놀이 영역으로 향합니다. ○○는 역할놀이 영역에 있던 단짝 친구 □□와 함께 하고 싶은 놀이를 이야기 나눕니다. ○○와 □□는 소풍 놀이를 시작합니다.

오리엔테이션이 있는 날, 부모의 손을 잡고 유치원으로 향하는 유아

초등학교 입학 통지서에 적힌 학교로 향하며 의무교육의 첫발을 내딛는 초등학생

중학교 배정 통지서로 안내받은 학교로 걸어가는 교복을 입은 중학생

미래를 꿈꾸며 스스로 선택한 고등학교로 등교하는 고등학생

아동기에 있는 아이들은 누구나 교육받을 권리를 가진다. 교육의 형태나 방법이 다양하더라도 모든 아동은 어떤 이유에서든 차별받지 않으며 교육을 받을 수 있다. 또한 유치원부터 고등학교까지 어떤 교육기관을 이용하든 아동은 그 공간에서 교사를 만난다. 따뜻한 마음을 가진 교사, 공감을 잘해 주는 교사는 아동의 마음속 깊이 좋은 추억을 남긴다. 반대로 무관심한 교사, 부적절한 언행을 하는 교사는 아동의 마음속 한편에 상처를 남긴다. 교사의 성향, 교육관, 아동관은 다양하므로 아동이 만나는 교사도 다양하다. 이러한 교사는 아동의 현재 삶에 긍정적·부정적으로 영향을 미친다. 그 영향력은 이후 아동의 삶으로도 이어진다.

교사의 의미는 교육으로만 국한되지 않는다. 그러므로 보육교사, 유치원 교사, 초등학교 교사, 중등학교 교사뿐만 아니라 특수교사, 방과 후 담당 교사 등 모든 교사는 아동의 권리를 존중하기 위해 노력을 해야 한다. 아동의 권리를 존중하고 복지를 실현하는 데 기여하는 매우 중요한 인적 자원이 바로 교사인 것이다.

아동의 권리 존중과 복지 실현에 있어서 아동과 교사는 뗄 수 없는 관계에 놓여 있다. 이에 1장은 현 시대를 살아가는 아동의 삶을 우선적으로 들여다보며 아동 권리, 복지, 교사에 관해 생각해 본다. 아동 권리와 복지에 관한 교사들의 생각이나 관점은 아동을 대상으로 교육을 실천하고 아동의 권리를 존중하는 데 주요하게 작용한다. 그러므로 1장의 내용을 살펴보며 교사로서 평소 아동 권리와 복지에 대한 관심 정도, 그 방향성에 대한 자신의 생각을 스스로 점검해 보기를 바란다. 이 과정에서는 교사로 아동의 삶을 조금 더 이해하고 그들의 권리를 존중하기 위한 복지 증진에 한 걸음 더 다가가게 될 것이다.

1. 아동의 삶

사람들은 새해를 맞이한 아동에게 건강하게 자라라며 덕담을 한다. 생일을 맞이한 아동에게는 "생일 축하해 그리고 늘 행복했으면 좋겠어"라고 말한다. 아동도 이날만큼은 행복하고 즐거운 시간을 보낸다. 그렇다면 현 시대를 살아가고 있는 아동의 삶은 마냥 행복하고 즐겁기만 할까? 우리는 그리고 아동들은 "아니오"라고 답한다. 마냥 축하를 받아야 할 생일에도 삶의 끈을 놓고 싶어 하는 아동이 있다. 불의의 사고나 사회의 무관심 속에서 목숨을 잃어가는 아동도 있다.

아동이 살아가는 삶의 모습을 보여주는 숫자가 있다. 이러한 숫자는 현 시대를 살아가는 아동들의 삶에서 보여지는 모습이나 특성을 통계적으로 드러냄과 동시에 미래를 살아갈 아동기 삶의 모습 또한 그려보게 한다. 비록 평균값이나 중위값으로 나타내는 숫자가 모든 아동의 삶을 대변하지 않지만 적어도 그 숫자의 의미는 우리 사회 구성원 모두 관심을 기울여야 한다. 현재 아동의 삶이 행복하지 않거나 앞으로도 밝지 않을 것으로 전망될 때는 아동의 관점에서 아동의 권리를 존중하고 복지를 실현하기 위한 방향을 다시 고민해야 한다. 우리는 모든 아동의 행복한 삶을 응원하기에, 미성숙한 아동을 보호해야 할 사회 구성원으로 책임감 있는 노력이 시작되어야 하는 것이다. 아이 한 명을 잘 키우기 위해서는 온 마을이 필요하다는 아프리카 속담처럼, 사회 구성원 모두의 관심이 절실하다. 아동기 자녀를 둔 가정에서뿐만 아니라 아동의 이웃, 지역사회 구성원 모두의 관심이 필요하다.

아동이 살아가는 삶의 모습을 보여주는 숫자를 하나씩 짚어본다. 앞서 말했듯 이 숫자는 모든 아동의 삶을 대표한다고 말하기 어렵다. 개별 아동마다 살아가는 삶의 모습은 아동의 특성, 가정환경 그리고 사회문화적 환경에 따라 모두 다르기 때문에, 아동의 삶이 행복하거나 불행하다고 단정 지어서 말하기 어렵다. 또한 결과를 도출하기 위해 자료를 수집한 시기도 이러한 통계치를 산출하는 데 영향을 미친다. 그 숫자를 올바로 이해하기 위해서는 자료를 수집할 당시의 사회적 상황을 함께 고려해야 한다. 무엇보다 사회는 계속적으로 변하기 때문에, 지금 이 시대를 살아가는 아동기 삶의 모습에서 다시 고민해 보아야 하는 경우도 있다. 그럼에도 이 숫자들은 현 시대에 아동이 살아가는 삶의 모습을 조금이나마 이해하는 데 도움을 줄 것이다.

그러면 합계출산율부터 시작한다. 매해마다 뉴스를 통해 보도되는 숫자 중 하나는 합계출산율이다. 이 숫자를 발표할 때마다 우리 사회 구성원들은 점점 더 심각성을 느낀다.

2021년 우리나라 합계출산율: 0.808명

(통계청, 2022a)

이 숫자는 통계청(2022a)에서 인구동향조사를 통해 밝힌 우리나라의 합계출산율이다. 합계출산율은 가임기에 있는 여성이 그 시기 동안 출산하는 평균적인 아동의 수를 나타낸다. 즉, 2021년을 기준으로 살펴보면, 가임기 여성이 출산하는 아동의 수는 0.8명으로 한 명이 채 되지 않는다.

우리나라의 합계출산율은 해를 거듭할수록 점점 낮아지고 있다. 2018년부터 합계출산율은 1.00명 이하로 떨어져, 그 이후 지금까지 계속해서 1명 이내로 조사되고 있다(통계청, 2022a). 2023년까지 낮아지던 합계출산율이 2024년 이후 조금씩 높아지고 있다. 이는 코로나바이러스-19 이후 결혼 증가에 따른 일시적 양상으로 분석되기도 한다. 그럼에도 여전히 합계출산율은 1.00명을 넘기지 못하고 있다. 우리나라에서는 각종 사회복지 정책을 통해 자녀 출산을 장려하고 있지만, 뚜렷하다 할 효과가 나타나지 않고 있다.

우리나라는 1960년대에 산아제한정책을 펼쳤다. 산아제한정책이 절정에 달했던 1980년대에는 '아들, 딸 구별 말고 하나만 낳아 잘 기르자'는 표어도 등장했다. 이전까지만 하더라도 남아선호사상이 강했던 우리나라는 대를 잇기 위해 아들을 낳아야 한다고도 생각했다. 그래서 아들을 낳을 때까지 계속해서 자녀를 출산하는 경우도 있었다. 자녀를 출산하는 데 제한이 없었던 시대였다. 산아제한정책으로 자녀의 성별을 구분하지 말고 적게 낳아 잘 키우자는 표어가 등장했던 것이다.

지금은 이러한 산아제한정책도 없는 2020년대이다. 오히려 국가가 나서서 자녀 출산을 강하게 장려하는 2020년대이다. 그러나 합계출산율을 기준으로 보면 출생하는 아동의 수는 1명도 채 되지 않는다. 더 이상 산아제한정책도, 산아제한 표어도 필요하지 않은 시대가 되었다.

그렇다면 왜 합계출산율이 낮아졌을까? 시대적 변화와 사회적 인식의 변화로 여성들의 삶이 변한 데서 그 이유를 찾을 수 있다. 교육의 기회가 증가하면서 여성이 교육받을 기회도 많아졌다. 사회에 진출하여 일하는 여성도 늘었다. 자아실현을 위해 결혼을 늦추거나 아예 비혼을 선택하는 여성도 늘었다. 결혼에 대한 인식의 변화로 남녀의 결혼 적령기도 늦어지고 있다. 결혼을 하더라도 경제적인 이유로 자녀 출산을 망설이는 가정도 있다. 또한 출산과 함께 자녀를 중심으로 한 일상생활의 변화를 바라지 않는 부부들은 자녀 출산을 희망하지 않기도 한다. 딩크(DINK)족이라는 단어가 등장하게 된 것이다. 부모가 되기를 바라는 부부도 있지만, 그들 중 일부는 난임이나 불임으로 자녀를 낳기 어려운 상황에 놓이기도 한다. 즉, 우리 사회에서 합계출산율이 낮아진 이유는 매우 복합적이며 다양하다.

이러한 낮은 출산율은 사회의 변화를 초래했다. 그 변화를 먼저 마주한 곳은 교육계이다. 문을 닫는 학교가 늘고 있다. 학교의 수가 줄어드니, 임용 시험에 합격했지만 새 학기와 함께 일을 시작하지 못한 채 발령이 나기까지 대기하는 교사도 늘고 있다. 유치원도 마찬가지다. 원아 모집에 어려움을 겪는 유치원은 폐원을 결정했다. 그곳에서 근무하던 교사는 다른 유치원으로 옮겼다. 전혀 다른 분야로 이직하는 경우도 있다. 산업에서도 변화를 맞았다. 육아 상품을 만드는 회사에서는 고가의 상품을 출시했다. 실내 놀이 공간들은 주말이 되면 부모와 아동으로 가득했다.

저출산(저출생) 문제에 대응하기 위해서 국가나 지방자치단체에서는 여러 가지 복지정책을 마련해 왔다. 국가에서는 자녀 양육에 따른 경제적 부담을 덜어주기 위해 각 가정에 아동 수당을 주거나 무상 교육을 지원하고 있다. 지방자치단체에서는 2~3명 이상의 자녀로 구성된 가정을 다자녀 가정으로 정의하고, 이 가정을 지원하기 위한 복지정책을 펼치고 있다. 예를 들어, 출산장려금 지원, 주택 지원, 주차·전기 요금 할인 등의 정책이 각 지방자치단체에서 실시되고 있다. 여러 가지 복지정책을 마련하여 출산율의 저하를 막으려 애쓰고 있는 것이다. 그러나 아직까지는 그러한 정책의 효과가 미비하다. 오랜 시간 합계출산율을 높이기 위한 정책을 펼쳐 왔으나 합계출산율은 점점 더 낮아지고 있으니 정책의 효과성을 논하기 어렵다. 저출산 해결을 위한 보다 근본적이고 종합적인 대책 마련이 필요하다.

2021년 14세 이하 아동 안전사고 사망률: 인구 10만 명당 2.2명

(통계청, 2022b)

통계청(2022b)에서 제시한 아동안전사고 사망률은 인구 10만 명당 2.2명으로 조사되었다. 매해마다 발생하고 있는 안전사고를 고려하면, 안전사고로 인해 사망하는 아동의 수는 해마다 점점 줄고 있다. 그 이유는 안전사고를 예방하려는 우리 사회의 노력이 계속되어 왔기 때문이다. 학교에서는 아동을 대상으로 한 안전교육을 매해마다 실시하고 있다. 법적 기준이나 제재를 강화하여 안전사고 피의자에 대한 처벌도 강화하고 있다. 사회 전반적으로 안전사고에 대한 민감도가 높아지면서 아동안전사고는 점점 줄고 있다.

그러나 여전히 안전사고로 인해 목숨을 잃거나 중경상을 입는 아동이 있다. 우리 사회의 지속적인 관심이 필요하다. 아동 안전사고의 원인으로는 아동의 미성숙한 발달과 성인의 부주의를 들 수 있다. 다르게 말하면, 안전사고는 아동을 대상으로 안전교육을 체계적으로 실시하고, 성인이 조금 더 세심하게 주의를 기울인다면 더 많은 안전사고를 예방할 수 있다는 것이다. 아동이 안전한 환경 속에서 마음껏 꿈을 펼치며 살아가도록 안전한 사회 분위기를 조성해야 한다.

모든 생활환경은 아동에게 안전한 곳이어야 한다. 모든 사람은 아동의 안전을 위협하지 않아야 한다. 특히, 많은 시간을 머무르는 가정은 아동에게 가장 안전한 곳이어야 한다. 부모는 아동을 위험으로부터 지켜주는 최선의 보호자이어야 한다. 그러나 최선의 보호를 받아야 하는 가정에서조차 제대로 보살핌을 받지 못하는 아동이 있다. 학대받는 아동이다.

2021년 아동 학대 의심 사례 신고 52,083건

(보건복지부, 2022)

보건복지부(2022)는 2021년에 아동 학대로 의심되는 사례 신고가 5만 건을 넘으며, 2020년에 비해 27.6%나 증가하였다고 보고했다. 아동 학대가 가장 많이 발생하는 장소는 가정인데 코로나 바이러스-19라는 사회적 상황을 고려한다면 학교보다는 집에서 머무르는 시간이 더욱 길어진 아동은 가정 내 학대에 노출될 가능성 또한 더 높아졌을 가능성이 제기된다. 즉, 코로나 바이러스-19로 실직한 부모, 무급 휴직한 부모, 재택근무를 한 부모들이 늘었고, 그만큼 부모와 아동이 가정 내에서 함께하는 시간도 양적으로 늘었다. 중요한 것은 어느 곳에서든, 어떤 상황에서든 아동 학대는 발생하지 않아야 한다. 그러므로 지속적으로 증가하는 아동 학대 의심 사례 신고 건수는 눈여겨보아야 한다.

더불어 아동 학대 의심 신고 건수가 증가한 다른 배경으로는 아동 학대에 대한 사회적 인식의 증가로 아동에게 관심을 기울이는 사람들이 늘고 있다는 점이다. 신고 의무자뿐만 아니라 이웃처럼 비신고 의무자에 의한 신고가 계속적으로 나타나, 아동 학대나 신고에 대한 관심이 증가했음을 볼 수 있다. 과거에는 아동 학대를 그 가정의 문제로 여겨, 아동을 훈육하기 위한 부모의 선택이라는 관점이 우세했다. 현 시대는 그 어떤 이유에서든, 어떤 형태의 학대도 용납하지 않는 사회로 나아가고 있다.

그러나 아동 학대 가해자에 대한 처벌을 계속해서 강화하고 있지만 아동 학대 의심 사례 수와 함께 신고 건수가 지속적으로 늘고 있다는 점은 우려할 상황이다. 아동은 어떤 이유에서든 학대받지 않아야 한다. 아동 학대는 아동에게 신체적인 해를 가할 뿐만 아니라 정서적인 어려움도 야기한다. 즉, 아동 학대는 아동의 건강을 위협한다.

2020년 우리나라 아동의 정신건강(15세 기준) 33개국 중 29위

(유니세프 한국위원회, 2020)

이 숫자는 유니세프 한국위원회(2020)에서 발표한 OECD 및 EU 가입국에서 살아가는 아동의 웰빙 지수를 토대로 한 것으로 우리나라 아동의 정신건강은 이 국가들 중에서 하위에 속한다. 이 보고서에서 발표된 우리나라 아동의 삶에 대한 만족도도 하위에 머물렀다. 경제적 성장으로 과거에 비해 물질적으로는 풍요롭게 살아가는 요즘 시대의 아동들이다. 그런 아동들의 정신건강과 삶의 만족도는 왜 낮을까?

성적으로 스트레스를 받으며 방과 후 학원으로 향하는 아동의 모습
늦은 시간까지 공부하며 쉴 수 있는 시간을 보장받지 못하는 아동의 모습
자신에게 관심을 가져주지 않는 가족으로 힘들어하는 아동의 모습
또래 관계에서 어려움을 느끼거나 괴롭힘을 당하는 아동의 모습

이러한 아동의 모습에서 어려움에 처해 그늘진 아동을 만난다. 학업 스트레스, 학교 폭력 등 아동의 삶을 나타내는 이 단어들에서 지치고 힘든 아동들의 모습을 발견한다.

물론 2021년 아동 권리 인식 조사에 따르면, 행복한 편이라고 느끼는 아동은 81.4%, 행복하지 않은 편이라는 아동은 18.6%(아동권리보장원, 2021)로, 행복감을 느끼는 아동이 더 많은 것으로 보고된 결과도 있다. 그렇다고 아동의 삶이 행복하다고 말할 수 있을까? 행복하게 살아가야 할 시기에 오히려 소외받고 있는 아동에 대한 관심은 지속적이어야 한다. 심각한 스트레스 상황에 놓이고 우울감을 느끼는 아동들에 대한 관심이 필요하다.

우리는 신체적으로, 정신적으로, 사회적으로 어려움을 겪지 않을 때, 건강한 아동이라고 말한다. 건강하지 않은 아동은 살기 위해 누군가에게 도움을 청한다. 아동은 부모, 담임 교사, 상담 교사에게 힘들다고 말하며 "도와주세요"를 표현한다. 아동이 우리에게 전하려는 이

야기에 귀 기울여야 하는 이유이다.

상호작용이 원만히 이루어지지 않을 때, 아동은 그 상황에서 벗어나 또 다른 대안을 모색하거나 스트레스를 해소하기 위한 탈출구를 찾는다. 그것은 다름 아닌 스마트폰으로 접하는 세계이다. 아동은 스마트폰을 하는 데 점점 과몰입한다.

스마트폰 과의존위험군 유아동 19.1% 청소년 30.3%

(과학기술정보통신부, 2018)

이 수치는 과학기술정보통신부(2018)의 보고서 내용으로 스마트폰 사용에 있어서 고 위험군이거나 잠재적 위험군을 합친 수치이다. 스마트폰에 지나치게 의존하는 아동은 상시 스마트폰을 가지고 있으며, 스마트폰을 하지 않을 때 불안감을 느껴 일상생활에서 어려움을 겪는다. 아동의 이러한 스마트폰 사용 상태를 재점검하고, 그 의존도를 낮추기 위한 교육이나 치료가 급선무이다. 건강하게 잘 자라도록 아동의 현재 환경을 돌아보아야 한다.

아동의 현재 삶을 나타내는 몇 가지 숫자를 살펴보았다. 물론, 제시된 수치들은 아동의 권리를 존중하고 복지를 실현하기 위한 방향성을 설정하는 데 있어서 우리 사회 구성원들이 지속적으로 관심을 가져야 하는 내용을 중심으로 안내하였다. 아동의 삶을 올바로 이해할 때, 이들을 위한 정책 제안이 가능하기 때문이다. 이를 계기로 주변에서 살아가고 있는 아동의 모습을 조금 더 들여다보기를 바란다.

두 걸음 찾아가기

아동의 삶은 어떨까요? 현 시대를 살아가는 아동의 삶을 찾아보세요.

➡ 1단계: 아동의 삶을 보여주는 신문, 동영상을 찾아 정리해 보세요.

➡ 2단계: 현 시대의 아동은 권리를 존중받고 있나요? 그 정도를 생각해 보고 이유를 제시해 보세요.

최하	하	중	상	최상

➡ 3단계: 현 시대는 아동을 위한 복지를 실천하고 있나요? 그 정도를 생각해 보고 이유를 제시해 보세요.

최하	하	중	상	최상

2. 아동 권리 존중, 삶, 그리고 교사

"아동의 권리는 존중되어야 할까요?"

이 질문에 대한 대답은 아마도 "네"일 것이다. 이 질문을 받은 어느 누구도 대답을 꺼리거나 망설이지 않는다. 아동의 권리라는 단어는 우리나라뿐만 아니라 전 세계에서 관심을 가지는 키워드 중 하나로, 어느 누구도 예외 없이 "아동의 권리는 존중되어야 한다"라고 말한다. 기꺼이 "네"라고 답했다면 다음 질문의 답을 고민해 본다.

"왜 아동의 권리는 존중되어야 할까요?"

이 질문에 대한 대답은 다양하다. 아동은 미성숙한 존재이기 때문에 누군가로부터 권리를 침해받더라도 스스로를 보호하기 어려운 상황에 놓이므로 존중해야 한다고 대답하는 사람이 있다. 아동도 인격체로 태어날 때부터 가지는 인권을 존중받아야 하는 데 의심의 여지가 없다고 말하는 사회 구성원도 있다. 이 세상 모든 아동은 행복하게 살아가야 하므로, 그 시작으로 권리를 존중해 주어야 한다고 생각하는 사람도 있다. 아동의 권리를 존중해야 하는 이유를 설명했다면, 이제는 또 다른 질문으로 넘어간다.

"아동의 권리에 관심을 가져 본 적이 있나요?"

이 질문에 대한 답은 "네", "아니요", "글쎄요" 모두 가능하다. 선택한 답은 아동을 둔 가정이거나 아동과 관련한 직업에 종사하거나 평소 아동 관련 기관에서 봉사활동을 하며 관심을 가졌는가에 따라 달라질 수 있다. 교사도 교직을 수행하며, 자연스럽게 아동의 권리에 관심을 가진다고 말한다.

"2019 개정 누리과정에 대한 논의에서 아동의 놀 권리를 생각해 보았어요."
"학생인권 조례를 알고 있어요."
"학생들에게 인권교육을 실시하고 있어요."

교사는 아동의 권리에 관심을 가진다. 학교생활 속에서, 하루 일과 속에서, 수업 속에서 교사는 아동의 권리를 침해하지 않으려 노력한다. 교사는 아동에게 인권, 권리를 가르치며 민주시민으로 성장해 가기를 기대한다. 교사는 앞으로도 지속적으로 아동의 권리에 관심을 기울여야 한다. 이제 마지막 질문을 교사에게 던진다.

"누가 아동의 권리를 존중해 주어야 할까요?"

아동의 권리를 존중하고 복지를 실현해 가도록 지원해야 하는 사람은 단정 지을 수 없다. 모든 사회 구성원은 아동의 권리를 존중해야 한다. 아동의 가족 구성원뿐만 아니라 이웃도, 친숙한 사람이나 낯선 사람도 그 어떤 사람도 아동의 권리를 침해해서는 안 된다. 교사도 이들 중 한 명이다.

교사는 아동의 권리를 존중해 주어야 한다. 교사는 학교라는 공간에서 가장 많은 시간을 함께하는 사람이며, 아동의 건강한 발달을 지원하는 주요한 인적자원이다. 누구보다 아동의 권리를 잘 알고 있는 사람이기도 하다. 아동의 권리 존중과 그 삶 그리고 교사는 뗄 수 없는 관계이다.

3. 아동 복지 실천, 삶, 그리고 교사

아동의 권리를 바탕으로 하여 아동의 건강하고 행복한 삶을 지원하기 위해서는 복지를 실천해야 한다. 아동에게 이익이 되는 여러 가지 복지정책 및 서비스를 통해, 아동의 기본적인 삶이 보장되어야 한다. 이러한 복지를 실천하는 데는 그 역할을 수행하는 사람이 있어야 한다.

"아동 복지를 실천하는 대표적인 사람은 누구일까요?"

아동 복지 분야에서 가장 먼저 떠오르는 사람은 사회복지사다. 이들은 사회복지사 1급, 2급 자격증을 취득한 이들로, 대학교에서 사회복지나 아동 복지를 전공한 사람들이다. 사회복지사는 아동복지시설에서 아동을 보호, 교육, 상담하는 등의 전문적인 역할을 수행한다. 사회복지사는 아동 권리 보장원, 다문화가족지원센터, 지역아동센터 등에서 아동을 지원하는 역할을 한다. 이제는 다음의 질문을 던져본다.

"아동 복지 실천과 교사는 어떤 관계일까요?"

교사도 아동의 복지를 실천하는 데 있어 중요한 역할을 한다. 교육받을 권리를 가진 아동에게 개별적 수준에 적합한 교육을 실시하며 복지를 실천하는 사람은 교사이다. 위험한 상황이나 어려운 여건에 처해 있는 아동을 발견하고 이들을 지원하기 위해 복지 시설과 협력하는 사람도 교사이다. 아동뿐만 아니라 그 가정에 필요한 복지 정보를 알려주는 역할을 하는 사람도 교사이다. 이처럼 교사는 아동의 복지를 실천하는 데 있어 주요한 역할을 한다.

교사는 아동을 위한 복지 실천에 관심을 가져야 한다. 이를 위해 교사는 아동복지서비스나 정책에 주의를 기울여야 한다. 교사는 지역사회 내에 있는 사회복지 지원 체계에도 관심을 가져야 한다. 이를 통해, 교사는 도움과 지원이 필요한 가정과 아동에게 정보를 안내해 주어야 한다.

세 걸음 성장하기

자신의 어릴 적 경험에 비추어, 아동의 권리를 존중하기 위한 우리의 노력을 살펴보세요.

➡ 1단계: 어릴 적 권리를 존중받은 사례를 적어보세요.

➡ 2단계: 아동의 권리를 존중하기 위한 우리의 노력을 적어보세요.

- 아동의 권리를 존중해 주어야 하는 사람은 누구일까요?
- 아동의 권리를 존중해 주어야 하는 내용은 무엇일까요?
- 아동의 권리를 존중해 주기 위한 방법은 무엇일까요?
- 아동의 권리를 존중해 주기 위해 나는 어떤 노력을 해야 할까요?

참고문헌

과학기술정보통신부(2018). 「스마트폰 과의존 실태조사」 통계정보보고서. 세종: 과학기술정보통신부.

보건복지부(2022). 2021년 아동 학대 주요통계. 세종: 보건복지부.

아동권리보장원(2021). 2021 아동 권리 인식조사. 서울: 아동권리보장원.

유니세프 한국위원회(2020). 전 세계 경제선진국 어린이 웰빙 지수 유니세프 '리포트 카드(Report Card) 16' 발표. https://www.unicef.or.kr/what-we-do/news/126192에서 2022.11.01 인출함.

통계청(2022a). 인구동향조사. 통계청 홈페이지에서 2022.11.01 인출함.

통계청(2022b). 아동안전사고사망률. http://www.index.go.kr/unify/idx-info.do?idxCd=8053에서 2022.11.01 인출함.

CHAPTER

2

아동 권리와 복지의 의미

한 걸음 다가가기

○○는 오늘도 초등학교 수업을 마친 후, 방과 후 프로그램에 참여합니다. 그 이후에는 학원에 갔다가 집으로 향합니다. ○○는 저녁을 먹고 나서 다시 공부를 시작합니다. 그렇게 시작된 공부는 밤 11시가 되어서야 끝납니다. 이런 이야기를 들은 친구들은 ○○를 안타까워합니다. ○○는 친구들과 놀고 싶다며 어머니에게 "나도 놀 권리가 있어요."라고 이야기합니다.

따뜻한 보금자리에서 부모의 사랑을 받으며 건강하게 자라나는 영아의 모습

유치원 놀이터에서 선생님과 함께 놀이하며 환하게 웃는 유아의 모습

자신이 좋아하는 그림을 그리며 친구에게 자랑하는 초등학생의 모습

자신의 진로를 탐색하며 부모로부터 지지를 받는 중학생의 모습

꿈을 위해 끊임없이 노력하며 선생님으로부터 격려를 받는 고등학생의 모습

행복하고 건강하게 자라나는 아동의 모습은 밝다. 때로는 자신의 삶, 희망, 꿈에 대해 진지하게 고민하는 과정에서 스트레스를 받기도 하지만 마주하는 어려움을 하나씩 잘 해결하며 밝게 자란다. 삶에 있어 아동기는 마땅히 건강하고 행복해야 하는 때이다.

그러나 모든 아동의 삶이 행복한 웃음으로만 가득하지 않다. 모든 아동의 생활이 즐거움으로만 가득 찬 것도 아니다.

차가운 보금자리에서 부모의 학대를 받으며 상처 입은 영아의 모습

책상 위에 수북이 쌓여 있는 문제집을 풀며 의기소침해하는 유아의 모습

치료실까지 가는 거리가 멀어 제때 심리치료를 받지 못하는 초등학생의 모습

고민을 털어놓지 못한 채 극단적인 선택을 생각하는 중학생의 모습

의지할 사람과 의지할 곳이 없어 거리를 전전하는 고등학생의 모습

우리는 이 아동들의 삶에서 그늘을 보게 된다. 얼굴에 드리운 그늘뿐만 아니라 마음의 그늘까지 보게 되는 것이다. 어찌 보면 이 아동들은 매일 매 순간을 저항하지 못한 채, 버텨내고 있을지도 모른다. 이 아동의 시선에서 본 세상은 어떤 곳일까? 이 아동들에게 희망은 무엇일까?

울음소리로 자신의 존재를 알리며 이 세상에 태어난 이 아동들, 모든 아동은 관심과 보호를 받으며 자라야 한다. 그 관심의 출발은 '아동의 권리를 존중하는 사회인가?', '아동의 권리를 보장하는 복지를 실현하는 사회인가?'에 답하며 주변에 있는 아동에게 관심을 가지는 데 있다.

2장에서는 이러한 질문의 해답을 찾는 시작으로 아동 권리와 복지의 의미를 다룬다. 아동의 삶이 건강하고 행복한지를 말해 주는 주요한 기준으로 작용하는 아동 권리와 복지의 개념과 그 중요성을 짚어본다.

교육에서 아동의 권리에 관한 관심이 높아진 만큼, 교사는 그 의미를 올바로 이해해야 한다. 아동 복지를 실천하는 데 제한이 있을지라도 교사는 복지의 의미를 알고 상황에 맞게 접근해야 한다. 2장에 제시된 아동 권리와 복지의 의미를 살펴보며 교사로서 그 의미를 재정립하기를 바란다.

1. 아동 권리의 의미

유치원에서 인형극을 보며 인권 교육을 받은 유아는 "나도 권리가 있어!"라고 말한다. 학교에서 전문가를 초빙해 실시한 인권 교육을 받은 초등학생은 조금 더 구체적으로 "나에게도 쉴 권리가 있어!"라고 이야기한다. 도덕 교과서나 인터넷 등 여러 경로로 인권을 학습한 중학생은 "내 권리를 침해하지 마세요!"라며 단호하게 반응한다. 이처럼 삶의 중요한 시기를 경험하는 모든 아동은 최소한 권리라는 단어의 의미를 알고 필요할 때 말한다. 곳곳에서는 아동 권리를 주제로 아동을 교육하며 세상의 모든 아동이 권리를 존중받는 그날이 오기를 기대한다.

권리를 존중받고 싶은 아동의 간절한 바람과 달리, 여전히 자신들의 권리를 침해 받으며 힘겹게 살아가는 아동도 있다. 권리 침해는 다양한 장소에서 발생한다.

가정에서 안전하게 보호받지 못하는 아동
학교에서 적절한 교육을 받지 못하는 아동
지역사회에서 소외되어 관심을 받지 못하는 아동

이처럼 권리를 보장받지 못한 채 어려움을 겪는 아동을 보면, '불쌍하다', '안타깝다'라며 연민을 보내는 사람들이 있다. 여기에 그치지 않고 아동의 권리를 보장해야 한다며 조금 더 적극적으로 목소리를 높이는 사람들도 있다. 매해마다, 매달마다 동일한 상황이 반복되어 나타나고, 그때마다 최선의 해결책처럼 아동의 권리를 보장하는 방안을 마련해야 한다고 사람들은 말하는 것이다. 우리 사회에서 아동 권리라는 단어는 온 힘을 기울여야 하는 표현 중 하나이다.

그렇다면 아동 권리는 어떤 의미일까? 아동 권리는 말 그대로 '아동'과 '권리'라는 단어의 결합이다. 이에 아동 권리의 의미를 이해하는 첫 단계로 아동의 의미를 짚어본다. 아동의 의미에 따라서 우리 사회의 구성원들이 조금 더 관심을 가지고 보호해야 할 대상이나 복지서비스를 제공받는 대상이 달라지기 때문에, 아동에 대한 의미 부여부터 시작해 본다.

우리는 흔히 초등학교를 다니는 학령기 아이들을 아동이라고 부른다. 구분을 지으면, 그 전전 시기는 영아기, 그 전 시기는 유아기, 그 이후 시기는 청소년기라고 말한다. 이에 따라 아동의 의미를 좁혀 보면, 다른 발달 시기와 구별하여 아동은 6~11세에 해당한다. 아동기의 개념을 넓혀 살펴보면, 아동은 영아기부터 청소년기까지의 모든 아이들을 포함한다. 즉, 18세 미만의 모든 아이들을 아동이라고 부른다. 이 시기의 아동이 건강한 사회 구성원으로 성장하기 위해서는 가정과 사회의 충분한 보살핌이 필요하다.

우리나라 아동 복지에서 아동은 넓은 개념을 적용한다. 이에 따라 아동복지정책이나 서비스는 18세 미만의 아이들을 주 대상으로 한다. 예를 들어, 8세 미만의 자녀를 둔 가정에서는 아동 수당을 지원받는다. 이와 달리, 보육원과 같은 아동양육시설에서 보호를 받던 아동은 18세가 되면 서비스를 종료하며 아동복지시설을 떠난다. 물론 아동의 요구에 따라 아동복지시설보호를 연장할 수 있지만, 기본적으로는 18세를 기준으로 삼고 있다. 과연 이 아동은 아동복시설에서 자립하여 건강하게 살아갈 수 있을까? 다음에서 이야기하는 권리라는 측면에서 고민해 보아야 한다.

권리란 무엇일까? 흔히들 사람들은 권리(權利)를 나에게 주어진 그 어떤 것, 내가 무언가를 누릴 때, 누릴 수 있도록 해 주는 힘이라고 생각한다. 권리란 인간의 여러 가지 욕구에 대한 사회적 표명이다(도미향, 남연희, 이무영, 변미희, 2019). 태어나는 순간, 민족, 인종, 사회계층, 능력, 성별에 상관없이 모든 사람에게 주어지는 권리를 인권이라고 한다. 어느 누구도 개인의 인권을 침해할 수 없고 침해해서도 안 된다.

아동 권리는 아동의 건강한 발달을 위해 꼭 필요한 것을 누릴 권한과 이익이다(허남순, 이혜원, 2006). 아동 권리는 18세 미만인 아동의 기본적인 삶을 보장하는 데 필요한 힘이며, 아동 스스로 주장할 수 있는 힘이자, 사회 구성원이 지켜줘야 할 힘이다. 아동 권리는 보편성과 특수성을 가진다. 보편성은 인권을 기반으로 하여, 삶의 다른 시기와 차별되지 않는다. 인권에 따라 아동도 사회의 한 구성원으로, 인간다운 삶을 살아가는 데 필요한 자유권, 평등권을 가진다. 특수성은 아동기로 삶의 다른 시기와 구별되는 요구를 나타내는 독특한 시기라는 점을 반영한다. 예를 들어, 아동은 성인과 달리 놀 권리를 가진다. 노동을 하지 않을 권리 또한 가진다. 이는 근로의 권리를 가지는 성인과 분명 구별된다.

아동의 인권을 성인의 전유물로 생각했던 과거에는 아동의 권리를 유린해 왔다(신상화, 2017). 배우고 싶었던 한 아동은 가족의 생계를 책임지느라 학교에 가지 못했다. 대신 이 아동은 돈을 벌기 위해 노동을 해야 했다. 선생님이 가져오라고 했던 준비물을 가져갈 수 없었던 한 아동은 교실 뒤에서 손을 들고 한 시간을 버텨야 했다. 성적이 떨어질 때는 사랑의 매를 맞아야 하는 아동도 있었다.

현 시대에는 아동 권리에 대한 인식이 변화하고 있다. 이는 아동기의 중요성에 대한 인식의 변화를 반영한다. 아동기는 삶을 살아가는 데 필요한 기초적인 능력을 습득하는 매우 중요한 시기이다. 아동기는 뇌 발달뿐만 아니라 인지, 언어, 사회정서 발달에 있어서 민감기이다. 아동기는 건강하고 행복하게 자랄 수 있어야 하는 삶의 주요한 시기로 어느 누구도 아동의 권리를 침해할 수 없다. 아동 권리에 대한 관심은 전 세계적인 흐름으로 나타나고 있다. 아동 권리에 관한 세계적 흐름을 짧게 따라가 본다.

1924년 국제연맹 총회에서는 아동의 권리에 관한 제네바 선언을 한다. 이후, 1959년 국제연합에서는 세계아동권리선언을 하기에 이른다. 1989년 11월 20일, 국제연합 총회에서는 전문, 제Ⅰ부(제1조~제41조: 아동의 권리 조항), 제Ⅱ부(제42조~제45조: UN 인권위원회와 협약국과의 관계 규정), 제Ⅲ부(제46조~제54조: 협약 가입 절차 및 개정 절차 규정)로 구성된 아동의 권리에 관한 협약(A Convention on the Rights of Child: 아동권리협약)을 채택하였고, 이는 조금 더 구속력을 가진 국제협약으로의 성격을 지니게 되었다(정태수, 1989). 이에 매년 11월 20일은 세계아동의 날로 지정되어, 각 국가에서 권리를 보장받지 못하며 살아가고 있는 아동의 삶을 집중 조명하고 있다. 협약에 비준한 국가에서는 비준한 지 2년이 지나면 협약에 대한 이행 상황을 유엔아동권리위원회에 보고해야 한다. 그 다음부터는 5년을 주기로 하여 이행 상황을 보고해야 한다. 보고를 통해, 각 국가에서는 아동의 권리 보장을 위해 개선해야 할 점을 발견한다. 이후 개선을 위한 국가의 노력이 이루어진다.

우리나라가 아동권리협약에 서명한 시기는 1990년 9월 25일이다. 이후 1991년 12월 20일부터 아동권리협약 당사국이 되었는데 이때는 일부 조항들(예: 부모와의 면접 교섭권을 보장할 뿐 아동의 면접 교섭권은 인정 안함)을 유보하였다(우병창, 2011). 유보한 조항은 아동의 권리 측면에서 개선하고 있다. 우리나라는 1994년 제1차 국가보고서를 제출한 이후, 2000년 제2차 국가보고서, 2008년 제3~4차 국가보고서, 2017년 제5~6차 국가보고서를 제출하였다(류정희, 2021).

유엔아동권리협약의 토대가 되는 기본적인 가치를 일반 원칙이라고 하는데, 이에는 무차별의 원칙, 아동 최선의 이익 원칙, 생명, 생존과 발달 보장의 원칙, 아동의사존중의 원칙이 있다(도미향, 남연희, 이무영, 변미희, 2019). 각각의 의미를 바탕으로 우리 사회의 현 상황을 살펴본다.

무차별의 원칙이란 모든 아동은 어떠한 조건이나 이유에서 차별받지 않으며, 인격체로 마땅히 존중받아야 한다는 의미이다. 여기서 말하는 조건이나 이유는 아동의 인종, 민족, 성별, 연령, 능력, 장애, 사회계층 등을 말한다. 구체적으로 아동은 남아이든, 여아이든, 장애아이든 비장애아이든, 도시에서 살든, 시골에서 살든 어떤 경우에도 차별받지 않아야 한다. 즉, 아동은 아동으로 자신의 권리를 존중받아야 한다. 무차별의 원칙과 관련한 예는 다음과 같다.

- 누리과정은 유치원과 어린이집을 다니는 3~5세 아동들을 위한 국가 수준의 공통 교육과정이라는 점에서, 아동은 어느 유아교육기관을 선택하느냐에 따라서 교육을 받는 내용이나 방법에서 차별받지 않아야 한다.
- 다문화 가정의 영재아동도 교사 추천을 통해 영재교육원에 지원할 수 있어야 한다.

아동 최선의 이익 원칙이란 모든 아동은 자신의 이익에 반하는 선택을 하지 않아야 한다는 의미이다. 아동의 삶에 영향을 미치는 주요한 사항을 결정할 때, 최종 결정자는 이 원칙을 최선으로 고려해야 한다. 물론 아동 스스로 어떤 사항을 결정하는 경우도 있지만 미성년자인 아동은 대리인을 통해 주요한 결정을 내린다. 아동의 대리인으로 부모, 법정 후견인, 또는 국가나 지역사회의 담당자에 의해 아동과 관련한 사항들이 결정된다. 이 모든 사람들은 아동에 관한 주요 정책인 서비스를 결정함에 있어서 그 누구보다 아동의 권리를 최선으로 보장해야 한다. 성인의 이익을 우선적으로 고려해서는 안 되며 아동의 이익이 먼저 고려되어야 한다. 아동 최선의 이익 원칙의 예는 다음과 같다.

- 교육과정을 개정할 때는 아동의 발달권, 교육권을 보장해야 한다.
- 아동을 입양 보내려 할 때는 국내 입양을 우선적으로 고려해야 한다.

생명, 생존과 발달보장의 원칙은 아동의 생명권을 보장하며, 아동이 건강하게 발달하도록 그 권리를 보장해야 한다는 의미이다. 따라서 사회 구성원들은 아동의 생명과 생존을 위협하지 않으며 발달을 지원하는 환경을 아동에게 제공해야 한다. 생명, 생존과 발달 보장의 원칙에 관한 예는 다음과 같다.

- 미숙아로 태어난 아동은 건강하게 자랄 때까지 의료적 지원을 받아야 한다.
- 전염병 발병 시, 아동에게 투여 가능한 백신을 개발하고 전염병 예방을 위해 접종하도록 지원해야 한다.

아동의사존중의 원칙은 아동에게 생각과 의견을 표현하는 기회를 제공하고 그 의견을 반영함을 말한다. 자신과 관련한 상황이나 문제에 직면했을 때, 아동은 나름 자신의 입장과 생각을 표현할 수 있어야 한다. 아동은 논리적으로 사고하는 데 따르는 어려움으로 의사표현에 모순을 보일 수도 있다. 중요한 것은 아동에게도 의사결정권이 있음을 인정하고, 의사표현의 기회를 제공하는 데 있다. 따라서 아동에게 충분히 생각할 시간을 제공하여 그 의견을 묻고 이를 고려해야 한다. 아동의사존중의 예는 다음과 같다.

- 유치원에서 자유놀이를 할 때, 아동은 스스로 하고 싶은 놀이를 선택할 수 있어야 한다.
- 초등학교 졸업 여행 장소에 대해서는 학부모뿐만 아니라 아동의 의견을 수렴해야 한다.

네 가지의 원칙을 바탕으로 아동의 권리를 존중하며 복지를 실천해야 한다. 아동에 관한 정책을 마련하거나 복지서비스를 구성할 때는 네 가지 원칙에 위배되지 않아야 한다. 더불어 아동은 이러한 원칙에 따라 생존권, 보호권, 발달권, 참여권이라는 기본적인 권리를 보장받아야 한다(도미향, 남연희, 이무영, 변미희, 2019 재인용).

생존권은 기본적인 삶을 사는 데 필요한 욕구를 충족하도록 해야 하는 아동의 권리이다. 이러한 욕구는 의식주를 포함한다. 아동의 생존권 보장은 건강하게 살아가는 데 기본적으로 필요한 몸을 따뜻하게 보호해 줄 옷, 영양소 섭취를 돕는 음식, 편안히 쉴 수 있는 집을 제공하는 데 있다.

보호권이다. 보호권은 모든 위협으로부터 안전하게 보호와 보살핌을 받아야 한다는 아동의 권리이다. 보호권 보장은 아동을 학대하지 않으며, 장시간 동안 부적절한 노동에 참여하지 않도록 하는 데 있다.

다음은 발달권이다. 발달권은 교육적 기회를 통해 잠재력을 발현하도록 도와야 한다는 아동의 권리이다. 아동은 살아가는 데 필요한 능력을 함양하도록 기본적으로 의무교육을 받아야 한다. 이 과정에서 아동은 개개인마다 다른 재능을 발견하고 이를 발달해 가는 경험을 해야 한다.

마지막으로 참여권이다. 참여권은 자신의 의견을 말하거나 행동으로 표현하는 아동의 권리이다. 아동은 자신과 관련한 사항이나 문제 상황에 따라 자신의 생각과 견해를 표현하며 참여할 수 있어야 한다.

아동은 아동권리협약에서 명시한 모든 권리의 보유자이며, 권리에 있어서 인격체로 존중받아야 하는 권리주체로 인식되어야 한다(유수복, 2022). 교사는 유아교육기관에서 아동의 권리를 실천하는 당사자로, 아동을 인격적으로 존중하고, 아동의 잠재력과 개성을 인정하며, 아동에게 고른 영양과 충분한 휴식을 제공하고, 아동을 차별하지 않아야 한다(김정주, 김병만, 정수정, 2020). 그러나 교육 현장을 들여다보면, 생존권에 대한 교사들의 실행 수준은 가장 높았던 반면 발달권에 대한 교사들의 실행 수준은 가장 낮은 것으로 나타났다(신상화, 2017). 아동의 기본적인 권리 보장을 위한 교사의 의도적인 노력이 필요해진다.

아동 권리를 보장하기 위한 전 세계적인 노력은 지금도 계속되고 있다. 그럼에도 불구하고 여전히 아동의 권리를 침해하는 경우를 곳곳에서 찾을 수 있다.

- 태어나자마자 유기되는 아동

- 휴식하지 못하는 아동
- 전쟁으로 삶의 터전을 잃은 아동
- 노동을 해야 하는 아동
- 교육받을 학교가 없는 아동
- 깨끗하지 않은 환경에서 자라야 하는 아동
- 아프지만 치료받지 못하는 아동
- 어린 나이에 결혼을 해야 하는 아동
- 납치당하는 아동

아동은 누구나 건강하고 행복하게 자라길 바란다. 아동의 건강하고 행복한 삶을 보장하기 위한 노력은 아동에게 그 생각을 묻는 데 있다. 아동 스스로 무엇을 느끼고 무엇을 희망하는지를 알고, 아동에게 맞는 방법을 찾아야 한다.

두 걸음 찾아가기

유치원에서의 하루 일과는 아동의 권리를 존중해 주고 있을까요?
하루 일과에서 유아의 4가지 권리 사례를 찾아보세요.

생존권	유치원 하루 일과	보호권
발달권		참여권

➡ 아동이 유치원 하루 일과 중 어느 정도로 권리를 인정받고 있다고 생각하는지를 살펴보고, 그 이유도 적어보세요.

2. 아동 복지의 의미

아동 복지는 '아동'과 '복지'를 합친 용어이다. 사회복지 분야는 대상에 따라 노인 복지, 장애인 복지, 여성 복지, 아동 복지 등으로 나뉜다. 따라서 아동 복지는 복지의 대상을 아동으로 보고, 아동을 위한 복지를 실천하는 것이다. 아동 복지는 특별한 문제나 욕구가 있는 아동을 포함하여 모든 아동이 가족 및 사회의 일원으로 건강하게 성장하도록 개인, 민간, 국가가 상호 협력하는 일련의 복지적 활동을 말한다(박희숙, 유주희, 이광희, 2014).

그러면 복지란 무엇일까? 복지(福祉)는 복되는 삶, 행복한 삶을 살아가도록 하는 정책, 서비스, 지원 등을 모두 일컫는다. 우리나라는 급격한 경제 발전과 함께 복지에 점점 더 관심을 기울이게 되었다. 경제 성장으로 누구나 잘 사는 사회로의 변화를 가져온 것은 아니며, 반대로 소외되어 기본적인 생활조차 누리지 못하는 사람들도 늘어 갔다. 이들의 삶을 지원하기 위해서 여러 가지 복지정책이 실시되었다. 현 시대의 복지는 모든 사람이 행복하고 건강한 삶을 살아가도록 다양한 사람을 대상으로 폭넓은 복지를 실천하고 있다.

복지를 바라보는 관점은 크게 두 가지로 선별적 복지와 보편적 복지로 나눠 살펴볼 수 있다. 선별적 복지는 도움을 필요로 하는 사람을 선정해서 그 대상에게 필요한 복지를 제공하는 형태이다. 예를 들어, 우리나라에서 실시하고 있는 국민임대주택 공급은 내 집 마련에 어려움을 겪는 가정을 지원하기 위한 선별적 복지에 해당한다. 선별적 복지는 도움을 절실히 필요로 하는 이들에게 조금 더 집중적으로 서비스를 제공할 수 있다는 점에서 효율적이다. 반면 선별적 복지는 서비스를 이용할 대상을 선정하는 과정에서의 형평성 문제를 야기한다. 수혜자에 대한 부정적 이미지가 심어질 수 있다는 점도 선별적 복지의 한계이다.

보편적 복지는 복지의 목적에 따라 모두에게 복지서비스를 제공한다. 예를 들어, 일반 건강검진비 지원은 20~64세의 의료급여수급권자 모두를 대상으로 건강검진을 지원한다. 보편적 복지는 형평성 문제를 덜 야기하나 서비스를 받는 대상의 확대로 인해서 더 많은 비용 부담을 가져온다. 각 국가에서는 이념, 복지에 대한 관점, 정책 등의 특성을 고려하여 선별적 복지와 보편적 복지를 결정한다.

아동 복지 또한 선별적 관점에서의 아동 복지와 보편적 관점에서의 아동 복지로 살펴볼 수 있다. 선별적 관점에서의 아동 복지는 가족의 해체로 인해서 가족 및 부모로서의 그 역할을 다하지 못할 때, 주로 그 가족 및 아동을 대상으로 지원하는 복지이다. 현 시대에 가족이 해체하는 이유는 가족의 구조적 해체로 부모의 사망, 이혼, 별거나 가족의 기능적 해체로 부모의 질병, 무능력, 아동 학대 등을 들 수 있다. 가족의 해체로 아동은 생활하는 데 필요한 기본적인 지원을 보장받기 어렵다. 이에 따라 국가에서는 제 기능을 하지 못하는 가정의 환경으로 인해 발생하는 어려움을 지원하기 위해 아동에게 복지를 제공한다. 선별적 관점에서의 아동 복지의 예로는 학교 우유 급식 지원, 초등 돌봄 교실을 들 수 있다.

보편적 관점에서의 아동 복지는 모든 아동과 그 가족을 지원하는 복지서비스를 말한다. 보편적 관점에서의 아동 복지는 그 서비스를 받는 아동을 어떤 기준에 따라 구분 짓지 않는다. 그 예로는 영유아 건강 검진, 무상 교육을 들 수 있다.

우리나라는 그동안 선별적 관점에서 이루어졌던 복지를 점점 보편적 관점으로 확대하고 있다. 예를 살펴본다.

- 무상 급식: 저소득 가정의 아동 대상 급식비 지원에서 모든 아동 대상 급식비 지원으로 변경함
- 무상 보육: 저소득 가정의 아동 보육비 지원에서 모든 가정의 아동 보육비 지원으로 변경함
- 아동 수당: 소득기준에 따라 6세 미만 아동 대상 지원에서 8세 미만의 모든 아동 대상 지원으로 변경함

또한 복지는 보호주의 차원과 아동 복지권 차원으로 살펴볼 수 있다. 보호주의 차원에서 복지는 아동을 단순히 보호의 대상으로 보고 복지서비스를 제공하여 그 주체가 서비스 제공자라면 아동 복지권 차원에서 복지는 아동이 마땅히 받아야 하는 권리의 차원에서 복지서비스를 제공하여 그 주체는 아동이다(김광웅, 김명혜, 2005).

선별적인 관점에서의 아동 복지를 실현할 것인가 또는 보편적인 관점에서의 아동 복지를 실현할 것인가는 중요하다. 마찬가지로 보호주의로 볼 것인가 또는 아동 복지권으로 볼 것인가도 중요하다. 이에 따라 복지를 이용하게 될 대상과 그 지원이 달라지기 때문이다. 중요한 것은 도움을 필요로 하는 모든 아동에게 지원이 되어야 한다. 사각지대에 있거나 모호한 경계로 인해 지원의 대상에서 제외되는 아동이 없도록 사회의 관심이 필요하다.

3. 아동 권리 존중과 복지 실현의 중요성

아동의 권리 존중과 복지 실현은 쌍방향적이다. 아동의 권리를 존중하기 위해서는 이에 적합한 복지를 실현해야 한다. 아동의 복지 실현은 아동의 권리를 존중하는 데 있다. 따라서 모든 사회 구성원은 아동의 권리를 존중하고 복지를 실현하기 위해 노력해야 한다.

첫째, 아동 권리를 존중하고 복지를 실현할 때, 아동은 건강하게 자랄 수 있다. 아동은 신체·정신·사회적으로 건강하게 자라야 한다. 다치지 않고, 아프지 않으며 건강하게 자라기 위해서는 아동의 권리를 존중하고 이에 맞는 복지를 실현해야 한다.

마실 수 있는 깨끗한 물이 없는 아동

이 아동에게 필요한 것은 무엇일까? 깨끗하지 않은 물을 마신 아동은 배탈이 날 것이다. 그럼에도 이 물을 마실 수밖에 없는 것은 물을 마시지 않을 때 목숨을 잃을 수 있기 때문이다. 이 아동에게는 생존권이 있다. 이 아동이 건강하게 자라도록 깨끗한 물을 마실 수 있는 서비스를 제공해야 한다. 해결할 수 있고 해결해야만 하는 복지이다. 물만 해당하는 것은 아니다.

아동의 권리를 존중하지 않는다면, 또는 아동의 권리가 침해되고 있음에도 이에 적절한 복지를 실현하지 않는다면 아동의 건강을 해치게 된다.

졸리지만 충분히 잠을 자는 시간을 가지지 못하는 아동

발달이 느리지만 적절한 치료를 받지 못하는 아동

학대 가해자로부터 분리되지 못하는 아동

아동의 권리를 침해하고 적절한 복지서비스를 제공받지 못할 때, 아동의 건강 상태는 더욱 악화된다. 아동의 건강한 삶을 지원하기 위해서는 권리에 대한 존중과 복지의 실현이 중요하다.

둘째, 아동 권리를 존중하고 복지를 실현할 때, 아동은 행복하게 자랄 수 있다. 이 세상 모든 아동은 행복해야 한다. 행복하게 살아가고, 행복하게 교육받으며, 행복하게 놀이해야 한다. 전혀 행복함을 찾을 수 없는 아동의 삶은 아동의 권리 또한 존중받지 못하고 있음을 보여준다.

아동에게 행복은 무엇일까? 아동은 언제 행복감을 느낄까?

아빠와 놀이터에서 놀고 온 다음 "정말 행복해요"라고 말하는 아동
친구와 함께 신나게 보드 게임을 하고 "행복해요"라고 말하는 아동
가족과 함께 캠핑을 하고 돌아오며 "행복해요"라고 말하는 아동

아동마다 행복을 느끼는 순간은 다 다르다. 물론 아동이 불행함을 느끼는 순간도 모두 다르다.

"친구와 더 놀고 싶었는데 놀지 못해서 불행해요"라고 말하는 아동
"엄마랑 더 이야기하고 싶었는데 엄마가 가야 할 시간이라 불행해요"라고 말하는 아동
도움이 필요한데 말할 곳이 없다며 "불행해요"라고 말하는 아동

이러한 순간, 아동은 불행하다고 말한다. 따라서 아동에게 주어진 권리를 보장하고 아동에게 도움과 지원을 주는 복지를 실현해야 한다. 아동이 행복하게 성장하기를 바라는 사회 구성원이라면 아동 권리 존중과 복지 실현이라는 구체적인 노력이 따라야 한다.

셋째, 아동 권리의 존중 및 복지의 실현은 사회 구성원의 의무이다. 사회 구성원은 이 세상에 태어난 아동이 잘 성장하도록 모두 관심을 가져야 한다. 미성숙한 존재인 아동은 성장하는 과정에서 어려움을 겪는다. 따라서 사회 구성원은 아동의 발달 특성을 이해하고 이를 기반으로 발달 단계에 맞게 아동에게 필요한 지원을 아끼지 않아야 한다. 이는 한 명의 아동이라도

소외되지 않고 우리 사회의 건강한 구성원으로 성장하도록 지원하는 의무인 것이다.

앞서 아동 권리 존중과 복지 실현의 중요성을 아동의 건강과 행복의 차원과 의무로서 살펴보았다. 이러한 중요성은 너무나 당연하기에 소홀히 생각되기도 한다. 아동의 권리를 존중하고 복지를 실현하는 그 길이 무엇에 중점을 두어야 하는지 생각해 보아야 할 것이다.

4. 아동 권리 존중과 복지 실현을 위한 기관

아동의 권리를 존중하고 복지를 실현하기 위한 노력은 전 세계적으로 이루어지고 있다. 여전히 기본적인 삶을 보장받지 못하며 위험에 처해 있는 아동도 있지만, 이러한 아동을 보호하기 위한 노력은 국경을 넘어 나타나고 있다. 먼저 UN에 소속된 기구를 중심으로 살펴본다.

첫째, 국제노동기구(ILO)이다. 국제노동기구는 1919년 창설된 기관으로 노동자의 권리 보장을 위한 다각적인 노력을 기울이고 있다. 특히, 유엔은 국제노동기구 등을 통해 아동 노동의 실상에 대한 전 세계적 관심을 일으키고 있다(윤혜진, 2021). 이 단체에서는 아동의 노동 실태를 조사하고 아동의 노동 착취 및 노동에 반대하는 운동을 펼치고 있다.

둘째, 유엔교육과학문화기구(UNESCO)이다. 1946년 설립된 유엔교육과학문화기구는 전 세계 사람들에게 교육, 과학, 문화 경험을 보급하기 위해 노력하고 있다. 이 기구에서는 아동에게 교육받을 수 있는 환경과 문화 체험을 제공한다.

셋째, 세계보건기구(WHO)이다. 1948년 발족한 세계보건기구는 전 세계 사람들의 건강한 삶을 지원하기 위한 사업을 추진하고 있다. 세계보건기구는 아동의 건강을 지원하기 위해 예방접종 사업을 실시한다.

이 외에도 아동의 권리 존중과 복지 실현을 목적으로 운영하는 비영리단체가 있다. 이 단체들은 전 세계 아동의 건강한 삶을 지원하는 목적으로 운영된다. 구체적으로 살펴보면 다음과 같다.

첫째, 유니세프이다. 유니세프 홈페이지(https://www.unicef.or.kr)에 소개된 내용을 토대로 살펴보면, 유니세프는 전 세계의 아동을 도와 그들의 권리를 증진시키기 위한 목적으로 1946년 설립된 기관이다. 유니세프는 아동의 예방접종 지원, 학교 제공을 통해 교육의 기회 마련, 폭력 피해자 상담 지원, 난민 아동 보호 등으로 아동이 건강하고 행복하게 성장하도록 지원한다. 또한 유니세프는 지역사회에서 아동의 권리를 구현하는 정책 등을 추진하는 아동친화도시를 선정하고 있다(이태수, 2016). 우리나라에 유니세프 한국위원회가 있다.

둘째, 세이브더칠드런이다. 세이브더칠드런 홈페이지(www.sc.or.kr)에서는 추진하는 사업, 후원 등을 상세히 안내하고 있는데, 이러한 자료를 토대로 살펴보면, 세이브더칠드런은 1919년 설립된 아동보호기구이다. 이 단체에서는 전쟁으로 어려움을 겪는 아동을 보호하고, 교육을 받도록 지원한다. 또한 이 단체에서는 아동의 식사를 지원하거나 아동을 위한 모금활동도 해 나가고 있다. 우리나라에 세이브더칠드런 코리아가 있다.

셋째, 월드비전이다. 월드비전 홈페이지(www.worldvision.or.kr)의 내용을 토대로 살펴보면, 월드비전은 1950년에 설립한 국제 구호 개발 기구이다. 월드비전은 자연재해나 전쟁 등으로 터전을 잃은 아동과 그 가족을 위한 구호 사업, 세계시민교육 관련 사업, 국내외 아동 후원 사업을 실시하고 있다.

넷째, 굿네이버스이다. 굿네이버스는 1991년 창립한 단체로, 홈페이지(www.goodneighbors.kr)에 안내된 활동을 살펴보면 국내 학대피해 아동을 지원하고, 위기가정 아동을 위한 다양한 프로그램을 운영하며, 아동의 참여권 증진을 위한 여러 가지 캠페인을 실천하고 있다. 국제 활동으로는 아동에게 교육 환경을 제공하여 교육받을 권리를 보장하고, 의료서비스를 이용하도록 지원하며, 깨끗한 물을 마실 수 있도록 관련 사업을 추진하고 있다.

다섯째, 초록우산 어린이재단이다. 초록우산 어린이재단(www.goodneighbors.kr)의 시작은

1948년 전쟁고아를 위한 구호 사업을 실시한 데 따른다. 우리나라 보호대상 아동을 위한 경제적 지원이 이루어지고 있으며, 학대피해 아동 또한 지원하고 있다. 아동 권리에 관한 교육도 담당한다.

이처럼 아동의 권리를 존중하기 위한 여러 단체의 노력이 이루어지고 있다. 이러한 단체는 공통적으로 우리나라를 포함하여 전 세계 아동을 위한 교육, 의료, 주거 등의 환경을 개선하고 아동 학대를 예방하는 데 모든 노력을 기울이고 있다.

세 걸음 성장하기

대한민국 어린이 헌장이 있어요. 찾아 읽어보세요.

➡ 1단계: 대한민국 어린이 헌장을 읽은 후 생각이나 느낌을 적어보세요.

____

____

____

____

➡ 2단계: 대한민국 어린이 헌장에서 현 시대에 조금 더 관심을 기울여야 하는 부분을 찾아 적어보세요.

____

____

____

____

➡ 3단계: 대한민국 어린이 헌장에 추가하고 싶은 내용을 적어보세요.

____

____

____

____

참고문헌

김광웅, 김명혜(2005). 한국 아동복지의 이념과 과제 고찰. **아동복지연구, 3**(2), 81–92.

김정주, 김병만, 정수정(2020). 포토보이스를 통해 나타난 예비유아교사의 아동 권리에 대한 개념과 의미. **아동과 권리, 24**(3), 353–380.

도미향, 남연희, 이무영, 변미희(2019). **아동 권리와 복지**. 경기: 공동체.

류정희(2021). UN아동 권리협약 정부이행 추진경과와 과제: 제5~6차 최종견해를 중심으로. **동광, 116**, 46–78.

박희숙, 유주희, 이광희(2014). **아동복지론**. 경기: 공동체.

신상화(2017). 유치원 교사의 아동 권리 실행 수준. **영유아교육: 이론과 실천, 2**(1), 47–64.

우병창(2011). 아동 권리협약의 이행과 우리 법의 정비. **안암 법학, 34**, 477–522.

유수복(2022). 은유분석을 통해 본 실습 전과 후 예비유아교사의 아동최선의 이익에 대한 인식변화. **인문사회 21, 13**(4), 347–360.

윤혜진(2021). 아동 노동과 노동 아동의 권리. **동서철학연구, 101**, 499–522.

이태수(2016). UNICEF의 아동친화도시(Child Friendly Cities)와 한국의 아동복지 발전. **국제사회복지학, 6**(2), 57–80.

정태수(1989). UN 아동의 권리에 관한 조약의 채택과 그 과제. **교육법학연구, 2**, 133–159.

허남순, 이혜원(2006). 유엔 아동 권리협약의 원칙과 국내가정위탁보호의 현황 분석. **한국아동복지학, 22**, 95–126.

홈페이지

굿네이버스 www.goodneighbors.kr

세이브더칠드런 www.sc.or.kr

월드비전 www.worldvision.or.kr

유니세프 https://www.unicef.or.kr

초록우산 어린이재단 www.goodneighbors.kr

CHAPTER

3

아동 권리와 복지 관련 법과 정책

한 걸음 다가가기

○○는 생일, 크리스마스만큼 손꼽아 기다리는 날이 있습니다. 바로 5월 5일 어린이날입니다. 이제 5일만 지나면 어린이날입니다. ○○는 어린이날에 부모님과 함께 놀이터에서 뛰어놀 생각에 벌써부터 신납니다. 평소 자주 보던 애니메이션에 나오는 주인공 인형을 가지고 놀이하는 것을 대신해서 바빠서 함께 놀이할 시간이 없던 부모님과 놀이터에서 실컷 놀고 싶은 ○○입니다.

5월 5일은 어린이날이자, 모두가 아는 공휴일입니다. 이 날은 1970년부터 공휴일로 지정되어 지금까지 이어지고 있습니다. 어린이날을 명시한 법도 있습니다. 바로 아동복지법입니다. 법에서도 어린이날을 정하고 있을 만큼 중요한 의미를 지니는 날로 이 날의 의미를 더욱 되새겨 보아야 하는 요즘입니다.

입양된 가정에서 학대로 목숨을 잃은 영아의 이야기

낯선 사람을 따라가 실종된 후 더 이상 찾을 수 없었던 유아의 이야기

어린이 보호구역에서 발생한 교통사고로 목숨을 잃은 초등학생의 이야기

지속된 학교 폭력으로 높은 곳에서 몸을 던진 중학생의 이야기

온·오프라인 성범죄로 고통 받는 고등학생의 이야기

이 아동의 이야기는 어떻게 이어질까? 이 아동의 이야기는 TV 매스컴, 카페 등을 통해 사람들에게 전해진다. 누군가는 이 아동을 위한 추모 공간을 만든다. 일부 국회의원들은 법을 제정·개정하라고 한 목소리로 외친다. 이러한 아픔이 다시 일어나지 않기를 바라는 아동의 부모도 이 외침에 간절하게 동참한다.

아동을 대상으로 한 법의 제정 및 강화를 위한 개정은 늘 '다시는 아이들에게 고통을 주지 말자, 그 범죄가 재발하지 않도록 하자, 처벌 정도가 낮으니 가해자에 대한 처벌 기준을 높이자'라는 의미에서 이루어진다. 이에 따라 아동 관련 법의 강화는 계속되고 있다. 그럼에도 아동의 권리를 침해하는 사건들은 우리 사회에서 여전히 발생하고 있다. 안전해야 할 우리 사회에서 최소한의 보호도 받지 못하는 아동이 있다.

분명 아동의 권리를 존중하고 복지를 실현하기 위한 법과 정책이 필요하다. 3장에서는 이를 구체적으로 살펴본다. 물론 3장의 내용을 자세히 다루더라도 법의 모든 조항을 알 수 없고, 법에 관한 판례도 다 알지 못한다. 그러나 아동 권리와 복지에 관한 법을 살펴보면 적어도 우리 사회에서 아동의 건강하고 행복한 삶을 보장하기 위해 제정된 여러 가지 법을 확인할 수 있다. 더불어 법과 관련한 여러 가지 아동정책도 살펴본다. 정책은 이러한 법이 추구하는 목적을 지향해야 하므로, 관련 정책도 탐색해 본다.

그렇다면 아동 권리와 복지에 관한 법과 정책은 교사에게 어떤 의미일까? 교사는 아동 권리와 복지에 관한 법과 정책을 알아야 한다. 아동을 보호하고 교육해야 할 교사의 역할과 책임도 이러한 법과 정책의 범위에 있기 때문이다. 법과 정책이 변한다면, 교사의 역할도 변할 것이다. 그러므로 교사는 지속적으로 법의 제정과 개정에 관심을 기울여야 한다.

1. 아동 권리와 복지 관련 법

아동의 건강하고 안전한 삶을 보장하기 위해서 사회 구성원이 따라야 하는 법이 있다. 아동을 위해 제정된 법이기 때문에, 아동을 보호해야 할 책임 있는 사회 구성원은 모두 이 법에 관심을 가져야 한다. 법은, 자녀를 둔 부모인가? 아동 교육에 관심 있는 교사인가? 이러한 요건에 따라 융통성 있게 적용되지 않으며 선택 가능한 것도 아니다. 아동을 위한 법은 사회 구성원 누구나 지켜야 한다. 이러한 법에서는 사회 구성원의 역할과 책임도 제시한다. 아동을 위해서 아동을 보호해야 할 사회 구성원들이 제정한 그러한 법을 살펴본다.

1) 아동 권리와 복지 관련 법의 의미

아동의 권리를 보장하고 복지를 실현하기 위한 사회적 약속, 즉 법이 있다. 이러한 법은 시행령이나 시행규칙과 더불어 법을 시행하는 데 필요한 내용을 더욱 명확하고 구체적으로 안내한다. 예를 들어, 1991년 국회에서는 영유아보육법을 개정한다. 영유아보육법에도 대통령령으로 정한 영유아보육법 시행령과 교육부령으로 정한 영유아보육법 시행규칙이 있다. 각각은 어린이집을 다니는 영유아의 권리를 보장하기 위한 법률이자, 시행령이며, 시행규칙이다.

우리나라는 아동이 살아가는 삶의 현 주소를 파악하기 위한 목적으로 실태 조사를 실시한다. 매해마다 실시되는 보육에 관한 실태 조사는 어린이집의 수, 어린이집을 이용하는 영유아의 연령, 어린이집의 유형에 따른 이용 유아 수 등을 파악한다. 다문화 가정 아동에 대한 실태 조사에서는 연령별·지역별 다문화 가정 아동의 수, 다문화 가정 아동의 교육기관 이용 및 중단 등에 관한 구체적인 수치를 제시한다.

아동을 대상으로 한 여러 가지 실태 조사는 현 시대를 살아가는 아동기 삶의 모습을 보여준다. 실태 조사는 그 아동과 가족의 삶에서 나타난 권리 침해 요인을 파악하도록 돕는다. 만약 실태 조사를 통해 아동의 권리가 침해되고 있음을 발견했다면, 이를 개선하기 위한 방향을 설정하고 아동의 복지를 실현하기 위해 법을 제정하게 된다. 예를 들어, 1990년대 이후 우리 사회에서 다문화 가정이 급격히 증가하였다. 다문화 가정은 언어와 문화적 다름으로 인해 어려움을 겪었다. 또한 다문화 가정을 보는 편견으로 상처를 받는 아동도 있었다. 이에 따라, 다문화 가정의 안정된 생활을 지원하기 위한 목적으로 2008년에 다문화가족 지원법을 제정하게 된다. 이 법에서는 다문화 가정의 지원 방향으로 다문화가족지원센터의 운영 및 다문화 이해 교육을 명시하고 있다.

갈수록 복잡해지고 빠르게 변화하는 현 시대에서 아동의 권리를 침해하는 사건들도 끊임없이 발생하고 있다. 아동 학대가 대표적이다. 과거에도 아동 학대는 있었다. 그러나 시대가 변할수록 아동 학대는 또 다른 형태를 보이고 있다. 이전의 시대에는 발생하지 않았으며 예상치도 못한 새로운 사건들도 보도되고 있다. 사이버 폭력, 그루밍 성범죄가 대표적이다. 따라서 시대적 변화를 반영하여 아동을 보호하려는 목적으로 새로운 법이 제정된다. 예를 들어, 실종 아동 등의 보호 및 지원에 관한 법률이 2005년에 제정되었다. 이 법은 사회적으로 실종 아동의 수가 증가하자 실종 아동의 발생에 따르는 적절한 후속 조치를 규정하고, 아동의 실종을 예방하기 위한 목적으로 만들게 되었다.

기존에 시행된 법의 테두리에서 아동을 안전하게 지켜내지 못할 때는 법을 개정한다. 법 개정을 통해, 기존의 내용을 추가, 삭제, 변경한다. 많은 법이 국민과 아동을 보호하기 위해 개정되는데, 2019년 특정범죄 가중처벌 등에 관한 법률도 그중 하나이다. 기본적으로 초등학교 주변은 아동이 안전하게 다닐 수 있는 공간이어야 한다. 그러나 초등학교 앞 건널목에서 어린이 교통사고가 매해 발생하고 있다. 교통사고로 아동은 중경상을 입거나 목숨을 잃었다. 이에 따라 2019년 특정범죄 가중처벌 등에 관한 법률에서는 어린이 보호구역에서 어린이에게 해를 입힐 경우 가중처벌하도록 개정되었다.

현 시대에는 아동의 권리에 대한 사회적 인식의 변화에 따라 아동기본법을 제정하려는 움직임도 나타나고 있다. 아동기본법 제정을 위한 토론회도 개최되었다. 아동기본법이 기존의 아동을 대상으로 한 법과 다른 점은 아동을 권리의 주체로 보고 접근하여 조항을 구성하려는 데 있다.

아동을 안전하게 보호하거나 기본적인 삶을 보장받으며 살아가기 위한 법의 제정과 개정은 법의 특성에 있다. 법은 강제성을 가진다. 아동을 보호해야 할 사회적 책임이 있는 모든 사람은 이 법을 준수해야 한다. 어느 누구도 이 법에서 예외되지 않는다. 만약 법을 준수하지 않아, 아동에게 위협을 가하거나 목숨을 빼앗아간다면 가해자는 처벌받는다. 아동은 우리 사회에서 우선적으로 보호해야 할 대상이므로, 아동을 대상으로 한 범죄에 따르는 처벌 정도는 갈수록 강화되고 있다.

우리 사회에서 아동을 성인의 축소판으로 보는 시선은 완전히 사라지지 않았다. 초등학생 아동에게 부모를 대신해 동생들을 매일 돌보게 하는 상황을 떠올려 본다. 이 아동은 친구들을 가정으로 초대해 놀고 싶다. 하지만 동생을 온전히 혼자서 돌봐야 하는 상황에서 그럴 수 없다. 아동은 성인의 축소판이므로, 아동도 부모처럼 아이를 돌보는 역할을 할 수 있다고 본다. 다만 아동은 성인보다 작은 옷을 입을 뿐이다.

아동을 부모의 소유물로 보는 인식도 여전히 남아 있다. 부모는 아동을 자신에게 소속된 물건으로 여기며, 부모 마음대로 아동을 대해도 문제되지 않는다고 생각한다. 이 부모는 자녀의 작은 실수에도 화를 낸다. 그 후 폭력 행사는 자녀를 훈육하고 지도하는 가장 효율적인 방법이라고 자신 있게 말한다. 이 아동은 부모에게 잘못했다고 용서를 구하지만 점점 심해지는 학대에 아무런 대응을 하지 못한다. 아동은 점점 더 무기력해진다. 아동이나 아동기를 바라보는 잘못된 인식으로부터 아동을 보호할 방법이 필요하다. 즉, 강제성을 지니며, 벌을 수반하는 제재가 필요하다.

아동에 대한 입법은 기본적으로 아동이라는 대상의 특수성을 고려하여 그들의 이익에 적합해야 한다(배건이, 2022). 아동기가 가지는 특성을 고려하여 이들을 보호하기 위한 안전한 법의 마련이 필요하다.

아동 권리와 복지에 관한 법의 범위가 매우 넓어, 모든 법을 알기란 쉽지 않다. 아동을 영아기부터 청소년기까지로 본다면 관심을 기울여야 하는 법의 범위는 더욱 넓다. 아동과 관련한 직종에 근무하는 사회복지사, 아동상담사, 교사(초등학교 교사, 유치원 교사, 보육교사, 특수교사)도 이러한 법을 모두 알기 어렵다. 시대적 변화와 함께 계속해서 개정되는 법이기에 법 분야의 전문가가 되어야 아동을 대상으로 한 직업군에서 근무할 수 있다고 말할 수도 없다. 그럼에도 아동의 권리를 보장하기 위한 우리 사회의 노력으로 여러 가지 법을 제정해 왔고, 그 관심의 시작으로 이를 다루어 본다.

아동 권리와 복지에 관한 법은 국가법령정보센터(https://www.law.go.kr)에서 쉽게 찾아볼 수 있다. 국가법령정보센터에서 제공하는 법령은 모든 법의 본문을 포함하여 제정이나 개정 이유, 연혁까지 친절히 안내한다. 아동 복지는 사회복지와 관련성을 지니므로, 사회복지와 관련된 법을 국가법령정보센터에서 찾아본다. 대표적인 법률은 사회복지사업법이다. 이 법은 앞으로 살펴볼 아동과 관련한 사회복지사업의 가장 기초이다.

법을 조금 구체화하여 아동 권리와 복지의 주체인 '아동, 어린이, 영아, 유아, 영유아, 초등학생, 청소년'으로 국가법령정보센터에서 검색해 본다. 그러면 다음과 같이 여러 가지 법을 찾아볼 수 있다.

- 실종 아동 등의 보호 및 지원에 관한 법률(약칭: 실종아동법)
- 아동복지법
- 아동수당법
- 아동의 빈곤예방 및 지원 등에 관한 법률(약칭: 아동빈곤예방법)
- 아동 학대범죄의 처벌 등에 관한 특례법(약칭: 아동학대처벌법)
- 아동·청소년의 성보호에 관한 법률(약칭: 청소년성보호법)
- 영유아보육법
- 유아교육법
- 어린이놀이시설 안전관리법(약칭: 어린이놀이시설법)
- 어린이 식생활안전관리 특별법(약칭: 어린이식생활법)
- 어린이안전관리에 관한 법률(약칭: 어린이안전법)
- 어린이제품 안전 특별법(약칭: 어린이제품법)
- 장애아동복지지원법(약칭: 장애아동복지법)
- 장애인 등에 대한 특수교육법(약칭: 특수교육법)
- 청소년 기본법
- 청소년 보호법
- 청소년복지 지원법(약칭: 청소년복지법)
- 청소년활동 진흥법(약칭: 청소년활동법)
- 초·중등교육법
- 학교 밖 청소년 지원에 관한 법률(약칭: 학교밖청소년법)

이처럼 아동을 안전하게 보호하고 개별적 요구를 반영한 교육을 지원하려고 제정된 법은 다양하다. 비록 각 법의 목적과 내용이나 법에서 보호하는 주요 대상은 다르지만, 아동 복지 실현을 위한 법이라는 데 공통점을 찾을 수 있다.

물론 제시되지 않은 법률에서도 아동의 권리를 보장하기 위한 노력을 찾아볼 수 있다. 아동의 발달은 환경의 영향을 받기 때문에, 환경적 요인을 배제할 수 없다. 특히, 아동이 자라는 일차적 환경으로 가정은 아동의 건강한 발달과 행복한 삶을 살아가는 데 매우 중요한 영향을 미친다. 이에 가족이나 가정에 관한 법도 찾아본다.

- 다문화가족 지원법(약칭: 다문화가족법)
- 국내입양에 관한 특별법
- 한부모가족 지원법(약칭: 한부모가족법)

이 외에도 아동의 삶에 영향을 미치는 여러 가지 법을 찾을 수 있다. 아동의 발달권과 생존권을 보장하는 법으로, 아동의 건강한 생활과 잠재력 계발에 이바지하는 법이 해당한다. 구체적으로 법을 살펴본다.

- 교육기본법
- 모자보건법
- 영재교육진흥법
- 인성교육진흥법
- 진로교육법

우리나라에 제정된 법을 하나씩 살펴보면, 아동의 삶에 영향을 미치는 더욱 많은 법을 찾게 된다. 여기서는 아동 권리와 복지에 매우 밀접한 관련성을 가진 법을 중심으로 살펴본다. 영유아보육법, 다문화가족 지원법, 국내입양에 관한 특별법 등은 추후 다루게 되므로, 중복을 피하기 위해 몇 가지 법을 중심으로 짚어본다. 안내하는 자료는 국가법령정보센터에서 제시하고 있는 내용을 토대로 한다. 그러므로 법에 관해 더욱 구체적인 자료를 찾고 싶다면 국가법령정보센터에서 검색해 보기를 바란다.

2) 아동복지법

아동복지법은 아동 권리와 복지 분야와 가장 밀접히 관련성을 가지는 법이다. 어린이집을 이용하는 아동, 장애 아동, 입양 가정의 아동 등 다양한 아동의 복지를 실현하는 가장 기본법이기 때문에, 모든 아동의 삶은 이 법의 영향을 받는다. 예를 들어 어린이집을 이용하는 아동을 위한 법으로 영유아보육법이 있다. 영유아보육법에서는 아동복지법에 따라 어린이집을 운영할 수 없는 경우를 밝히고 있다. 따라서 아동복지법 시행령이나 시행규칙을 하나씩 검토하지 못하더라도 아동에 관한 가장 기본법으로 아동복지법을 살펴본다.

아동복지법의 시작은 아동복리법이다. 아동복리법은 1961년 제정되었으며, 이후 전면 개정하며 1981년부터 아동복지법으로 불린다.

아동복지법에서 말하는 아동은 18세 미만인 사람이다. 법에 따라 아동을 보는 기준이 다르다. 예를 들어 아동수당법에서 말하는 아동은 8세 미만의 아이들이다. 아동복지법에서는 이 아동의 연령을 18세 미만으로 봄으로써 이 연령을 기준으로 여러 가지 정책과 지원이 이루어진다. 예를 들어, 아동복지시설에서 지내는 아동은 18세가 되면 자립을 해야 한다.

아동복지법(국가법령정보센터, 2020)은 제1장 총칙을 시작으로, 제2장 아동복지정책의 수립 및 시행 등, 제3장 아동에 대한 보호서비스 및 아동 학대의 예방 및 방지, 제4장 아동에 대한 지원서비스, 제5장 아동복지시설, 제6장 보칙, 제7장 벌칙으로 이어진다. 아동복지법은 아동에게 사회로부터 최소한의 보호를 받도록 하는 여러 가지 서비스를 포함한다.

교사는 아동의 권리 보장을 위한 노력의 시작으로 아동복지법을 살펴본다. 더불어 아동복지법의 개정 이유를 생각해 본다. 그 다음에는 아동권리보장원 홈페이지를 통해서 여러 가지 아동복지정책을 살펴보고 주변의 아동복지시설도 찾아본다.

3) 실종 아동 등의 보호 및 지원에 관한 법률(약칭: 실종아동법)

매년 5월 25일은 실종 아동의 날이다. 이 날은 가족의 품으로 돌아오지 못하고 있는 아동에 대해 사회적으로 관심을 가지도록 하려는 목적으로 만들어진 날이다. 실종·유괴예방교육이 실시되고 있고, 실종예방을 위한 밴드도 있지만, 여전히 많은 아동이 실종되고 있다.

사람이 많은 장소에서, 낯선 곳에서 잠깐의 순간, 아동은 부모의 손을 놓고 길을 잃는다. 유괴 등에 관한 안전 교육을 받은 아동도 낯선 사람의 이야기에 손을 잡고 따라간다. 실종 아동이 발생하는 순간이다. 아동의 실종을 알아챈 순간, 그 가족은 경찰에 아동 실종 신고를 하고, 아동이 갈 만한 곳을 모두 돌며 아이를 찾기 위해 뛰어다닌다. 수일 내에 아동을 찾지 못할 때, 가족은 아동의 인상착의가 담긴 사진을 넣은 전단지를 만들어 사람들에게 자세히 봐달라고 호소하고, 실종 아동의 인적 사항을 적어 현수막(펼침막)도 만든다. 하던 일을 그만두고 평생 전국을 돌아다니며 실종된 자녀를 찾기 위해 애쓰는 부모도 있다. 아동을 찾지 못한 부모는 평생 그 아픔을 가슴에 품고 살아간다.

아동이 실종된 경우, 아동의 현재 상태를 정확히 파악하기 어렵다. 아동의 생사조차 확인하기 어려운 것이다. 실종된 시간이 길어지면 길어질수록 아동을 찾을 수 있을 것이라는 가족의 기대는 점점 절망으로 바뀌며 고통 속에서 살아간다. 이러한 여러 가지 어려움을 지원하기 위해 2005년 실종아동법이 제정되었다. 이 법은 우리 사회에서 더 이상 아동이 실종되지 않도록 예방하고, 실종된 아동이 빠른 시간 내에 가족의 품으로 돌아가도록 돕기 위해 제정되었다.

실종아동법에서 말하는 아동은 실종 신고를 할 당시 14세 미만인 아이이다. 우리 사회에서는 부모로부터 이탈되는 것을 예방하기 위해서 아동의 지문 등 정보를 등록하여 실종 아동을 찾는 데 사용하고 있다.

실종아동법을 살펴본 교사는 먼저 실종을 예방하기 위해 유아에게 안전교육을 실시한다. 교사는 실종되는 이유, 길을 잃었을 때 해야 하는 행동에 관한 내용을 담아 유아에게 실종

예방교육을 해 본다. 이러한 교육은 가정에서도 연계하여 실시한다.

또한 교사는 부모에게 아동의 지문을 등록하도록 안내한다. 안전 Dream 어플을 사용하면, 가정에서도 쉽게 아동의 지문을 등록할 수 있다. 교사는 이를 안내하여 자녀의 지문을 등록하도록 부모를 지원한다.

4) 아동 안전 관련 법

아동의 권리를 보장하는 방법 중 하나는 아동에게 안전한 환경에서 살아가도록 지원하는 것이다. 안전하지 않은 환경은 아동의 건강을 위협한다. 이에 따라 안전과 관련한 여러 가지 법이 제정되었다. 이를 살펴보면 다음과 같다.

먼저, 2007년에 제정된 어린이놀이시설 안전관리법(약칭: 어린이놀이시설법)이다. 아동은 놀이하며 성장하기에, 어린이놀이시설은 안전해야 한다. 안전성은 놀이시설을 만들 때부터 고려되어야 하며, 놀이시설을 설치한 이후에도 지속적으로 관리 감독되어야 한다. 어린이놀이시설법을 바탕으로 아동의 안전사고를 예방한다.

다음으로 2008년에 제정된 어린이 식생활안전관리 특별법(약칭: 어린이식생활법)이다. 아동은 영양소를 고르게 섭취하며 건강하게 자라야 한다. 어린이식생활법은 안전한 먹거리, 건강한 먹거리를 아동에게 제공하는 데 필요한 법적 기준을 제공하여, 아동에게 꼭 필요한 올바른 먹거리를 제공하도록 지원한다.

또한 2014년에 제정된 어린이제품 안전 특별법(약칭: 어린이제품법)이 있다. 이 법은 13세 이하의 아동이 사용하는 옷, 문구, 놀잇감 등의 안전성을 확보하는 데 주요한 목적이 있다. 이 법을 기반으로 한 제품인증제도가 실시되고 있다.

마지막으로 2020년에 제정된 아동안전관리에 관한 법률(약칭: 어린이안전법)도 있다. 어린이안전법에 따라서 13세 미만의 아동이 이용하는 교육기관, 학원, 아동복지시설 등에서는 아동에게 안전한 환경을 마련해 주어야 한다.

교사는 안전에 관한 여러 법을 토대로 하여 유아에게 안전한 환경을 마련해야 한다. 예를 들어, 유아가 사용하는 물건을 구입할 예정이라면, 교사는 안전성을 확보한 물건을 선택해야 한다. 유아들이 미술놀이할 때 자주 쓰는 색연필의 경우라면, KC 마크를 확인하여 제품의 안전성을 살펴본다.

또한 교사는 유아를 대상으로 안전교육을 실시한다. 안전교육은 교통 안전, 자연재해 안전, 놀이 안전, 약물 안전 등 다양하다. 안전교육을 통해, 유아는 일상에서 안전하게 생활하기를 습관화한다.

두 걸음 찾아가기

국가법령정보센터를 통해, 아동에 관한 법을 찾아볼 수 있어요.
여러 가지 법을 찾아 정리해 보세요.

➡ 1단계: 아동 관련 법을 찾아보세요.

법 명	
법 제정 이유	
법 주요 내용	

➡ 2단계: 새로운 아동 법 개정이 필요하다면, 그 법의 내용을 제시해 보세요.

법 명	
법 제정 이유	
법 주요 내용	

2. 아동 권리와 복지 관련 정책

법을 제정하거나 개정한 다음에는 아동의 권리를 보장하고 복지를 실현하기 위해 어떤 노력을 해야 할까? 법을 기초로 아동을 위한 구체적인 정책을 만들어야 한다. 우리나라의 아동 복지는 한국전쟁으로 발생한 고아를 시설 수용하고 해외 입양하는 데서 시작하여 오랜 기간 경제 발전이라는 지상의 과제에 종속되어 왔으며, 또 여성의 사회참여라는 사회문화적 변화로 수동적으로 복지정책과 제도가 만들어졌다(김광웅, 김명혜, 2005). 구체적인 아동복지정책을 들여다본다.

1) 아동 권리와 복지 관련 정책의 의미

정책은 사회 현상에 대한 이해를 바탕으로 한 국가에서 지원하고, 야기된 사회 문제를 해결하기 위한 정부의 방침이나 방향을 말한다. 이러한 정책은 사항들에게 구체적인 서비스나 프로그램에 반영된다.

정책은 계속해서 변한다. 사람들이 살아가는 삶의 모습이나 양상이 달라지면, 사회적으로 요구하는 바, 바라는 바가 달라지면서 정책도 변한다. 예를 들어, 어린이집을 다니는 아동을 지원하는 보육료 지원을 생각해 본다. 과거에는 어린이집을 다니는 아동 중 일부 아동을 가구 소득에 따라 선별하여 보육료를 지원하였다. 현 시대에는 무상 보육 정책에 따라 모든 아동을 둔 가정에서 자녀가 어린이집을 이용하고 있다면 보육료를 지원받을 수 있다.

또한 정부에서 보는 복지에 관한 관점에 따라서 정책은 바뀐다. 선별적 복지를 추구하는 정부라면, 도움을 필요로 하는 가구를 찾아 그 지원을 넓히는 정책을 펼친다. 보편적 복지를 추구하는 정부라면, 모든 가구나 아동을 지원하는 정책을 마련하여 예산을 확보한다. 계속적으로 정책이 변화하게 됨으로써 기존에 지원을 받지 못했던 가정에서도 지원 받는 경우를 찾아볼 수 있다. 이러한 정책의 변화는 아동에게 더 건강하고 행복한 삶을 살아가도록 지원한다.

또한 정책은 다양하다. 정책은 목적에 따라서 다양하다. 교육을 위한 정책이 있는가 하면, 의료복지를 위한 정책이나 사회복지를 위한 정책도 있다. 정책은 대상에 맞게 다양하게 수립된다. 사회복지정책이더라도 청년을 위한 정책이 있는가 하면, 노인을 위한 정책이 있고, 장애인이나 영아를 위한 정책도 있다.

아동 권리와 복지에 관한 정책은 건강하고 행복한 아동의 삶을 위해 수립된다. 아동에게 필요한 정책을 수립하고 보건복지부를 포함한 교육부, 법무부, 행정안전부 등 관련한 부처의 정책 의견을 조정하고 이행하는 데 필요한 관리·감독 역할을 하는 아동정책조정위원회를 두고 있다. 우리나라는 아동정책기본계획을 수립하고 있는데, 이 계획에 따른 정책을 분석해 보면 아동정책은 연령에 따라 선별적인 정책을 채택하고 있으며, 주요 목적은 아동 권리보장을 위한 근본적 문제의 원인을 예방하는 차원보다 사후 대책적으로 개입하거나 현재의 상태를 유지하는 차원으로 볼 수 있다(김선숙, 조소연, 이태인, 최세나, 황혜신, 2022).

아동 권리와 복지에 관한 정책을 살펴보는 가장 좋은 방법은 보건복지부에서 제공하는 정책을 살펴보는 데 있다.

표 3-1 우리나라 아동복지정책

정책	구체적 내용
인구정책	• 지역아동센터
출산정책	• 임신 · 출산 비용 지원 확대 • 모자보건 지원
아동복지정책	• 아동 수당 지급 • 아동정책 기본계획 수립 • 정기적 아동 실태 조사 및 통계 정비 • 아동 인권 증진 지원 • 입양
아동 권리	• 요보호아동 자립 지원 • 가정위탁 지원 • 아동 복지 교사 지원 • 아동복지시설 운영 • 공동생활가정 운영 • 드림스타트 • 디딤씨앗통장 • 자립 수당
아동 학대	• 아동 학대 예방 및 피해 아동 보호 • 실종 아동 등의 보호 및 지원 • 아동안전사고예방사업

출처: 보건복지부(2022)

정책이 나아가야 할 방향을 안내해 준다면, 복지서비스는 정책을 반영하여 직접 실행하는 역할을 한다. 사람들은 살아가며 이러한 복지서비스를 이용한다. 복지로(https://www.bokjiro.

go.kr)에서는 아동정책 실현을 위한 구체적인 복지서비스를 안내한다. 복지로(2025)에서 영유아, 아동, 청소년을 대상으로 검색했을 때 찾을 수 있는 복지서비스는 다음과 같다.

- 아이돌봄서비스
- 저소득층 기저귀·조제분유 지원
- 영유아보육료 지원
- 아동 수당 지급
- 자립준비청년 자립수당 지급
- 아동통합서비스 지원(드림스타트 사업)
- 국가예방접종 사업
- 부모급여 지원

아동복지서비스는 여러 기준에 따라 분류 가능하다.

첫째 기준은 서비스 대상이다. 이는 서비스를 받거나 지원을 받는 사람을 말한다. 서비스 대상은 선별적 복지와 보편적 복지에 따라 달라진다. 선별적 복지의 관점에서는 특정 아동을 선정해 서비스를 제공한다. 예를 들어, 학교 우유 급식이나 방과 후 학교 자유수강권은 저소득 가정의 아동을 지원하는 서비스이다. 따라서 각 서비스의 지원 대상이 아닌 아동이 학교 우유 급식이나 방과 후 학교 프로그램을 수강한다면, 개별적으로 비용을 부담해야 한다. 보편적 복지의 관점에서는 해당 시기의 아동 전체를 지원하는 서비스를 제공한다. 예를 들어, 어린이집을 이용한 0~5세 보육료 지원 사업이 있다. 자녀를 어린이집에 보내고 싶은 가정에서는 누구나 어린이집을 이용할 수 있으며, 그에 따른 보육료를 예외 없이 지원받는다.

둘째 기준은 지급 주기이다. 이는 관련 아동복지서비스를 제공하는 시기를 말한다. 아동복지서비스에 따라서 지급 주기는 1회적, 수시, 매월 제공으로 나뉜다. 0~5세 보육료 지원 사업은 매월 제공된다.

셋째 기준은 제공하는 유형이다. 즉, 아동복지서비스는 현금이나 현물, 전자바우처 또는 관련 프로그램 등으로 지원한다. 0~5세 보육료 지원 사업은 전자바우처 지원의 형태를 띤다.

넷째 기준은 제공하는 전달기관이다. 우리나라의 경우, 중앙부처 및 지방자치단체처럼 공공기관에서 전달하는 경우와 민간기관에서 전달하는 경우를 찾아볼 수 있다. 0~5세 보육료 지원 사업은 공공기관에서 지원한다.

따라서 아동복지서비스의 분류 기준에 따라, 여러 가지 서비스를 찾아볼 수 있다. 각 서비스의 목적을 고려하여, 해당 아동이 관련 서비스를 이용하도록 관심이 필요하다.

아동복지서비스는 제공할 때 지켜야 하는 원칙이 있다. 도미향, 남연희, 이무영, 그리고 변미희(2019)는 이러한 원칙으로 네 가지를 제시한 바 있는데, 구체적으로 살펴본다.

첫째, 평등성이다. 모든 아동은 자신에게 필요한 서비스와 정보를 제공받을 수 있어야 한다.

둘째, 포괄성이다. 아동복지서비스는 아동의 문제와 요구를 파악하여 예방적이고 치료적인 서비스의 균형이 필요하다.

셋째, 적절성이다. 아동에 대한 복지서비스의 양과 질은 아동의 요구, 필요, 성장 속도에 따라 적절하게 제공되어야 한다.

넷째, 지속성이다. 아동복지서비스는 한정적으로 시행하기보다는 꾸준히 제공되어야 한다.

아동복지서비스는 아동의 관점에 따라 네 가지 기준을 고려하여 아동과 그 가족에게 제공되어야 한다. 이는 개별 아동의 전인적 발달을 지원하며, 서비스를 제공받는 데 있어서 차별받지 않도록 하는 데 의미를 둔다.

2) 양육 지원 급여 및 수당

우리나라에서 영유아를 둔 가정에 지원하는 급여 및 수당으로는 부모급여 지원, 가정양육수당, 아동 수당, 입양 아동 양육 수당 등이 있다. 부모급여 지원은 0~1세 영아기 자녀를 둔 가정에 현금을 지원하는 복지서비스이다. 어린이집을 이용할 경우에는 어린이집 보육료를 제외한 금액을 지원받는다. 2023년부터 실시된 아동복지서비스로 부모급여 이전에는 영아 수당이 있었다. 가정양육 수당은 2세부터 86개월 미만의 아동을 둔 가정을 대상으로 하는 수당이다. 이 수당은 자녀가 유치원이나 어린이집처럼 교육기관을 이용하지 않을 때, 부모나 각 가정에 지원하는 수당이다. 아동 수당은 8세 미만의 아동이 있는 모든 가정을 지원한다. 입양 아동 양육 수당은 입양 가정에 자녀 양육 수당을 지원하는 것이다. 양육 지원 급여 및 수당은 아동의 양육과 교육에 따르는 각 가정의 경제적 부담을 완화하기 위해 현금으로 지급된다.

3) 드림스타트

드림스타트는 취약 계층의 아동에게 동등한 출발선을 보장하여 건강한 사회 구성원으로 성장하도록 지원한다. 즉, 드림스타트는 빈곤아동에게 건강·사회·정서·인지와 관련하여 포괄적인 서비스를 예방적인 차원에서 제공하는 것을 목적으로 한다(이상균, 2017). 미국에서도 동일한 목적으로 헤드스타트 프로그램을 운영하고 있다. 우리나라에서는 민간 주도의 위스타트에서 출발하여 국가가 참여하는 드림스타트를 실시하고 있다.

4) 디딤씨앗통장

디딤씨앗통장(아동발달계좌)은 아동이 통장에 적립한 금액의 2배를 국가에서 지원해 주는 방법이다. 디딤씨앗통장의 지원 대상은 아동복지시설을 이용하는 아동, 가정위탁보호 아동, 빈곤 가정의 아동이다. 디딤씨앗통장을 통한 적립금은 아동이 18세 이후가 되면 주거 마련이나 진로 등 자립을 위해 통장 해제 후 사용 가능하다.

세 걸음 성장하기

복지로를 검색해 본 적이 있나요?
복지로에서 지역별 아동복지정책을 찾아보세요.

➡ 1단계: 아동에게 꼭 필요한 복지정책을 찾아보세요.

정 책 명	
정 책 목 적	
정 책 대 상	
정 책 내 용	

➡ 2단계: 아동의 권리를 존중하기 위한 복지정책을 만들어 보세요.

정 책 명	
정 책 목 적	
정 책 대 상	
정 책 내 용	

참고문헌

국가법령정보센터(2020). 아동복지법. https://www.law.go.kr/LSW/lsInfoP.do?efYd=20220701&lsiSeq=224935#0000에서 2023.07.11 인출함.

김광웅, 김명혜(2005). 한국 아동복지의 이념과 과제 고찰. **아동복지연구, 3**(2), 81-92.

김선숙, 조소연, 이태인, 최세나, 황혜신(2022). 한국의 아동정책은 아동 권리보장에 적합한가?: 중앙행정기관의 아동정책시행계획을 중심으로. **한국아동복지학, 71**(4), 1-27.

도미향, 남연희, 이무영, 변미희(2019). **아동 권리와 복지**. 경기: 공동체.

배건이(2022). 입법시 아동 중심의 관점에 대한 고찰. **입법학연구, 19**(2), 31-57.

보건복지부(2022). 정책. https://www.mohw.go.kr/react/policy/index.jsp?PAR_MENU_ID=06&MENU_ID=063805에서 2022.10.21 인출함.

복지로(2025). 복지로. https://www.bokjiro.go.kr에서 2025.08.28 인출함.

이상균(2017). 드림스타트, 지난 10년의 성장과 향후 10년을 위한 과제. **한국아동복지학, 59**, 115-150.

CHAPTER

4

아동 권리와 복지의 행정과 실천

한 걸음 다가가기

정부는 2023년부터 그동안 지원해 온 영아수당을 대신해 부모급여를 지급하기로 결정했습니다. 부모급여는 1세 이하의 자녀를 가정에서 양육할 때 일정 금액을 지원하는 정책입니다.

○○는 이제 태어난 지 20일 되었습니다. ○○의 어머니는 부모급여를 신청하기 위해 행정복지센터를 방문합니다. 직접 방문하여 부모급여를 신청한 ○○의 어머니는 아동 수당 등 지원받을 수 있는 복지 서비스를 담당 사회복지사에게 물어봅니다.

□□는 태어난 지 30일 된 신생아입니다. □□의 어머니는 부모급여를 신청하기 위해 복지로 웹사이트를 클릭합니다. 서비스 신청 후, 지원 대상 여부를 파악하는 심사를 받아 통과하게 되면 □□의 어머니는 부모급여를 받을 수 있습니다.

보건복지부에서 전달된 코로나 바이러스-19 어린이집 이용 가정통신문을 받은 부모의 이야기

교육부에서 전달된 처음학교로 공문을 전달받은 부모의 이야기

교육청을 통해 특수교육 대상자 방과 후 지원 안내를 받은 부모의 이야기

학교로부터 교육급여 및 교육비 지원 안내를 받은 부모의 이야기

이는 각 기관에서 보내온 안내문을 받은 부모의 이야기이다. 종이로 건네받은 안내문이든, 학교 종이와 아이엠스쿨에 올려진 안내문이든 부모는 전달받은 안내문의 내용을 꼼꼼히 확인한다. 그 다음에는 아동에게 안내문의 내용을 알려주며 필요시 아동에게 의견을 묻는다. 때로는 아동을 대신해 직접 교육비를 신청하며, 아동이 관련한 서비스를 받도록 부모로서의 역할을 다한다. 아동 복지와 관련한 법과 정책을 정확히 알지 못하는 부모와 아동이더라도 이러한 안내를 통해 알게 된 서비스나 프로그램을 이용할 수 있다.

아동의 권리를 보장하며 건강하고 행복한 삶을 추구하도록 마련된 법과 정책은 이제 아동의 삶 속으로 조금 더 다가가야 한다. 아동을 위해 만들어진 좋은 법과 정책이라면, 아동의 생활과 밀접한 곳에 닿아 아동의 삶을 더욱 풍요롭게 지원해야 하는 것이다. 미성년자인 아동에게 직접적으로 정책을 안내하기 어렵다면, 아동의 대리인 역할을 하는 부모에게 그 내용을 전달하여 아동에게 서비스를 받도록 지원해야 한다. 이러한 구체적이고 직접적인 과정은 아동복지행정을 통해 이루어진다. 아동복지행정은 법이나 정책보다도 아동이나 그 가족이 몸소 느낄 수 있는 아동 복지의 실천과정이다. 아동복지행정을 통해, 부모는 아동에게 필요한 교육, 상담, 치료를 지원받는다. 이러한 구체적인 실천적 행위를 통해 개별 아동에게 적합한 지원을 하게 되는 것이다.

4장에서는 아동 권리와 복지의 행정과 실천을 다룬다. 아무리 잘 만들어진 법이나 정책이라도 수요자에게 제대로 전달되어 실천되지 않는다면 아무런 소용이 없다. 그만큼 체계적인 행정과 실천이 중요하다.

교사는 아동복지행정 및 실천을 대략적으로나마 알고 있어야 한다. 주변에 도움이 필요한 아동이 있어서 교사가 직접 나서야 하는 경우이거나 실질적으로 도움을 요청하는 부모가 있을 때, 교사는 정확한 절차나 지원 내용을 알지 못하더라도 적어도 그 서비스를 이용하도록 지원받는 방법을 안내해 줄 수 있어야 하기 때문이다. 부모의 다음 질문에 답변을 해야 하는 경우도 있다.

"선생님, 어디로 가서 교육비를 신청해야 할까요?"

"선생님, 특수교육을 받기 위해 어디에 물어봐야 할까요?"

"선생님, 누가 이 서비스를 담당할까요?"

교사는 부모의 질문에 주민센터를 방문하도록 안내하거나 복지로를 이용하도록 알려주어야 한다. 이는 교사에게 아동복지행정에 관한 전문가가 되어야 한다는 의미를 대신해 기본적인 행정 절차에 관한 정보 제공자로서의 역할을 해야 한다는 것이다.

1. 아동 권리와 복지의 행정

사람들은 살아가며 지역 내 또는 우리 동네 가까이에 있는 행정기관을 찾는다. 사람들은 행정기관에서 필요한 서비스를 제공받는다. 이러한 과정이 원만히 진행될 경우에는 이용에 따른 편리함과 만족감을 느낀다. 반면, 문제 상황이 발생하여 그 과정이 지연되면 행정기관을 재차 방문하게 된다.

아동 복지를 담당하는 행정기관도 있다. 이곳에서는 아동의 권리를 보장하고 복지를 실현하기 위해 건강, 안전, 보호, 교육을 지원한다. 아동 권리와 복지의 행정을 통해 그 의미와 절차를 조금 더 자세히 들여다본다.

1) 아동 권리와 복지 행정의 의미

아동복지행정은 아동 권리와 존중을 전제로 하여 아동복지정책을 서비스로 전환하는 데 분명하고 특정 목적을 이루는 행동 원칙이다(서영미, 2020). 즉, 아동복지행정이란 담당 기관에서 아동복지서비스를 아동이나 그 가족에게 제공하려고 취하는 모든 활동을 의미한다. 담당 기관은 아동복지서비스에 관한 행정과 관련한 모든 업무를 실질적으로 수행한다. 이를 우리는 행정기관이라 부른다. 관련 업무를 총괄 책임지는 행정기관으로 중앙행정기관이 있다. 우리나라에서 아동 복지와 관련한 중앙행정기관은 어디일까? 바로 보건복지부이다. 보건복지부는 아동 복지뿐만 아니라 노인 복지, 건강, 보건, 연금 등에 관한 전반적인 업무를 담당한다. 이외에도 아동의 권리를 보장하기 위해 여러 중앙행정기관이 협력하고 있다. 아동과 관련한 업무를 수행하며 정책을 추진하고 있는 부, 처, 청을 살펴보면 다음과 같다.

- 보건복지부: 다양한 가정의 아동을 위한 복지 지원, 아동 관련 통계 조사 실시, 건강보험 등 관련 업무
- 교육부: 영유아·초·중·고 교육 지원, 교사 자격 검증 및 연수 지원, 교육 통계 조사 실시 등 관련 업무
- 행정안전부: 안전 및 재난 대비 관련 업무
- 식품의약품안전처: 위해 물건 및 식품 정보 제공, 급식소 위생 점검 등 관련 업무
- 통계청: 인구동향 조사, 초·중·고등학교 사교육비 조사 등 관련 업무

이 외에도 환경부, 문화체육관광부, 고용노동부에서도 아동의 생활에 영향을 미치는 관련

업무를 수행한다. 중앙행정기관에서 정한 사항은 지방행정기관으로 전달되어 사람들의 삶에 점점 가까이 다가가 직·간접적으로 영향을 미친다. 예를 들어, 교육부에서 정한 지침은 각 시·도 교육청으로 전달된 이후 각급 학교로 전해진다. 이는 아동의 학교생활과 부모의 자녀 지도에 영향을 미친다. 코로나 바이러스-19가 발병했을 때를 떠올려본다. 코로나 바이러스-19의 급격한 확산에 따라, 교육부에서는 정부의 사회적 거리 두기 방침을 고려하여 등교 지침을 만들어 발표했다. 이 지침은 각 시·도 교육청으로 전달되었고 이후 각 학급에도 전해졌다. 학교 담당자는 가정통신문을 통해 코로나 바이러스-19에 따른 등교 방침 및 격리 기준을 각 가정에 전달했다. 이 지침을 기반으로 각 학교에서는 학생들의 등교를 중지하여 개학을 늦추는가 하면 학습권 보장을 위해 온라인 학습을 운영했다. 코로나 바이러스-19 확진자 수가 점점 감소하면서 교육부는 그 기준을 완화하며 학생들을 학교에 등교하도록 했다. 이러한 지침이 마련되지 않았거나 중앙행정기관에서 지방행정기관으로의 전달이 체계적으로 이루어지지 않았다면 교육 현장은 더 큰 혼란을 겪었을 것이다.

작은 단위의 지방행정기관이자, 사람들의 삶 가까이에 있는 기관으로는 행정복지센터가 있다. 과거 동사무소로 불렸던 행정복지센터는 주민센터라고도 한다. 행정복지센터는 각 지역의 시청이나 구청에 속해 있다. 이 기관에서는 지역 주민들을 위한 행정 업무나 복지 업무를 담당하며 주민에게 여러 가지 편의를 제공하고, 민원을 해결한다. 예를 들어, 행정복지센터에서는 등기부등본, 가족관계증명서처럼 여러 가지 서류를 발급해 준다. 전입신고도 이곳에서 이루어진다. 정부 24라는 온라인 시스템을 통해서 필요한 서비스를 제공받을 수 있지만, 행정복지센터를 직접 방문하여 서비스를 이용하는 사람도 적지 않다. 행정복지센터에서는 아동 복지와 관련한 업무도 한다. 이는 다음과 같다.

- 아동이 출생하면, 출생신고서를 작성
- 각종 수당(부모수당, 아동수당 등) 신청
- 발달재활 바우처 신청

- 교육 급여 및 교육비 신청

아동 복지 행정기관에서 제공하는 아동복지서비스는 아동 복지 관련 법과 정책에 근거하여 마련된다. 만약, 아동수당을 받는 대상을 확대하는 정책을 마련하면 해당 가정에서는 행정복지센터를 방문하여 직접 서비스를 신청할 수 있다. 즉, 법과 정책이 바뀌면, 아동복지 행정 담당기관에서 제공해야 하는 아동복지서비스도 달라진다.

아동복지행정에서 취하는 모든 활동은 정책 및 서비스 정보 제공 및 홍보, 서비스 신청, 정책 및 서비스에 관한 의견 수렴을 포함한다. 구체적으로 정책 및 서비스 정보 제공 및 홍보는 행정기관에서 담당하고 있는 정책 등에 관해 국민이나 이용자에게 구체적인 정보를 알려준다. 또한 새로운 서비스가 실시될 경우, 동영상 등의 방법으로 이를 홍보한다. 서비스 신청은 이용 대상자가 서비스를 담당하는 기관을 직접 방문하거나 온라인을 통해 서비스를 요청하도록 한다. 행정기관에서는 정책 및 서비스에 관한 의견도 수렴한다. 정책을 만들기 전에 공청회, 설문 조사 등을 통해 국민에게 의견을 묻는다. 민원을 제기할 수 있는 서비스도 함께 제공하여 이용대상자의 의견을 수렴한다.

아동에게 필요한 지원을 위해서 아동복지행정이 잘 이루어져야 한다. 이를 위한 노력을 살펴본다.

첫째, 아동 복지 관련 행정기관의 협력이 이루어져야 한다. 예를 들어, 다문화 가정 아동을 지원하기 위해 교육부와 보건복지부에서 모두 언어 발달 서비스에 집중한다면, 다문화 가정 아동은 중복 서비스를 받게 된다. 언어 이외에도 지원이 필요한 이중 문화나 사회성 발달에 관한 지원은 제한될 수밖에 없다. 각 기관에서의 예산은 한정되어 있기 때문이다. 그러므로 각각의 부처는 서로 협력하여 동일한 아동에게 비슷한 서비스의 중복 제공을 예방할 수 있어야 한다. 또한 학대와 관련한 행정 업무는 보건복지부에서 운영하는 아동보호전문기관에서 주로 담당하지만, 성 학대와 관련한 업무는 여성가족부에서 운영하는 해바라기센터에서도 이루어진다. 즉, 아동 복지 관련 행정기관에서는 협력을 바탕으로 아동 복지를 위한 예산이 중복 편성되지 않도록 하고, 조금 더 다양한 복지서비스를 아동에게 제공할 수 있어야 한다.

둘째, 아동복지행정은 상·하위 행정기관 간에 체계적인 전달이 이루어져야 한다. 예를 들어, 교육부에서 정한 지침이 각 가정이나 아동에게 정확히 전달되기 위해서는 각 행정기관에서 체계적으로 관련 지침을 전달해야 한다. 만약 그 전달이 체계적으로 이루어지지 않아 지연된다면, 그 복지서비스가 절실한 아동이 이용할 수 있는 기회를 놓친다. 따라서 각 행정기관에서 전달된 지침이나 정책이 아동에게 전달되도록 아동복지행정은 체계적이어야 한다.

셋째, 아동복지행정은 전문가에 의해 이루어져야 한다. 아동을 위한 복지서비스의 구성이나 전달은 아동을 잘 이해하고 있는 전문가에 의해 실시되어야 한다. 예를 들어, 보육에 관한 복지 업무를 담당하는 사람이라면, 사회복지, 아동 복지에 대한 이해뿐만 아니라 유아교육이나 보육에 관한 전문적 지식도 갖추어야 한다. 특수교육에 관한 복지 업무를 담당하는 사람인 경우에는 아동 복지, 장애인 복지뿐만 아니라 특수교육, 유아특수교육에 관한 전문적인 능력을 가지고 있어야 한다.

넷째, 아동복지행정은 실무자의 책임감 있는 자세를 요구한다. 실무자는 도움이 필요한 아동을 지원하도록 노력해야 한다. 실무자는 그 정책의 목적과 방향을 정확히 이해하고, 정책을 단계적으로 실천해야 한다. 이 과정에서 사각지대에 놓인 아동이 없어야 한다. 실무자는 책임감 있게 행정 업무를 담당하며, 아동의 복지를 실현해야 한다.

2) 아동 권리와 복지의 행정 절차

아동 권리와 복지 행정은 일련의 단계에 따라 진행된다. 즉 국가의 행정부에서 하위 기관으로 보내진다. 아동 권리 및 복지와 매우 밀접한 관련성을 지닌 보건복지부의 행정 절차를 살펴본다.

보건복지부에 소속된 인구아동정책관과 보육정책관은 아동의 복지 실현과 관련한 다양한 업무를 한다. 인구아동정책관의 아동 권리과는 보호대상아동을 위한 여러 가지 정책을 마련한다. 보육정책관은 보육예산, 프로그램 등과 관련한 여러 가지 정책을 마련한다. 보건복지부의 담당 부서에서 마련된 정책은 지방행정기관으로 전달된다.

중앙의 아동 복지 업무는 지방자치단체의 사회복지과와 관련 부서에서 사회복지직 공무원에 의한 행정 전달체계로 이어진다(황옥경, 2006). 구체적으로 각 지역 도청 내 보건복지국에서는 아동 복지, 아동 학대, 보육 등에 관한 업무를 담당한다. 또한 시청에서는 복지 문화과를 두어 아동, 청소년 등을 위한 업무를 하고 있다. 물론 비슷한 업무를 수행하더라도 지역에 따라서 부서의 명칭은 달라 문화복지국, 복지정책과 등으로 불린다.

각 시청에서는 해당 기관으로 관련 업무를 전달한다. 아동이 서비스를 받도록 직접적으로 행정 업무를 담당하는 곳은 다음과 같다.

- 보육 아동: 각 어린이집
- 장애 아동: 특수학교 및 특수학급
- 빈곤 가정 아동: 지역아동센터 및 돌봄 교실
- 시설보호 아동: 각 아동복지시설
- 가정위탁보호 아동: 가정위탁지원센터
- 입양 아동: 입양기관
- 학대피해 아동: 아동보호전문기관

행정 절차가 진행되는 동안, 각 분야의 담당자들은 업무를 전담한다. 사회복지사뿐만 아니라 상담사, 치료사 등이 참여한다.

두 걸음 찾아가기

자녀를 유치원에 보내는 부모는 교육비를 지원받아요. 그 과정을 살펴보세요.

➡ 1단계: 교육비를 신청하는 방법을 조사해 보세요.

➡ 2단계: 유치원에서 교육비를 결제하는 방법을 조사해 보세요.

➡ 3단계: 교육비 신청 및 결제하는 과정에서의 문제점이나 어려운 점을 생각해 보세요.

2. 아동 권리와 복지의 실천

행정적인 절차에 따라 각 행정기관에서는 신청을 받아 복지서비스를 제공받게 될 대상을 정한다. 그 가구의 소득에 따라 이용 대상이 달라지는 복지서비스라면, 실무자는 그 대상을 선별해야 한다. 서비스를 이용할 대상으로 선정되면, 이제 아동 권리와 복지를 구체적으로 실천한다. 아동 권리와 복지 실천의 의미와 절차에서 조금 더 자세히 다룬다.

1) 아동 권리와 복지 실천의 의미

아동 권리와 복지의 실천은 아동에게 필요한 복지 서비스나 프로그램을 계획하고 실행하며 평가하는 것이다. 아동 권리와 복지를 실천하는 방법은 크게 네 가지로 살펴볼 수 있다. 보호, 교육, 상담, 치료로 아동 권리와 복지를 실천하는 방법을 살펴본다.

(1) 보호

아동 보호는 안전한 환경에서 아동을 돌본다는 의미를 가진다. 안전한 환경은 아동이 생활하는 데 있어서 위험 요소가 없는 물리적 환경과 안정감을 주는 인적 환경을 포함한다. 아동을 돌보는 과정에서는 아동의 발달에 적합한 지원을 하게 된다. 영아기 아동이라면 제때 수유를 하도록 지원하고 초등학교를 다니는 아동이라면 학업에 필요한 준비물을 확인하여 지원한다.

아동 보호는 것은 양육자의 보살핌을 받아야 하는 시기로 아동기를 바라보는 시각에서 기인한다. 그러나 맞벌이를 하거나 양육자가 아픈 경우, 양육자에게 갑작스럽게 일이 발생한 경우, 아동을 양육자로부터 분리해야 하는 경우라면, 양육자가 아동을 보살피기 어렵다. 따라서 주 양육자가 아동을 보살피기 어려운 상황일 때는 사회적으로 이 아동을 안전하게 보살피기 위한 방안을 강구해야 한다.

우리 사회에서 아동을 보호하기 위해 이루어지고 있는 여러 가지 노력을 살펴보면 다음과 같다.

① 어린이집

어린이집은 보육시설에서 영유아기 아동을 보호하며 교육하는 형태이다. 어린이집에서는 기본 보육을 포함하여 연장 보육, 24시간 보육, 휴일 보육처럼 다양한 보육을 실시하고 있다. 양육자는 가정의 여건을 고려하여 어린이집을 선택하여 이용할 수 있다. 어린이집은 무상 보육 정책에 따라서, 어린이집 이용 시 보육료를 전액 지원받는다. 아동은 어린이집에서 놀이하며 발달하고, 일상생활을 하며 자조기술을 습득한다.

② 시간제 보육

시간제 보육은 양육자가 하루 중 필요한 시간만큼 영아기 자녀를 육아종합지원센터나 어린이집에 맡기는 방법이다. 시간제 보육을 희망하는 양육자는 임신육아종합포털 아이사랑 홈페이지에서 시간제 보육을 신청할 수 있다. 시간제 보육을 이용하는 경우에는 기저귀, 낮잠이불처럼 자녀의 어린이집 생활에 필요한 준비물을 양육자가 직접 챙겨 가야 한다. 또한 이용한 시간만큼 비용을 지불하게 되는데, 정부도 일부 지원한다. 시간제 보육을 할 경우, 아동은 다양한 놀이 경험을 제공받는다.

③ 초등학교 돌봄 교실

초등학교 돌봄 교실은 정규 수업을 마친 아동을 학교에서 보호하기 위해 전담 교실을 운영하는 경우이다. 이 교실에서 돌봄 전담사는 아동을 위한 교육과정을 구성하여 운영한다. 아동은 돌봄 교실에서 지내며 숙제를 지도 받고, 필요한 학습을 한다. 독서, 미술 활동을 하거나 영화 감상을 하는 경우도 있다. 아동은 돌봄 교실에서 간식을 먹는다. 방학 때 운영하는 초등학교 돌봄 교실도 있다.

④ 지역아동센터

지역아동센터는 방과 후 돌봄이 필요한 아동을 보호하기 위해 운영된다. 지역아동센터에 근무하는 사회복지사가 아동을 지원한다. 아동은 이곳에서 간식을 먹으며, 건강, 안전, 영양과 관련한 교육을 받는다. 아동은 방학 중에도 지역아동센터를 이용할 수 있다.

⑤ 청소년 쉼터

청소년 쉼터는 가정에서 보호받지 못하는 아동들에게 보금자리가 되어 주는 곳이다. 청소년 쉼터는 아동에게 기본적인 의식주를 지원한다. 또한 아동이 겪게 되는 심리적 어려움을 해소하도록 상담 서비스도 제공한다. 더불어 아동이 학업을 포기하지 않고, 이어갈 수 있도록 지원한다.

(2) 교육

아동은 교육을 받는다. 교육은 주로 학교에서 정규교육과정으로 이루어진다. 초등학교와 중학교는 의무교육이므로, 그 시기의 아동은 어느 누구도 예외 없이 정해진 교육과정에 따라 교육을 받아야 한다. 그 이후 시기의 청소년은 고등학교에서 짜여진 교육을 받는다. 그 이전 시기의 유아는 유치원에서 놀이 중심의 교육을 받는다.

물론 학교에서 정규교육과정 외의 방과 후 활동으로 실시되는 교육도 있다. 예를 들어, 초등학생을 위해서 컴퓨터 활용 교육, 코딩 교육, 로봇 제작, 음악 줄넘기, 바둑, 창의 미술 등 다양한 프로그램이 방과 후에 진행된다. 방과 후 프로그램은 시대와 부모의 요구를 반영하여 결정되며, 아동은 희망하는 프로그램을 신청하여 수강한다.

아동을 대상으로 실시하는 교육은 앞으로 민주시민으로 살아가는 데 필요한 기본적인 능력을 함양하는 내용을 포함한다. 아동이 살아가는 데 필요한 기본생활습관 교육이 실시된다. 읽기와 쓰기나 셈하기처럼 생활하는 데 필요한 기본적인 지식도 교육한다. 아동을 대상으로 실시되는 교육은 아동에게 기본적인 기술을 습득하도록 할 뿐만 아니라 자신의 잠재력을 발견하고 계발하도록 지원한다.

이를 위해 교육의 범위는 아동의 관심사에 따라 확대되기도 한다. 농구나 축구처럼 운동에 관심 있는 아동을 위한 교육이 이루어진다. 노래에 관심 있는 아동은 합창단에서 교육을 받는다. 교육은 아동의 특성을 고려하여 실시되기도 한다. 장애 아동은 장애 유형과 정도를 고려하여 특수 교육을 받는다.

물론 학교 밖에서 실시되는 교육도 있다. 초등학생은 홈스쿨링을 통해서 가정에서 교육할 수 있다. 만약, 홈스쿨링을 희망하는 부모라면 계획서를 작성하여 해당 학교에 제출해야 한다. 아동을 가정에서 양육한다는 의미가 아니라 홈스쿨링도 아동기에 필요한 교육을 경험하도록 지원해야 하는 것이다.

(3) 상담

아동을 대상으로 상담이 실시된다. 상담은 아동의 현재 발달 상태를 진단하고, 발달상의 어려움을 발견하도록 지원한다. 이러한 상담은 다양한 장소에서 실시된다. 학교에서는 학생들을 대상으로 상담을 실시한다. 각 학교에는 원활한 상담 진행을 위해 위 클래스를 운영하며, 상담교사가 그 업무를 담당한다. 학생이 상담을 희망하거나 담임 교사가 학생의 상담을 요청했을 때, 상담이 실시된다. 이러한 상담의 내용은 진로 및 또래 관계, 학교 적응 등 다양하다.

학교 밖에서 실시되는 상담도 있다. 청소년복지지원법에 따라 청소년상담복지센터에서 실시하는 상담을 들 수 있다. 청소년상담복지센터는 각 지역에 분포해 있으며, 상담을 희망하는 청소년은 센터를 방문하거나 전화로 상담을 할 수 있다. 물론 각 센터에서는 심리검사도 실시한다.

지역 내 가장 많이 찾아볼 수 있는 상담 기관은 자격을 갖춘 상담사가 운영하는 상담센터이다. 상담센터에서는 발달이 느린 아동, 학교 적응에 어려움을 겪는 아동, 정서 조절을 힘들어하는 아동, 가족 관계에 불안감을 느끼는 아동 등 인지·사회·정서적으로 어려움을 겪는 아동을 대상으로 하여 상담을 진행한다. 상담센터는 민간에서 운영하여 기관 이용에 따라 비용이 발생한다.

상담의 종류로 개별 상담, 집단 상담, 가족 상담이 있다. 개별 상담은 내담자인 아동과 상담사가 1:1로 상담을 진행한다. 집단 상담은 비슷한 어려움을 겪는 여러 명의 아동과 상담사가 함께 참여한다. 가족 상담은 아동의 어려움을 가족과 관련되어 있다고 보고, 가족 구성원을 대상으로 상담을 실시한다.

(4) 치료

치료는 조금 더 전문적인 도움을 필요로 하는 아동을 위해 실시한다. 치료는 상담을 통해 발견한 아동의 어려움을 해결하거나 더 나빠지지 않도록 예방하기 위해서 실시한다.

아동을 위한 치료방법으로 놀이치료가 있다. 놀이치료는 놀이 환경을 마련해 주고, 아동에게 스스로 놀이를 선택하며 놀이하도록 한다. 놀이하는 과정에서 아동이 겪고 있는 심리적 어려움이나 정서적 어려움을 해소해 가도록 지원한다. 치료놀이도 있다. 치료놀이는 치료사가 마련한 놀이 환경에서 치료사가 계획한 놀이를 하며 아동이 겪는 어려움을 치료하도록 하는 과정이다. 미술치료는 다양한 자료로 그림을 그리거나 무언가를 만들며 심리적 불안감이나 불편함을 해소해 가는 방법이다. 음악을 매개로 하는 치료 방법인 음악 치료도 있다. 음악 치료는 음악을 감상하거나 여러 가지 악기를 연주하며 치료하는 방법이다. 치료사는 아동의 특성을 고려하여 이 중 하나의 치료 방법을 사용하거나 여러 가지 방법을 복합적으로 사용하기도 한다.

2) 아동 권리와 복지의 실천 절차

아동 권리와 복지의 실천은 도움을 필요로 하는 아동을 찾아내는 데서 시작한다. 스스로 도움을 요청하는 아동이 있는가 하면, 누군가가 그러한 아동을 찾아내어 적극적으로 도와야 하는 경우도 있다. 아동을 찾은 다음, 건강한 성장을 지원하기 위한 아동 권리와 복지의 실천 절차를 살펴본다.

(1) 상담 절차

정서적·행동적 어려움을 겪는 아동의 상담을 요청한다. 상담 절차는 다음과 같다.

먼저, 접수·면접이다. 접수는 내담자가 전화를 통해 상담을 예약하거나 직접 상담사를 찾아가 상담을 요청하면서 이루어진다. 연령이 어린 아동이라고 한다면, 부모가 전화하여 상담을 신청하며 아동과 함께 상담실을 방문한다. 접수 후 진행되는 면접에서는 아동에 관한 간단한 정보를 수집한다. 상담사는 상담을 통해 개입하기를 희망하는 문제 상황을 파악한다. 이 과정에서 라포 형성이 필요하다.

다음으로는 자료 수집 및 사정이다. 자료 수집은 아동의 현 상태를 조금 더 정확하게 진단하기 위해 아동에 관한 포괄적 자료를 모으는 과정이다. 상담사는 아동에 관한 많은 자료를 수집한다. 아동의 성격, 특성뿐만 아니라 가정환경에 관한 정보도 수집한다. 정보 수집은 다양한 방법으로 이루어진다. 놀이할 때의 행동 관찰, 가족에 관한 그림 표현, 질문에 관한 반응 등 여러 가지 방법으로 아동에 관한 자료 수집이 이루어진다. 상담사는 수집된 자료를 분석하여 아동의 발달 상태 및 욕구를 명확히 파악한다. 이를 사정이라고 한다.

아동에 관한 분석을 바탕으로 앞으로의 과정을 계획한다. 계획은 아동에게 필요한 개입의 우선순위를 바탕으로 구체적인 내용을 구성하는 단계이다. 개입의 목표, 내용, 방법, 시간, 아동과 부모의 역할 등을 구체적으로 계획한다. 계획한 내용은 아동과 그 부모에게 안내하여 개입에 앞서 상호 계약을 맺는다.

계획과 계약에 따라 개입이 이루어진다. 개입은 아동에게 필요한 서비스를 제공하는 과정이다. 개입을 하며 계획에 따른 실천 과정을 점검한다.

계획에 따른 개입을 마무리하며 평가가 이루어진다. 상담 후 정해진 개입 목표의 성취 여부뿐만 아니라 개입에서의 전반적인 과정을 평가한다. 이후에는 모든 과정을 마무리하며 종결한다. 상담사는 개입을 종결하기 전에 아동에게 미리 안내해 준다. 종결에 따라 아동이 심리적 불편함을 느끼지 않도록 사전에 이야기를 나눌 수 있어야 한다.

(2) 드림스타트

드림스타트는 12세 이하의 취약계층 아동과 그 가족을 지원하는 사업을 추진하여 보건복지부의 정책을 지원하는 곳이다. 이 기관에서는 지역사회에 있는 여러 기관과 협력하여 아동에게 필요한 서비스를 제공한다. 즉, 학교, 상담센터, 병원, 복지관 등과 연계하여 개별 아동에게 필요한 종합적인 서비스를 제공한다. 예를 들어, 심리 지원이 필요하다고 판단되는 아동에게는 업무 협약을 체결한 지역사회 내 상담센터를 연결해 준다.

드림스타트에서 아동을 지원하는 과정의 시작은 도움이 필요한 아동을 발견하는 데 있다. 경제적으로 어려움을 겪는 가정의 부모가 각 지역에 있는 드림스타트를 방문하여 아동에 대한 지원을 문의할 수 있다. 주민자치센터 및 학교와 같은 공공기관이나 아동사례를 접하는 사회복지기관 및 시설에서의 실무자가 지원이 필요한 아동을 드림스타트로 의뢰한다(장영인, 2021). 사회보장정보시스템(행복이음)을 통해 도움이 필요한 아동을 찾아낼 수도 있다.

아동을 발견한 다음에는 초기 상담을 실시한다. 상담에 따라 지원 여부를 판단하여 도움이 필요한 아동이라면, 아동과 그 가족의 환경을 조사한다. 드림스타트 담당자는 가정 방문을 통해 아동의 발달 정도나 욕구를 파악한다. 그 후 사례 회의를 통해 사례관리대상 아동으로 선정한다.

선정된 아동에게는 필요한 지원 계획을 수립하여 실행한다. 아동은 심리 상담을 받거나 학습을 지원받는다. 부모를 대상으로 한 교육이 실시되기도 한다. 물론 드림스타트의 아동통합사례관리사는 아동에게 실시되고 있는 건강, 인지, 정서 프로그램 등을 계획하고, 운영하며, 점검한다. 아동에게 제공된 지원 및 프로그램은 종결하게 되면서 마무리한다.

세 걸음 성장하기

부모와 대면 상담하는 상황을 생각해 보세요.

➡ 1단계: 부모가 상담을 요청한 이유를 생각해 보세요.

➡ 2단계: 부모와 나눈 상담 내용을 적어보세요.

➡ 3단계: 부모와 상담 시, 고려해야 할 사항을 적어보세요.

참고문헌

서영미(2020). 한국 아동복지 행정의 통합적 관리 방안에 대한 고찰: 전문가 대상 초점면담(Focus Interview)을 중심으로. **아동복지연구, 18**(1), 79–104.

장영인(2021). 아동의 '원가정보호'와 '가정내양육'에 대한 국가지원 확대 방안: 아동복지법 개정 방향을 중심으로. **사회복지법제연구, 12**(1), 3–36.

황옥경(2006). 아동정책 전달체계의 구조와 한계. **아동복지연구, 4**(3), 25–45.

CHAPTER

5

보육 아동의 권리와 복지

한 걸음 다가가기

○○의 부모님은 맞벌이를 합니다. 거주지 가까운 곳에는 ○○을 돌봐줄 친인척이 없습니다. ○○는 10개월부터 어린이집을 다니기 시작했습니다. 이제 6세가 된 ○○는 오늘도 아침 7시 50분, 어머니의 손을 잡고 어린이집으로 향합니다. 아버지가 데리러 오는 저녁 6시 30분까지 ○○는 어린이집에서 즐겁고, 안전하게 생활합니다.

유모차에 앉은 채, 어머니의 이끌림에 어린이집으로 향하는 영아의 모습

커다란 가방을 메고, 아버지의 품에 안겨 어린이집으로 향하는 영아의 모습

어린이집 통학차량을 타기 위해 할머니와 이야기 나누며 기다리는 유아의 모습

반갑게 보육교사와 인사를 나누며 보육실로 가는 유아의 모습

우리 사회에서 어린이집을 다니는 아동의 모습은 더 이상 낯설지 않다. 발달 특성상, 자신의 의사를 언어보다 행동으로 표현하는 영아에게 자칫 주의를 기울이지 않으면 안전사고가 발생한다. 이로 인해 누군가는 영아의 어린이집 이용을 우려하는 목소리를 내며 최대한 가정에서 양육하라고 조언한다. 그럼에도 태어난 지 몇 개월이 되지 않은 매우 어린 영아들은 부모의 상황에 따라 어린이집을 다닌다. 공부를 해야 하는 시기의 유아라면 유치원을 이용해야 하지 않느냐고 반문하는 경우도 있다. 그럼에도 유아는 유치원을 대신해 어린이집에서 친구들과 선생님을 만난다. 맞벌이를 하는 부모, 또래와 놀이하며 사회성 발달을 기대하는 부모, 다양한 경험을 바라는 부모는 아동을 어린이집에 보낸다.

아동은 부모의 이끌림에 어린이집을 다닌다. 어린이집은 아동이 처음으로 다니는 교육기관이며, 보육교사는 아동이 처음으로 만나는 선생님이다. 이러한 어린이집은 최선을 다해 아동의 권리를 존중하고 복지를 실현하는 곳이어야 한다. 즉, 어린이집은 아동의 잠재력을 키워가도록 적절한 교육적 경험과 놀이 기회를 제공해야 한다. 또한 아동은 어린이집에서 건강한 성장에 필요한 식사와 휴식하는 시간을 제공 받아야 한다.

5장에서는 보육 아동에 관한 이야기를 나눈다. 구체적으로는 보육 아동의 권리와 복지의 현 주소를 들여다보고, 앞으로 나아가야 할 방향을 그려본다. 이는 아동에게 보육의 선택권 보장, 다양한 보육서비스 제공, 안전한 보육 환경 조성, 체계적인 보육 시스템을 마련하는 기초로, 보육 아동의 권리와 복지를 이해하는 과정으로 이해될 것이다.

교사는 보육에 관해 알아야 한다. 유아교육기관을 다니는 유아를 이해하기 위해서는 그 이전의 보육 경험을 이해할 필요가 있다. 누리과정은 표준보육과정과 연계성을 지니고 있으므로 보육을 알면 도움이 된다. 따라서 교사로 보육 아동에 대해 살펴보며, 보육에 관한 시각을 넓혀가기를 바란다.

1. 보육 아동의 의미

보육 아동이란 보육시설을 다니는 아이를 말한다. 보육시설은 흔히들 어린이집이라고 부른다. 이러한 보육시설은 과거의 놀이방이나 현대의 유치원, 놀이학교, 영어유치원과 다르다. 보육시설과 유치원을 비교하여 살펴본다.

표 5-1 보육시설과 유치원 비교

구분	어린이집	유치원
법령	영유아보육법	유아교육법
담당 부처	교육부	교육부
산하 기관	한국보육진흥원	유아교육진흥원
시설 유형	국공립, 사회복지법인, 법인 · 단체 등, 직장, 가정, 협동, 민간 어린이집	국공립, 사립 유치원
이용 연령	0~6세 미만 (경우에 따라 초등학생도 이용)	3~5세
교육지원	무상 보육	무상 교육
교육과정	표준보육과정, 누리과정	누리과정
안전	어린이집 안전공제회	학교 안전공제회

보육시설과 유치원은 각 기관을 이용하는 연령이나 교육과정에서 일부 공통적인 부분을 찾을 수 있으나, 각각의 정책을 마련하는 데 영향을 미치는 법령부터 다른 부분을 다르게 적용된다. 주요 법령이 다르다 보니, 각 기관의 유형이 다르고, 교사 양성 체계도 다르며, 교사의 처우도 다르다.

보육시설을 다니는 아동은 어린이집을 이용하는 0~5세의 어린이를 의미한다. 물론, 보육시설의 특성(예: 방과후전담어린이집, 방과후통합어린이집)에 따라 학령기의 아동도 어린이집을 이용하지만 대체적으로 어린이집은 0~5세 아동을 대상으로 이들에게 보육을 제공하는 곳이다.

보육시설에서 말하는 '보육'은 보호와 교육을 의미한다. '보호'란 적절한 돌봄과 보살핌으로 아동의 기본적 요구를 충족해 주는 것이다. 예를 들어, 배가 고파서 힘이 없는 아동은 음식을 섭취해야 한다. 어린이집에서는 아동에게 오전과 오후 간식, 점심 식사를 제공하여, 음식을 섭취하도록 지원한다. 아동의 기본적 욕구인 '식(食)'을 충족하도록 한다. 또한 놀이를 하다가 졸려 꾸벅꾸벅 고개를 숙이는 아동은 휴식을 취해야 한다. 어린이집에서는 낮잠 시간을 통해 아동에게 편안한 분위기에서 잠을 자도록 지도한다. 이때는 아동의 보편적·개별적 발달 특성을 고려한다. 0세의 영아가 1세나 2세 영아보다 더 긴 시간 동안 낮잠 자기는 영아의 발달을 고려하여 어린이집의 하루 일과를 구성하고 이에 맞는 휴식 시간을 제공하기 때문이다. 이처럼 어린이집은 아동에게 기본적 욕구를 충족하며 건강하고 안전하게 생활하도록 돕는 '보호'의 기능을 한다.

'교육'이란 아동에게 민주 사회의 구성원으로 성장하는 데 필요한 경험을 제공한다는 의미이다. 이러한 교육은 어린이집에서 놀이와 활동으로 구체화된다. 아동은 어린이집에서 많은 시간을 놀이하며 보낸다. 신체 영역, 언어 영역, 감각·탐색 영역, 미술 영역, 음률 영역, 쌓기놀이 영역, 역할놀이 영역, 수·조작 영역, 과학 영역 등의 놀이 영역에서 이루어지는 여러 가지 놀이 경험은 아동에게 즐거움을 준다. 어린이집에서는 실내 자유놀이뿐만 아니라 바깥놀이도 실시한다. 바깥놀이를 하는 아동은 마음껏 뛰고, 놀이 기구를 이용하며, 모래 놀이도 한다. 바깥놀이는 아동의 대소근육 발달을 촉진하며, 자연의 변화를 자연스럽게 경험하도록 지원한다. 보육교사는 아동에게 놀잇감을 제공하며 놀이 환경을 마련한다. 놀이를 관찰하여 아동의 놀이 경험을 확장하는 것도 교육자인 보육교사의 역할이다.

아동은 어린이집에서 여러 가지 활동에도 참여한다. 아동은 또래와 함께 이야기를 나누고, 동화를 듣고, 미술활동을 한다. 아동은 규칙을 지켜 게임활동을 하거나 신체표현활동도 한다. 보육교사의 계획에 따라 실시되는 활동은 아동의 놀이 관심사를 반영하고, 영유아의 각 시기에 따라 경험해야 할 내용을 담는다. 이처럼 보육시설은 아동에게 필요한 교육적 경험을 전문적으로 제공하는 '교육'의 기능을 한다.

그러나 우리 사회에서 보육은 여전히 '아이들을 돌보는 곳'으로 인식되고 있다. 이러한 사회적 인식은 보육의 출발점에서 그 이유를 찾아볼 수 있다. 과거 보육은 탁아소, 놀이방에서 시작되었다. 각 시설은 부모의 맞벌이로 가정 내에서 충분한 보살핌을 받지 못하는 저소득 가정의 아동을 주로 '보호'하는 역할을 담당했다. 탁아소나 놀이방의 설치 기준, 교사 자격 기준, 보육과정 등이 마련되지 않았던 시기였다.

1990년대부터 보육은 급격히 변화했다. 어린이집에 자녀를 보내려는 가정이 늘면서, 어린이집의 수도 양적으로 증가했다. 1991년에 제정된 영유아보육법으로 보육은 질적 변화도 맞았다. 그동안에 보육과 관련하여 사용되어 왔던 여러 가지 용어는 어린이집으로 통일되었다. 어린이집을 이용하는 주 대상은 모든 영유아로 아동의 발달적 특성과 가정의 환경적 특성에 따라 차별을 두지 않았다. 이후 어린이집에서는 표준보육과정을 기반으로 한 우수한 보육 프로그램을 아동에게 제공하였다. 아동은 보육교사라는 국가 수준의 자격증을 취득한 어린이집 교사에 의해 교육받게 되었다. 즉, 보육시설은 보호뿐만 아니라 교육을 실시하는 기관인 보육전문기관으로 그 역할을 수행하기 위한 변화를 거듭해 왔다. 2024년 6월부터 교육부에서 보육 관련 업무를 담당하게 되면서 보육은 또 한 번의 변화를 맞고 있다.

그러나 보육의 주요 목적은 영유아들에게 돌봄을 제공하는 데 있었던 만큼, 우리 사회에서 보육을 바라보는 편협된 시선은 여전하다. 돌봄에 대한 사회적 인식의 개선이 필요하다. 이러한 인식은 첫째, 아동을 위한 돌봄은 곧 아동을 위한 교육으로 인식되어야 한다. 아동을 돌보는 자연스러운 과정에서도 교육은 이루어진다. 아동에게 식사지도를 하는 이 과정은 아동에게 올바른 식습관을 형성하는 교육적 기회이다. 따라서 아동을 위한 돌봄은 교육과 완전히 분리하여 생각할 수 없다. 둘째, 아동을 위한 돌봄은 전문성을 갖추어야 하므로, 아동을 담당하는 보육교사는 전문가로 인식되어야 한다. 아동을 잘 돌보는 것은 아동의 발달을 이해하고, 아동과 긍정적인 상호작용을 하며, 아동의 요구에 민감하게 반응할 때 가능하다. 그만큼 쉽지 않다. 그만큼 전문적인 지식과 기술이 필요하다. 결국에 어린이집은 보육전문기관으로 인식되고 보육교사는 영유아 보육 전문가로 인식되어야 한다. 보육을 보는 올바른 인식은 보육의 전문성을 보장하며, 이는 곧 아동의 권리를 보장하는 방향으로 보육이 실시되도록 할 것이다.

2. 보육 아동의 권리와 복지 실천의 현 주소

우리 사회에서는 보육 아동의 권리를 보장하고 복지를 실천하기 위해 노력하고 있다. 그러나 과거 아동을 자신의 소유물로 보는 부모의 인식, 아동의 발달에 관한 정보의 부재, 아동 보호를 그 가정의 문제로만 보는 전통적 시선은 보육 아동의 권리에 관심을 가지는 데 한계를 보였다. 저출생이라는 사회적 상황과 아동기의 중요성에 관한 사회 구성원의 인식은 보육 아동의 권리와 복지를 실현하도록 국가적·사회적 차원에서 실천의 필요성을 보여주었다.

이로써 지금도, 조금 더 건강하고, 조금 더 행복한 어린이집을 만들어 어린이집을 이용하는 아동의 권리를 우선적으로 보장하려는 노력은 진행 중이다. 앞으로도 모든 보육 아동과 그 가족이 안심하고 어린이집을 이용하도록 그 노력은 계속될 것이다. 보육 아동의 권리와 복지의 현 주소에서는 현재까지의 아동의 권리와 복지 실현을 위한 노력의 결과를 살펴본다.

1) 영유아보육법이 제정되다

영유아보육법은 어린이집을 이용하는 아동의 모든 권리를 보장하고 복지를 실현하기 위해 이에 관한 제반 사항을 정한 법으로 1991년에 제정되었다. 영유아보육법은 보육의 기본적인 사항을 명시한 가장 기초적인 법에 해당한다. 이로 인해, 보육과 관련한 모든 업무를 추진하는 과정에서는 영유아보육법을 우선적으로 검토해 볼 필요성이 있다. 또한 보육에서 말하는 보육교직원, 보호자, 지방자치단체 등은 영유아보육법에 따라 영유아의 권리를 보장하기 위한 역할을 다해야 한다. 만약 영유아의 권리를 침해한다면, 영유이보육법에 따라 제제할 수 있다.

영유아보육법 제1장 제1조에서는 이 법의 목적을 밝히고 있다. 이러한 목적을 실현하기 위해 영유아보육법(국가법령정보센터, 2022)에서는 어린이집 원장, 보육교사, 학부모의 권리와 의무를 제시하고 있다. 이로 인해 보육을 전공하는 예비보육교사나 보육 업무에 종사하는 보육교직원 이외에도 보육에 관심 있는 사람들은 영유아보육법을 찾아보게 된다.

영유아보육법에 제시된 내용을 바탕으로, 아동의 권리를 보장하는 측면에서 영유아보육법의 의미를 살펴본다.

첫째, 모든 아동은 어린이집을 이용할 수 있다. 만약 부모가 자녀를 어린이집에 보내고 싶어 한다면 누구나 예외 없이 어린이집을 알아볼 수 있다. 부모는 거주 중인 지역에서 가장 인접한 육아종합지원센터나 어린이집·유치원 정보 통합정보공시를 통해 어린이집에 관한 정보를 찾고, 필요시 어린이집 상담을 통해 어린이집을 알아본다. 그 다음, 임신육아종합포털 아이사랑 홈페이지에서 원하는 어린이집에 입소대기를 신청한다. 아동의 어린이집 입소대기 신청은 아동의 성별과 장애, 부모의 맞벌이, 다문화 가정 여부와 상관없이 누구나 신청 가능하다. 가정의 상황(예: 맞벌이 가정, 다자녀 가정 등)에 따라 어린이집 입소 순위는 달라지지만, 어린이집의 입소에 있어서는 차별받지 않는다. 이후 어린이집 입소가 확정된 아동은 어린이집을 다닐 수 있다.

둘째, 모든 아동은 질적으로 우수한 보육을 받을 수 있다. 영유아보육법에서는 보육과정에 관한 사항을 명시하며, 영유아의 발달권을 보장한다. 또한 어린이집 설치 기준을 마련한 영유아보육법에 따라 아동은 안전한 어린이집 환경에서 생활한다. 영유아보육법에서는 보육교직원에 관한 기준이나 책무도 제시하여 아동에게 자격을 갖춘 어린이집 교사부터 보육을 받도록 하고 있다.

셋째, 모든 아동의 권리 보장은 사회 구성원 모두의 참여로 실현된다. 영유아보육법에서는 어린이집의 원장, 보육교사뿐만 아니라 부모와 지역사회와의 협력에 관해 제시하고 있다. 이는 아동의 권리 보장을 위해 상호 노력해야 함을 보여준다.

영유아보육법은 사회의 변화에 따라 꾸준히 개정되어 왔다. 예를 들어, 2015년에는 아동학대 예방을 위해 어린이집 내 CCTV 설치를 의무화하면서 영유아보육법을 일부 개정하였다. 2020년에는 직장어린이집 설치 의무화를 위해 이에 관한 규정을 강화하였다. 2024년에는 영유아보육에 관한 업무를 교육부로 일원화하면서 보건복지부를 교육부로 하여 개정하게 된다. 이처럼 영유아보육법은 제정된 이후에도 꾸준히 개정되고 있다. 앞으로도 영유아보육법은 사회적 요구를 반영하여 아동의 권리를 보장하고 복지를 실현하기 위한 방향으로 변화할 것이다.

2) 무상 보육이 실현되다

무상 보육은 어린이집을 이용하는 모든 계층의 아동에게 어린이집 보육료를 국가 차원에서 지원하는 제도이다. 무상 보육을 실시하기 이전에는 어린이집을 이용 중인 저소득층의 자녀를 주 대상으로 보육료를 지원했다. 보육료를 감면받은 저소득 가정에서는 보육료 부담을 줄일 수 있어서 맞벌이로 자녀를 돌보는 데 어려움이 있었던 이전과 달리 자녀를 어린이집에 보낼 수 있게 되었다. 다만, 보육료를 지원받기 위해서는 부모의 소득, 주거, 차량 등과 관련한 서류를 준비하여 주민센터에 신청해야 했다.

무상 보육은 2012년에 0~2세 영아, 5세 유아를 대상으로 시작되었다. 이후 2013년에 3~4세 유아를 대상으로 무상 보육이 확대되었다. 따라서 어린이집을 이용하는 모든 아동은 무상 보육에 따라 보육료를 지원받게 되었다.

자녀를 어린이집에 보내게 되면, 부모는 보육료를 지원 받기 위해 신청해야 한다. 신청 방법은 주민자치센터를 직접 방문하거나 복지로 홈페이지를 통해 신청 가능하다. 이후 부모는 발급받은 아이사랑카드로 보육료를 결제한다. 3~5세 유아의 보육료 지원은 동일하며, 0~2세 영아의 보육료 지원은 차등하여 영아의 연령이 어릴수록 그 지원 단가가 높아진다. 또한 기본 보육 이외에 야간 보육, 24시 보육에 따라서도 보육료 지원 단가는 증가한다.

무상 보육 정책을 실시함에 따라, 영아기 자녀를 둔 가정은 자녀 양육비용을 경감할 수 있었다(이채정, 2018). 또한 무상 보육 정책은 둘째 자녀 출산에 긍정적인 효과를 미쳐, 우리나라의 저출산 문제를 해결하는 데 부분적인 효과를 보였다(이지민, 임병인, 2021).

그러나 부모들은 자녀를 어린이집에 보내며 입학금, 체육복비, 현장학습비, 특별활동비, 행사비와 관련한 부모 부담금을 지불한다(백선희, 2012). 자녀의 어린이집 이용에 따라 추가적으로 발생하는 이러한 비용으로 무상 보육의 의미는 퇴색되는 듯 비춰지기도 한다. 이로 인해 지방자치단체에서는 어린이집에 자녀를 보내는 부모의 부담을 줄이기 위한 정책을 펼치고 있다. 즉, 무상 보육을 온전히 실현하며, 영유아와 부모들을 지원하려는 노력이 나타나고 있다.

3) 한국보육진흥원이 설립되다

한국보육진흥원은 보육에 관한 제반 사업을 실시하는 공공기관으로 2010년 개원하였다. 보육에 관한 제반 사업은 평가제 시행에 따른 어린이집 평가 관리, 보육교직원 자격증 취득에 따른 원장, 보육교사, 장애영유아 보육교사 자격 관리, 공공형 어린이집 선정 및 관리를 포함한다. 이러한 사업에 변화가 있을 경우, 한국보육진흥원에서는 자료를 구성하여 홍보를 하고 있으며, 한국보육진흥원 홈페이지 공지를 통해서도 확인 가능하다. 또한 한국보육진흥원에서는 보육사업안내와 같은 정보를 제공한다. 보육사업안내는 매해마다 어린이집 운영에 관한 지침을 제공하는 자료로, 교육부에서 제공하는 보육사업안내와 각 지역 보육사업안내를 찾아볼 수 있다.

한국보육진흥원의 설립에 따라 보육에 관한 사업은 전체적인 맥락에서 통합적으로 이루어지게 되었다. 한국보육진흥원은 2022년 6월부터 위탁 운영하던 중앙육아종합지원센터를 통합하게 된다. 육아종합지원센터는 중앙육아종합지원센터를 포함하여 전국에 100여 곳이 넘게 운영되고 있다. 각 지역 육아종합지원센터는 지역 내 어린이집 및 부모를 지원하는 프로그램을 운영하고 있다.

4) 보육서비스가 다양해지다

보육서비스의 다양화는 여러 가지 특성을 지닌 어린이집을 폭넓게 구성한 데 있다. 보육서비스의 다양화는 어린이집 유형에서 찾아볼 수 있다. 우리나라는 어린이집을 국공립, 직장, 민간, 가정, 사회복지법인, 법인·단체 등, 협동 어린이집으로 구분한다. 각각의 어린이집은 설립 주체, 국가 및 지방자치단체의 지원 등에서 차이를 보인다. 이 중에서 직장 어린이집은 부모의 직장 생활을 지원하기 위해 마련된 보육기관으로 부모의 근무 환경에 따라 어린이집 운영도 달라진다.

보육서비스는 어린이집의 특성에 따라서도 다양하다. 어린이집 특성은 장애 아동의 어린이집 이용 여부에 따라 다양하다. 예를 들어, 장애아통합어린이집은 장애아와 비장애아가 함께 어린이집을 이용하며 장애아전문어린이집은 장애 아동들이 이용한다. 2세 이하의 영아를 위한 어린이집으로 영아전담어린이집도 있다. 또한 어린이집 이용 시간에 따라서도 나뉜다. 예를 들어, 24시간 보육, 시간제 보육을 하는 어린이집이 있다. 이처럼 보육서비스의 다양화를 위해 여러 가지 유형의 어린이집이 마련되어 있다.

이 외에도 공공형 어린이집, 서울형 어린이집도 있다. 이 어린이집은 민간 어린이집처럼 인건비를 지원받지 못하는 보육시설의 신청을 받아 심사를 거쳐 지정된다. 공공형과 서울형 어린이집으로 지정되면 운영비를 지원받는다. 이처럼 다양한 보육서비스를 통해 모든 아동과 부모는 개별 특성과 가정의 여건에 맞게 어린이집을 선택하여 이용할 수 있게 되었다.

그러나 자녀를 보내고 싶은 어린이집이 가정에서 먼 경우도 있다. 아동의 인구가 적은 지역에서는 어린이집의 수 또한 제한적이며 이로 인해 원하지 않는 어린이집을 선택해야 하는 경우도 나타난다.

5) 보육과정이 마련되다

보육과정은 어린이집을 다니는 영유아를 위한 국가 수준의 교육과정을 말한다. 유아를 위한 교육과정은 누리과정으로, 어린이집에서는 2019 개정 누리과정에 따라 유아에게 교육적 경험을 제공한다. 누리과정은 신체운동·건강, 의사소통, 사회관계, 예술경험, 자연탐구 영역별 내용을 제시한다. 영아를 위한 교육과정은 표준보육과정으로 2024 개정 표준보육과정에 따라 어린이집을 운영한다. 표준보육과정은 누리과정과 마찬가지로 신체운동·건강, 의사소통, 사회관계, 예술경험, 자연탐구 영역별 내용으로 구성된다. 과거 보건복지부에서 어린이집을 담당할 때는 제4차 어린이집 표준보육과정으로 유아반 교육과정과 차이를 두어 기본생활, 신체운동, 의사소통, 사회관계, 예술경험, 자연탐구 영역으로 구성하였다. 유보통합을 진행하는 과정에서 누리과정과의 연계성을 갖도록 교육부에서는 표준보육과정을 개정하여 고시하였다. 2019 개정 누리과정이 유아 중심, 놀이 중심으로 운영되도록 개정한 만큼, 2024 개정 표준보육과정도 영유아 중심, 놀이 중심을 따른다.

어린이집과 유치원을 이용하는 모든 유아는 누리과정에 따른 교육적 경험을 하게 되었다. 영아는 어떤 어린이집을 다니든 표준보육과정에 따른 교육적 기회를 가지게 되었다. 즉, 보육과정은 영유아에게 유아교육기관의 유형이나 특성과 상관없이 하나의 지침을 마련해 주었다.

6) 어린이집 평가제가 시행되다

어린이집 평가제는 보육의 질적 수준을 확보하기 위해서 어린이집을 주기적으로 평가하는 것이다. 2006년에 제1차 어린이집 평가인증이 시행되었다. 이후 2019년부터는 모든 어린이집을 대상으로 평가를 실시하게 되면서 어린이집 평가제로 그 명칭이 변경되었다.

어린이집 평가제는 한국보육진흥원에서 담당한다. 한국보육진흥원이 보건복지부 산하기관일 때, 어린이집은 평가 결과에 따라 다음 평가 주기가 결정되었다. 어린이집 평가제에서 A, B등급을 받은 어린이집은 3년을 주기로 평가를 받고, C, D등급을 받은 어린이집은 2년을 주기로 평가를 받았다. 현재 한국보육진흥원은 교육부 산하 공공기관으로 2024 개정 어린이집 평가제에 따라 평가를 시행하고 있다.

어린이집 평가제(평가인증)는 아동에게 행복을 주는 보육, 안전성을 보장하는 보육 환경을 통해 질적으로 우수한 보육환경을 제공하여 부모들의 선택을 돕기 위한 고민에서 시작되었다. 이에 따라 어린이집 평가 항목을 구성하고, 어린이집에서는 그 항목을 준수하기 위해 하루 일과를 점검하고, 서류를 준비하며, 보육환경을 살펴야 했다. 보육교사의 상호작용도 중요했다. 이러한 어린이집 평가제 준비는 보육교사들에게 어려움을 야기했다. 특히, 어린이집 평가인증이 시행되었던 초기에 보육교사는 이 평가인증 준비를 위해 오히려 아동 보육을 소홀히 하게 된다고 지적받았다. 이에 따라 어린이집 평가제의 내용이나 방법이 계속적으로 변하고 있다.

7) 보육교사 자격기준이 마련 및 강화되다

보육교사 자격은 국가자격증으로 보육교사 자격증을 취득한 이들에게 주어진다. 보육교사 자격증은 1, 2, 3급으로 구성되어 있다. 각 자격증을 취득하기 위해서 일정 수준의 교육을 통한 학점 이수와 보육 실습이 필요하다. 보육교사 2급에서 보육교사 1급으로 상위 자격증을 취득하기 위해서는 보육 관련 경력이 있어야 하며 승급교육도 받아야 한다.

이러한 보육교사 자격기준은 강화되고 있다. 예를 들어, 2014년 이전 대학에 입학한 사람들이 보육교사 2급 자격증을 취득하기 위해서는 보육 관련 교과목으로 12과목, 35학점 이상의 시수를 이수해야 했지만, 2014년 이후 대학을 입학한 예비보육교사는 17과목 51학점 이상을 이수해야 한다. 보육교사론, 아동 권리와 복지처럼 일부 교과목은 강의의 일부를 대면으로 수강해야 한다. 자격 취득에 필요한 보육실습의 경우에도 2017년 이후부터 실시된 보육실습은 기존 4주 보육실습에서 6주 보육실습으로 그 기간이 늘어났다.

보육교사의 자격기준 강화에 따라 전문적 자질과 인성적 자질을 갖춘 보육교사를 양성하려는 노력이 있었다. 영유아가 어린이집에서 건강하고 행복하게 생활하기 위해서 보육교사의 역할이 중요하다고 볼 때, 보육교사 자격기준 강화는 영유아의 권리 보장에 있어서도 중요하다.

한편에서는 보육 교과목 이수 및 실습의 강화로 인해 보육교사 자격증을 취득하는 교사 수가 급격히 줄고 있다. 여전히 보육교사를 채용하는 데 어려움을 겪는 어린이집이 있는 가운데, 보육교사 자격을 취득하려는 사람들의 관심은 점점 줄고 있는 것이다. 또는 보육교사의 처우 문제로 자격증이 있더라도 보육교사로 취업을 희망하지 않는 사람들도 있다.

두 걸음 찾아가기

앱이나 웹사이트 검색으로 보육에 관한 정보를 찾아볼 수 있어요.
보육에 관한 정보를 제공해 주는 기관의 웹사이트를 방문해 보세요.

➡ 1단계: 보육 관련 웹사이트를 찾아보세요.

보육 정책 및 연구	유아교육기관 정보
– 한국보육진흥원 – 중앙육아종합지원센터 – 육아정책연구소	– 어린이집 · 유치원 통합정보 공시 – 임신육아종합포털: 아이사랑

보육교사 자격 및 채용	보육 및 교육
- 보육교직원 통합정보 - 근로복지공단 직장어린이집 지원센터	- 키드키즈 - 동심
기타	찾아보기
- 한국 어린이집 총연합회 - 어린이집 안전공제회 - 보육교사	

➡ 2단계: 아동복지 측면에서 각 웹사이트의 특징을 살펴보세요.

3. 보육 아동의 권리와 복지 실천의 어려움

보육은 거듭된 발전으로 보육 받는 아동의 권리를 보장하기 위해 노력해 왔다. 그럼에도 보육 받는 아동의 권리를 보장하는 복지를 실천하기 위해 고민해 보아야 할 점들이 있다. 보육 아동의 권리와 복지 실천의 어려움에서는 아동의 권리를 제한할 수 있는 현 보육의 상황을 짚어본다.

1) 보육교사 대 영유아 비율의 적절성을 묻다

보육교사 대 영유아의 비율은 보육교사 1인당 담당하는 영유아의 수를 말한다. 보육에서는 연령에 따라 1명의 보육교사가 담당하는 영유아의 수를 정하고 있다. 보육교사 1명당 0세 영아 3명, 1세 영아 5명, 2세 영아 7명, 3세 유아 15명, 4~5세 유아 20명이다. 물론 어린이집 운영의 어려움이나 원아모집의 어려움이 있는 지역에서는 초과 보육을 할 수 있다.

영유아기는 삶의 그 어느 때보다 발달의 개인차가 크다. 동일한 1세 영아라 하더라도 발달 정도는 모두 디르다. 이로 인해 현 비율에 따라 영유아를 보육할 때, 보육교사가 영유아의 개별적 요구에 반응하기란 쉽지 않다. 결국 영유아는 보육을 통해서 잠재력을 발휘하며 놀이하고 교육받을 기회를 제한받는다. 또한 영유아는 발달 특성상 상황을 다각적으로 고려하지 못한 채 호기심만으로 행동한다. 예기치 않은 안전사고가 순식간에 벌어진다. 영아는 무언가를 입에 넣거나, 유아는 책상에 머리를 부딪친다. 보육교사는 영유아를 수시로 관찰하며 안전사고에 대비해야 하지만 많은 영유아를 돌보며 미처 반응하지 못하는 경우가 발생한다. 즉, 영유아의 안전이 위협받는다. 현재 보육교사 대 영유아 비율을 재고해야 할 필요성이 제기되는 것이다.

보육교사 대 영유아의 비율을 개선하기 위한 우리 사회의 시도는 계속되고 있다. 예를 들어 서울시는 0세반과 3세반의 보육교사 대 영유아 비율을 각각 1:2, 1:10으로 줄여 보육교사 대 영유아의 비율 개선을 위한 시범사업을 실시하였는데 그 결과 보육교사는 영유아의 요구에 신속하게 반응하며, 놀이를 중심으로 한 긍정적인 상호작용의 증가를 보고하였다(조막래, 김송이, 2021). 앞으로 보육교사 대 영유아의 적정 비율을 찾기 위한 노력이 지속될 것이다. 이 과정에서 보육교사의 업무 부담을 줄이고, 반편성에 적절한 환경 기준을 마련하며, 어린이집의 재정적 어려움을 지원하기 위한 방안도 함께 고려될 때, 아동의 권리를 보장하기 위한 보육교사 대 영유아 비율을 개선하는 길은 앞당겨질 수 있을 것이다.

2) 어린이집 수가 감소하다

전체 어린이집의 수는 감소하고 있다. 정부나 지방자치단체에서 국공립 어린이집을 확충하려고 노력함으로써 국공립 어린이집의 수는 증가하고 있으나 전체적인 어린이집 수는 계속적으로 감소하는 추세이다. 전체 어린이집의 감소는 어린이집에서 폐원 결정을 하기 때문이다. 어린이집이 폐원하는 첫째 이유는 저출생으로 인해 원아 모집에 어려움을 겪게 되어 반 운영이 제대로 되지 않기 때문이다. 둘째 이유는 어린이집에서의 사건·사고로 인해서 어린이집 운영이 어렵게 되어 폐원하기 때문이다.

현재 어린이집을 이용하고 있는 아동의 부모에게 앞으로 있을 어린이집 운영 중단을 사전에 알리지 않을 경우, 아동은 보육 받을 기회를 잃게 된다. 부모는 어린이집을 갑작스럽게 알아보아야 한다. 근처에 보낼 수 있는 어린이집이 없어서 대기를 해야 할 때는 다른 자녀 양육 방법을 선택해야 한다. 이처럼 어린이집의 폐원이나 그 수의 감소는 부모나 아동에게 영향을 미친다.

3) 보육교사 수가 부족하다

어린이집에서 근무하는 보육교사가 부족하다. 새로운 학기가 시작되기 전, 어린이집에서는 보육교사를 채용하여 한 학기 준비를 시작해야 한다. 하지만 그렇지 못한 채 학기가 시작될 무렵에도 급하게 채용 공고를 내는 어린이집이 있다. 이마저도 보육교사를 채용하는 데 어려움을 겪는다.

보육시설에서 근무할 보육교사가 부족해진 요인은 여러 가지이다. 자격증을 취득하는 보육교사 수의 감소와 보육교사의 근무 환경도 그 요인이다. 보육교사 자격증을 취득하는 보육교사의 수가 감소하고 있다. 보육교사 자격증을 취득하는 방법은 크게 두 가지이다. 하나는 대학에서 보육 관련 학과를 졸업하는 경우이다. 또 다른 하나는 학점은행제를 통해 온라인으로 진행되는 보육교사 자격증 취득 교과목을 이수하는 경우이다. 보육교사 자격증 취득 과정이 변화하면서 보육교사 자격증을 취득하는 경우가 점점 줄고 있다. 아동 권리와 복지처럼 온라인 수업으로 운영하던 기존의 교과목 중 일부는 8시간 이상의 대면 수업 운영을 필요로 하게 되었다. 결국 보육교사 자격증 취득 기준이 강화되면서 보육교사를 양성하는 기관과 양성되는 보육교사의 수가 점점 줄어들게 되었다.

보육교사의 근무 환경도 보육교사라는 직업을 다시 생각해 보게 한다. 업무 강도에 비해 적절하지 않은 보수, 근무 시간의 미준수 및 휴게 시간 미보장, 많은 업무량으로 인해 보육교사의 이직률이 높다. 담당 교사의 변경은 아동에게도 불안감을 야기한다. 따라서 앞으로는 보육교사의 권리를 보장하고 처우를 개선하기 위한 방안 마련이 필요하다.

4. 보육 아동의 권리와 복지 실현의 길

삶의 이른 시기에 있는 아동들을 위한 복지 실천 중 하나인 보육을 통해 아동은 권리를 보장받아야 한다. 앞으로 질적으로 우수한 보육을 위해서 나아가야 할 방향을 고민해 본다.

1) 사회에서는 보육 관련 구성원들 모두의 만족도를 높이다

보육은 지속적으로 변화하며 발전해 왔다. 보육의 기반이 되는 영유아보육법을 제정하고, 한국보육진흥원을 설립하며, 표준보육과정도 구성하고, 어린이집 평가를 실시하였다. 이러한 변화는 아동에게 더 좋은 보육 프로그램을 제공하는 기회를 가져왔고, 부모에게 어린이집 선택의 폭을 넓혔다.

그러나 보육시설에서 발생하는 아동 학대로 인해, 안전하게 보호받지 못하는 아동과 힘들어 하는 가정도 있다. 또한 개선되지 않은 근무 환경으로 어려움을 호소하는 보육교직원들도 있다.

보육의 기본적인 구성이 완성된 현 시점에서는 다시 보육의 상황을 점검하며 보육 구성원 모두의 만족을 높이기 위한 방안을 고민해야 한다. 아동의 권리와 보육교사의 권리에 관심을 가지고, 부모들이 믿고 보낼 수 있는 보육 환경을 구성하기 위한 노력이 필요하다.

2) 교사는 보육의 변화에 관심을 가지다

보육은 계속해서 변한다. 앞으로도 더 좋은 보육을 제공하기 위해서 보육은 변화할 것이다. 교사는 이러한 변화에 관심을 가져야 한다. 예를 들어 표준보육과정이 개정되었다면, 교사는 개정된 방향을 이해하고 현장에서 보육을 실천하기 위해 관심을 가져야 한다. 변화하는 보육에 관심을 가지지 않는다면, 보육을 수행할 때 어려움을 느끼게 될 것이다. 교사로 아동을 위한 보육을 실천하고 싶다면 변화하는 보육에 관한 관심이 필요하다.

현재 보육은 변화를 거듭하고 있다. 유보 통합을 이뤄가는 과정에 있기 때문이다. 담당 부처가 바뀌었고, 어린이집 평가제의 운영 방식이 변했다. 이로 인해 보육실습 인정 어린이집의 기준도 달라졌다. 하지만 오랜 시간 유아교육과 보육이 다른 체계로 운영되어 온 만큼 해결해야 하는 사항들이 많다. 그중 하나는 교사 양성이다. 교사 자격 체계 및 기준이 다른 만큼, 교사 양성에서 합의를 도출하는 데 어려움이 있다. 따라서 교사는 앞으로 유보통합의 진행 과정 또한 관심 가지기를 바란다. 이러한 방향이 아동과 보육교직원의 권리를 보장하는 방향으로 실현되는지를 지속적으로 살펴보기를 바란다.

세 걸음 성장하기

보육 아동의 권리를 존중해 주는 방안을 생각해 보세요.

➡ 1단계: 어린이집에서의 아동 권리 존중 사례를 찾아보세요.

➡ 2단계: 어린이집에서의 아동 권리 침해 사례를 찾아보세요.

➡ 3단계: 아동이 바라는 어린이집의 모습을 생각해 보세요.

참고문헌

국가법령정보센터(2022). 영유아보육법. https://www.law.go.kr/%EB%B2%95%EB%A0%B9/%EC%98%81%EC%9C%A0%EC%95%84%EB%B3%B4%EC%9C%A1%EB%B2%95에서 2023.01.09 인출함.

백선희(2012). 0~5세 무상보육 진단과 과제. **젠더리뷰, 24**, 50-56.

이지민, 임병인(2021). 무상보육정책의 추가출산 제고 효과 분석. **재정학연구, 14**(3), 23-51.

이채정(2018). 무상보육정책의 영유아 연령별 자녀양육비용 경감 효과 분석. **한국정책학회보, 27**(2), 109-132.

조막래, 김송이(2021). 서울시 어린이집 교사 대 아동 비율 개선 시범사업 효과 분석(2021 정책연구-15). 서울: 서울시 여성가족재단.

CHAPTER

6

장애 아동의 권리와 복지

한 걸음 다가가기

○○와 □□는 장애통합어린이집을 함께 다니는 유아입니다. 둘은 함께 역할 놀이를 하고, 쌓기 놀이도 합니다. ○○와 □□는 바깥놀이를 나갈 때도 함께합니다. 발달이 느린 □□는 도움이 필요할 때면 ○○에게 도와달라고 말합니다. ○○는 그럴 때마다 □□를 돕습니다. ○○와 □□는 서로에게 가장 좋은 친구입니다. ○○와 □□는 어릴 때부터 협력과 배려를 배웁니다.

친구와 함께 유치원으로 가는 발달장애 유아의 모습

휠체어를 타고 학교로 향하는 초등학생의 모습

특수학교를 가기 위해 어머니의 손을 잡고 통학차량을 기다리는 초등학생의 모습

특수교육 수업을 받기 위해 장애인사회복지관으로 가는 중학생의 모습

사람들은 어린이집, 유치원, 학교, 사회복지기관으로 향하는 장애 아동을 만난다. 장애 아동의 걸음걸이나 산만한 모습을 보며, 도와주어야 할지를 한순간 고민하는 사람들도 있다. 머지않아 사람들은 장애 아동의 밝은 표정을 보며 가던 길을 계속해서 걷는다. 장애 아동은 어느덧 학교에 도착한다.

장애 아동은 교육받을 권리를 가진다. 비장애 아동과 동일하게 장애 아동도 교육기관에서 교사로부터 교육을 받아야 한다. 장애 아동을 위한 교육은 사회 구성원으로 살아가는 데 필요한 기본적인 능력을 함양하도록 지원하는 데 있다. 장애 아동은 교육을 통해 의사소통 능력을 함양하고, 자조 기술을 습득하며, 기초 학습 능력을 기른다.

교육받을 권리를 보장받아야 하는 장애 아동은 여러 교육 기관 중에서도 자신의 장애 유형, 장애 정도, 발달 상태, 가정과 주변 환경 여건에 맞는 기관을 선택할 수 있어야 한다. 각각의 교육기관에서 장애 아동이 만나는 교사는 특수교육을 전공한 이들로 장애 아동에게 적합한 교육을 실시할 수 있는 역량을 갖추고 있어야 한다. 즉, 장애 아동을 위한 교육은 장애 아동의 권리를 존중하고 복지를 실현하는 것이어야 한다.

6장에서는 장애 아동의 권리와 복지를 다룬다. 이를 위해서는 장애 아동의 의미를 시작으로 장애 아동을 위한 권리와 복지의 현 주소를 살펴본다. 또한 장애 아동이 겪고 있는 어려움을 살펴보며 장애 아동의 권리를 보장하기 위해서 앞으로 나아가야 할 복지 방향을 그려본다.

이 과정에서는 장애 아동을 만나게 될 교사로 자신의 올바른 역할을 고민해 보기 바란다. 장애통합유치원에서 근무하는 교사는 특수교육을 전공하지 않았더라도 장애 아동을 만난다. 교사는 한 교실에서 특수교사와 함께 협력하며 장애 아동의 유치원 생활을 지원한다. 지원이 원만히 이루어지길 바라는 교사는 장애아교육이나 특수교육을 올바로 이해하고 있어야 한다. 장애통합유치원이 아니어도 마찬가지이다. 교사는 장애경계에 있는 유아, 발달이 지체되는 유아를 발견하고 이후 적절한 지원을 해야 한다. 교사는 장애 아동의 권리와 복지를 통해 장애 아동을 올바로 바라보고, 장애 아동과 비장애 아동이 더불어 생활하는 교실의 모습을 생각해 보기 바란다.

1. 장애 아동의 의미

장애 아동은 장애인복지법에서 규정한 장애를 가진 18세 미만의 사람을 말한다(박희숙, 유주희, 이광희, 2014). 즉, 장애 아동은 신체적·정신적 장애로 인해 보호, 양육, 교육, 재활, 사회적응을 위한 서비스를 필요로 하는 아동이다(송정애, 2013). 장애 유형과 그 정도에 따라 다르지만, 장애 아동은 스스로 옷 입기, 식사하기, 컴퓨터하기 등의 일상생활에서 어려움을 느낀다. 또한 장애 아동은 다른 사람과 이야기 나누기, 협동하여 문제 해결하기와 같은 사회생활에서 어려움을 겪는다. 따라서 복지서비스는 장애 아동에게 일상생활과 사회생활에 필요한 기술을 습득하도록 지원하며, 궁극적으로 장애 아동도 사회 구성원으로 다른 사회 구성원과 조화롭게 살아가도록 하는 데 있다.

장애는 신체적 장애와 정신적 장애로 분류한다. 신체적 장애는 인체 외부와 내부 조직의 손상으로 인해서 각각의 기관이 제 기능을 하지 못하고 이로 인해 생활하는 데 어려움을 겪는 경우이다. 인체 외부 조직의 손상에 따른 장애는 시각 장애, 청각 장애를 들 수 있다. 인체 내부 조직의 장애는 신장 장애, 간질 장애를 포함한다. 정신적 장애는 발달이 느려 또래보다 정신 연령이 낮거나 정신적인 어려움으로 일상생활을 해 나가는 데 어려움을 겪는 경우이다. 정신적 장애로 지적 장애가 있다. 이러한 신체적 장애와 정신적 장애를 가진 이들을 장애인이라고 하며, 그 연령이 18세 미만일 때 장애 아동이라고 부른다.

장애 아동의 권리를 보장하는 복지를 실현하기 위해서는 장애라는 단어가 주는 의미를 생각해 보아야 한다. 장애 의미를 올바로 이해할 때, 장애 아동을 지원하는 환경을 마련할 수 있기 때문이다. 장애의 의미를 올바로 이해해야 하는 중요성은 다음의 두 가지이다.

첫째, 장애의 의미는 장애나 장애인에 대한 사람들의 인식에 영향을 미치므로, 그 의미를 올바로 이해해야 한다. 장애라는 단어는 사람들에게 무언가를 할 수 있는 능력이 부족하거나 없는 상태로 인식된다. 때로는 공동체 생활을 위해서 반드시 극복해야 하는 상황이나 상태로 장애를 바라본다. 이러한 제한된 인식으로 인해, 사람들은 장애인들에게 스스로 해 보는 기회를 제공하지 않거나 할 수 있는 환경을 마련해 주지 않는다. 오히려 장애인이 해야 하는 업무나 활동을 대신 다 해 주며 배려라고 생각하는 사람도 있다. 장애인도 잔존 능력으로 스스로 활동에 참여할 수 있다. 장애인도 반복된 교육과 훈련을 통해 하고 싶은 일을 스스로 해 나갈 수 있다. 예를 들어, 구족 화가를 떠올려 본다. 비록 비장애인과 다른 방법으로 그림을 그리고 그림을 완성하는 데 더 긴 시간을 필요로 할 수 있지만, 장애인 화가도 스스로 그림을 그리며 작품을 표현할 수 있다. 이처럼 장애인들이 스스로 할 수 있음에도 불구하고 장애에 관한 잘못된 의미 부여와 이로 인해 야기된 장애에 대한 이미지는 사람들에게 도움을 주어야 하는 이들로 인식하게 한다.

1980년에 세계보건기구가 제시한 국제장애분류에서 장애는 손상, 능력 장애, 사회적 분리로 정의되었으나 장애에 관한 부정적인 의미를 심어줄 수 있다고 보고 이후, 1997년에는 손상, 활동, 참여처럼 중립적 의미를 지닌 단어로 장애의 정의를 변경한다(도미향, 남연희, 이무영, 변미희, 2019). 즉, 장애로 인해 사회적으로 분리되기보다는 사회적으로 참여하는 데 제한이 있을 수도 없을 수도 있다는 것이다. 이처럼 장애에 관한 올바른 정의의 정립은 장애에 관한 올바른 의미를 부여하려는 노력으로, 장애에 관한 의미는 장애나 장애인을 바라보는 사람들의 인식에 영향을 미칠 수 있기 때문이다. 따라서 장애에 관한 의미 부여는 신중해야 하며, 사람들은 장애의 의미를 올바로 이해해야 한다. 장애가 어떤 제약이나 제한으로만 작용해서는 안 될 것이다.

둘째, 장애의 의미는 복지서비스 대상을 선정하는 데 영향을 미치므로, 시대나 발달 시기를 고려해야 한다. 우리나라는 장애인의 활동이나 일자리를 지원하는 여러 가지 사회복지서비스를 제공하고 있다. 이러한 복지서비스를 제공받는 사람은 장애인복지법에 따라 장애인으로 인정된 경우이다. 따라서 장애를 어떻게 정의하고, 누구를 장애인으로 볼 것인가는 복지서비스를 제공받는 대상을 정하는 데 영향을 미친다. 장애인을 대상으로 한 복지서비스가 장애인의 생활 안정을 통해 건강하게 살아가도록 복지를 실현하는 것이라면, 사회적 관심과 도움을 필요로 하는 사람이 장애인으로 선정되도록 장애의 의미를 명확히 해 나가야 한다.

장애 아동도 마찬가지이다. 장애인으로 등록된 아동은 여러 가지 사회복지서비스를 제공받는다. 그러나 발달적으로 변화 가능성이 폭넓은 아동기이므로 때로는 장애 여부를 명확히 판단하기 어려운 경우도 있다.

우리나라에서는 특수교육 대상자를 선정해 필요한 교육을 실시한다. 대표적으로 발달지체 아동이 있다. 이 유형은 다른 발달 시기와 다르게, 아동기에 나타나는 발달적 특성에 기초한다. 이처럼 장애의 의미는 복지를 실현하는 데 영향을 미치게 된다. 따라서 장애에 대한 올바른 의미 부여가 필요하다.

장애는 선천적 원인보다 후천적 원인으로 더 많이 진단된다. 선천적 원인은 유전적 요인을 포함하여 임신 중 모의 질병 감염이나 반복적인 유해 물질 노출로 인해서 장애를 가지게 되는 경우이다. 다운증후군 아동도 선천적 원인인 염색체이상으로 나타난다. 또한 아동이 출생하는 순간 장애를 가지게 되는 경우도 있다. 아동을 분만하는 과정에서 그 시간이 오래 걸리는 등 어려운 상황이 발생하게 되면서 아동에게 산소 공급이 원활히 이루어지지 않거나 조산으로 아동에게 외상이 발생한 경우 장애를 가질 수 있다.

다음으로 후천적 원인이다. 후천적 원인은 질병과 사고로 인해 장애를 가지게 되는 경우이다. 질병으로는 의사의 소견에 따라 질병을 제때·제대로 치료하지 못했을 때이다. 예를 들어, 중이염을 오랜 시간 방치하여 제대로 치료 받지 못할 때 청력 장애를 가져올 수 있다. 사고로는 교통사고나 놀이기구에서 추락 사고 등으로 장애를 가질 수 있다.

두 걸음 찾아가기

우리 사회에서 바라보는 장애의 의미는 여러 매체에 담기게 돼요.
여러 매체에 나타난 장애의 의미를 생각해 보세요.

➡ 1단계: 신문에 비춰진 장애의 의미를 생각해 보세요.

신문 검색	장애의 의미
장애 장애인	

➡ 2단계: 드라마나 영화에 비춰진 장애의 의미를 생각해 보세요.

드라마와 영화 검색	장애의 의미
굿닥터 맨발의 기봉이 글러브	

➡ 3단계: 동화에 비춰진 장애의 의미를 생각해 보세요.

동화 검색	장애의 의미
내게는 소리를 듣지 못하는 동생이 있습니다 조금 특별한 내 친구	

장애는 극복해야 하는 것일까요?

2. 장애 아동의 권리와 복지 실천의 현 주소

장애 아동의 권리를 보장하기 위한 다양한 복지 실천이 이루어져 왔다. 이러한 복지 실천은 장애 아동에게 기본적인 생활을 보장하고, 사회 구성원으로 참여하는 기회를 제공하기 위한 우리 사회의 방안이었다. 여기서는 현재까지 이루어진 복지 실천의 상황을 살펴본다.

1) 장애아동복지지원법이 제정되다

장애아동복지지원법은 장애인복지법에 따라 등록한 장애 아동을 지원하기 위해 2011년 제정되었다. 장애인복지법은 장애인의 권리를 보장하기 위해 1981년에 제정된 심신장애자복지법을 1989년에 전면 개정하여 오늘에 이른다. 장애아동복지지원법은 먼저 제정된 장애인복지법의 영향을 받되, 법에서 보호하려는 주 대상을 아동으로 한다.

장애아동복지지원법은 장애 아동과 그 가족의 복지를 실현하기 위해 제정되었다. 장애아동복지지원법(국가법령정보센터, 2022a)에서는 장애 아동의 권리, 국가와 지방자치단체의 임무, 복지지원의 내용과 절차를 명시하고 있다. 장애 아동을 대상으로 여러 가지 복지서비스를 제공하는 사회복지사, 특수교사, 상담사는 이 법에 기초하여 장애 아동에게 필요한 보육·교육 지원과 치료·재활 등의 서비스를 제공해야 한다. 장애 아동의 권리 측면에서 장애아동복지지원법의 의의를 살펴본다.

첫째, 모든 장애 아동은 개개인에게 필요한 서비스를 이용할 수 있다. 성인기의 장애인과 장애 아동은 다른 요구를 가진다. 예를 들어, 장애 아동은 교사나 부모의 관찰로 장애를 조기에 발견하고, 적절한 지원을 받는다. 장애 아동은 보육, 교육, 재활 등의 서비스를 제공받는다. 장애인도 양육이나 치료 서비스를 제공받지만 그 내용은 장애 아동과 다르다. 이에 장애아동복지지원법에서는 이러한 내용을 명시적으로 나타내어, 장애 아동 개개인에게 필요한 사회적 지원을 받도록 한다.

둘째, 모든 장애 아동과 그들의 가족에 대한 지원은 별개이지 않다. 즉, 장애 아동을 위한 복지의 실천은 그 가족에 대한 관심과 지원을 포함한다. 이로써 장애 아동을 둔 가정에서는 비장애 아동의 가정과 마찬가지로 조금 더 안정적으로 살아가며 친가정이 해체되지 않도록 예방한다. 장애 아동의 가족에 대한 지원이 꾸준히 이루어지고 있고 이루어지도록 법적 근거를 마련한 데는 장애 아동을 양육하는 과정에서 경험하는 어려움을 지원하는 데 있다.

장애 아동을 돌볼 때, 주 양육자는 신체적으로 힘듦을 느낀다. 몸을 스스로 가누기 어려운 장애 아동의 일상생활을 지원하기 위해 양육자는 이동을 도와야 할 때가 있다. 양육자는 장애 아동을 일으켜 세운 다음 안고 휠체어에 태워야 한다. 장애 아동이 성장할수록 양육자는 신체적으로 힘듦을 경험한다. 물론 신체적 힘듦은 장애 아동의 장애 유형과 정도에 따라 다르다.

또한 각 가정에서는 장애 아동을 양육하며 심리적 어려움을 겪는다. 부모는 장애 아동이 태어나거나 사고로 인해 장애를 가지게 되었을 때, 자신의 탓으로 여기며 죄책감을 느낀다. 자녀의 장애를 수용한 부모는 장애 아동을 잘 양육할 수 있을지에 대해서 불안감을 느낀다. 또한 부모는 장애 아동의 또래 관계나 사회생활에 대한 초조함을 느낀다. 이처럼 부모는 장애 아동에 대한 여러 가지 불안한 심리상태를 경험한다.

부모는 장애 아동에게 형제나 자매가 있을 경우에도 심리적 어려움을 겪는다. 부모는 장애 아동을 양육하는 데 집중하며 더 많은 시간을 보낸다. 이에 따라 돌봄이 필요한 다른 자녀를 충분히 보살피지 못하는 데서 미안함을 느끼는 부모도 있다.

경제적 어려움을 겪는 가정도 있다. 그 이유는 부모 중 한 명이 장애 아동을 온전히 보살펴야 할 때, 경제적 활동을 하는 데 어려움이 있기 때문이다. 장애 아동을 위한 보육이나 활동 지원을 통해, 맞벌이를 할 수 있는 부모라도 경제적 어려움을 겪기도 한다. 장애 아동을 양육하고 치료하는 데 비용이 발생하기 때문이다. 장애 아동의 재활을 위해서 보조기기를 구입해야 할 때는 그만큼의 비용이 더 발생한다.

따라서 장애 아동의 가족에 대한 지원이 필요하다. 이에 대한 법적 근거는 장애아동복지지원법에서 찾아볼 수 있다. 장애아동복지지원법에서는 장애 아동 수당, 장애아가족 양육지원 서비스, 장애아 보육료를 지원이나 가족 상담에 관한 내용을 명시적으로 나타내고 있다. 장애 아동이 있는 가정에서는 신청을 통해 이와 관련한 서비스를 이용할 수 있다. 도움이 필요한 가정에서 이러한 서비스의 원활한 이용은 그 가정의 해체를 예방하고 장애 아동이 건강하게 성장하는 환경을 마련하게 된다.

2) 의무교육이 실현되다

장애 아동은 장애인 등에 대한 특수교육법에 따라 의무교육 대상이다. 즉, 장애 아동은 개별 아동의 장애 정도를 고려하여 이에 맞는 교육을 받아야 한다. 과거 1977년 제정된 특수교육진흥법에 따라 특수교육대상자를 위한 무상교육이 실시되었다. 이후 특수교육진흥법은 폐지되었지만 2007년에 장애인 등에 대한 특수교육법이 제정되면서, 장애 아동은 의무교육 대상으로 교육받을 수 있게 되었다.

장애인 등에 대한 특수교육법에서 말하는 의무교육 대상은 유아부터 고등학생까지의 아동이다. 비장애 아동의 경우, 초등학생부터 중학생까지를 의무교육 대상으로 정하고 있기 때문에, 의무 교육의 대상이 되는 장애 아동의 범위가 넓다. 의무교육 대상에 포함되지 않은 장애 영아는 무상으로 교육받는다.

장애 아동은 장애인으로 등록되어 있는 18세 미만의 아이들을 말하지만, 장애인으로 등록되어 있다고 해서 모두 특수교육 대상자는 아니다. 즉, 학교생활이나 학업을 하는 데 어려움이 없을 경우, 특수교육 대상자로 선정되지 않는다. 장애인 등에 대한 특수교육법에 따라 특수교육을 받는 대상은 다음과 같다.

1. 시각장애
2. 청각장애

3. 지적장애
4. 지체장애
5. 정서·행동장애
6. 자폐성장애(이와 관련된 장애를 포함)
7. 의사소통장애
8. 학습장애
9. 건강장애
10. 발달지체
11. 그 밖에 두 가지 이상의 장애가 있는 경우 등 대통령령으로 정하는 장애

출처: 국가법령정보센터(2022b).

이러한 장애 아동 중에서 특수교육 대상자로 선정된 경우 특수교육을 받을 수 있으며 의무교육에 따라 특수교육을 받아야 한다. 장애 아동이거나 장애가 의심되는 아동의 경우, 부모가 관련 서류를 제출하면 특수교육지원센터에서 진단평가를 실시하고 특수교육 운영위원회의 심의를 거쳐 특수교육 대상자로 선정된다. 특수교육 대상자로 선정된 장애 아동은 특수학급이 있는 학교나 특수학교 등으로 배정받는다. 부모는 이에 따라 장애 아동을 그 기관에서 교육받도록 지원해야 한다.

장애 아동, 특히 특수교육 대상자로 선정된 유아가 다니는 교육기관으로 장애통합유치원이 있다. 장애통합유치원은 장애 유아와 비장애 유아가 모두 이용하는 교육기관이다. 완전 장애통합으로 이루어지지 않는 경우, 장애 유아는 특수학급으로 등원한다. 그 이후 장애 유아와 비장애 유아가 함께 일반 학급에서 정해진 교육과정에 따라 교육을 받는다. 이후 장애 유아는 다시 특수학급으로 돌아가 하루 일과를 마친다. 장애통합유치원에서 장애 유아를 담당하는 사람은 특수교사이다.

특수교육대상자로 선정된 유아가 다닐 수 있는 또 다른 교육기관은 장애아전문어린이집과

장애아통합어린이집이다. 장애아전문어린이집은 장애 아동만을 대상으로 보육을 실시한다. 장애아통합어린이집은 장애 아동과 비장애 아동이 한 학급에서 모든 하루 일과를 함께한다. 장애 아동을 담당하는 교사는 특수교사이거나 장애영유아를 위한 보육교사 자격확인서를 취득한 보육교사이다. 이러한 어린이집은 특수교육 대상자로 선정된 유아뿐만 아니라 장애인으로 등록된 장애유아, 장애 소견이 있다는 의사진단서를 제출한 유아도 이용 가능하다.

이처럼 특수교육 대상자인 유아는 유치원과 어린이집을 이용할 수 있다. 각각의 교육기관에서는 장애 아동의 특성을 고려하여 개별화교육을 실시한다. 최근에는 장애 아동의 교육받을 권리를 보장하기 위해 장애통합유치원이나 장애아전담 및 장애아통합어린이집을 늘리고 있다. 국공립을 중심으로 이러한 교육기관을 늘림으로써 특수교육 대상 유아들에게 교육받을 기회를 제공하도록 노력하고 있다.

3) 국립특수교육원과 특수교육지원센터가 운영되다

국립특수교육원은 특수교육의 발전을 도모하고, 장애인의 삶의 질 향상을 위해 1994년에 설립하였다(국립특수교육원, 2022). 국립특수교육원은 특수교육에 관한 전반적인 업무를 담당하는 곳으로, 특수교육에 관한 집합 및 원격 연수, 특수교육 실태 조사, 특수교육 교육과정 개발 등을 진행한다.

국립특수교육원 외에 각 지역에 있는 특수교육지원센터도 특수교육 대상자의 교육을 위한 노력을 기울이고 있다. 특수교육지원센터는 2001년부터 각 지역별 교육지원청에 설치·운영되었고, 2007년 장애인 등에 대한 특수교육법을 통해 특수교육지원센터의 설치를 의무화하였다(서효정, 강은영, 박윤정, 2021). 특수교육지원센터는 특수교육 대상자의 선정에서부터 배치까지 전 과정을 담당하며, 특수교육 대상자의 통합교육을 지원한다. 또한 특수교육지원센터에서는 특수교사 및 부모를 대상으로 특수교육 등에 관한 교육을 실시한다.

특수교육지원센터에 배치되는 유아특수교사가 있다. 유아특수교사는 영유아 진단평가, 유치원 및 가정에서의 순회교육과 특수교육지원센터 내 영아학급 교육, 인권을 포함한 연수, 행정 업무 등을 담당하고 있다(박소영, 윤송하, 유장순, 2022). 이 중에서 영유아를 위한 교육은 주로 인지기술, 의사소통, 일상생활·자조기술, 운동기술, 사회성과 관련한 촉진 활동으로 실시한다(홍은숙, 노진아, 이미애, 2010).

4) 장애 아동을 위한 사회복지서비스가 실시되다

장애 아동은 적절한 돌봄, 교육, 치료를 받아야 한다. 이를 위한 사회복지서비스가 실시되고 있다. 먼저, 돌봄과 관련한 대표적인 서비스로 장애 아동의 보육료 지원이 있다. 장애 아동이 어린이집을 이용하게 되면, 그 보육료를 전자바우처로 지원받는다. 이를 통해 부모는 장애 아동을 양육하는 데 따르는 경제적인 부담감을 줄일 수 있다. 교육과 관련한 서비스는 국립특수학교 및 학급을 지원하여 특수교육 대상 아동에게 필요한 교육적 환경을 지원한다. 이에 따라 교육부에서는 특수교육 통계를 매해마다 조사하여 특수교육 대상 아동의 수뿐만 아니라 전국에 있는 특수학교나 특수학급의 수와 이용 아동 수, 특수교사 수를 파악한다. 치료와 관련한 서비스로는 발달재활서비스를 실시하고 있다. 이 서비스는 장애 아동의 의사소통 능력이나 인지 능력, 운동 능력의 발달을 도모하기 위해서 필요한 재활서비스를 이용하도록 전자바우처를 지원한다. 이러한 재활 서비스는 장애 아동의 잔존 능력을 유지하게 하고, 삶에 필요한 기본적인 능력을 장애 아동의 현 수준에 맞게 습득하도록 지원한다.

우리나라는 장애인복지법에 따라 장애인으로 등록된 경우, 그 신분을 확인하는 장애인등록증을 받을 수 있다. 이 등록증은 장애인을 위한 복지서비스를 이용할 수 있도록 한다. 장애 아동의 연령에 따라 장애인등록증을 대신해 장애인복지카드를 발급받을 수 있다.

5) 장애인식개선교육이 실시되다

장애인에 대한 편견과 잘못된 인식은 우리 사회에서 여전히 나타나고 있다. 장애인식개선교육은 장애나 장애인에 관해 올바로 인식하며, 장애인을 차별하지 않고 존중하며 함께 사는 공동체를 만들기 위해 실시하는 교육이다. 장애인식개선교육을 수강해야 하는 사람은 다양하다. 각 직장에서는 근로자를 대상으로 연 1회 1시간 이상 직장 내 장애인 인식 개선교육을 실시하고 있다. 각 교육기관, 즉 어린이집, 유치원, 초등학교, 중학교, 고등학교에서 근무하는 교사들과 아동들도 장애인식개선교육을 듣는다. 이 교육의 내용은 강사에 따라 다르지만, 장애 및 장애인의 의미, 장애인의 권리, 장애인 관련 법 등을 포함한다. 교육의 형태는 집합 교육이나 온라인 교육으로 주로 이루어진다.

우리 사회에서 장애 아동과 비장애 아동은 함께 살아간다. 아동들은 어릴 적부터 서로를 인격체로 존중하며, 배려하는 방법을 배워야 한다. 이를 위해 일회적인 장애인식개선교육보다는 일상생활에서 함께하는 방법을 습득하는 교육을 실시해야 한다.

매년 4월 20일은 장애인의 날이다. 이 날이 되면, 교육기관이나 단체에서는 장애나 장애인에 대해 더욱 관심을 가지며 장애에 관한 인식 개선을 위해 여러 가지 프로그램을 운영한다. 그중 하나가 장애체험 프로그램이다. 예를 들어, 안대로 눈을 가린 비장애 아동은 누구의 도움 없이 혼자 길을 걸어보거나 휠체어를 타고 이동해 본다. 이러한 프로그램을 경험한 장애 아동은 어떤 생각을 할까? 장애란 일상생활을 하는 데 불편함을 야기하고 이로 인해 장애인은 불쌍하며 무조건 도움을 주어야 한다는 생각으로 이어지지 않을까? 한번쯤은 이러한 프로그램이 장애인을 올바로 이해하기 위한 바른 접근 방법인지를 신중히 생각해 보아야 한다. 이러한 경험으로 장애나 장애인에 대한 올바른 인식이 형성될 수 있는지를 고민해 보아야 한다.

6) 장애 예방을 위해 노력하다

선천적 장애 예방을 위한 산모의 역할은 중요하다. 임신을 확인한 산모는 임신 중 주의해야 할 점을 찾아보며 안정된 생활을 하려 노력한다. 임신 후 일정 기간이 지나면, 산부인과에서 실시하는 산전 검사를 받는다. 산전 검사는 산모나 태아의 건강 상태를 확인하기 위해 실시된다. 태아의 건강 상태에 이상이 발견될 경우, 의사의 조치를 따라야 한다.

아동이 태어난 이후, 후천적 장애 발생을 예방하기 위해 각 가정에서는 아동에게 안전한 환경을 마련해 준다. 아동이 높은 곳에 올라가 떨어지지 않도록 살피며, 위험한 물질을 섭취하지 않도록 돌본다. 아동이 질병에 걸렸을 경우, 곧바로 병원을 찾아 아동에게 필요한 의료적 조치를 받도록 한다.

부모는 매해마다 영유아건강검진도 실시한다. 영유아건강검진은 아동의 키, 몸무게, 머리둘레에 관한 기본적인 정보뿐만 아니라 아동의 운동발달, 언어발달, 사회성 발달, 인지발달, 자조기술에 관한 정보를 제공한다. 이 검진은 아동의 현재 발달 정도를 확인하고 건강상의 이상 여부를 파악하는 데 도움을 준다. 건강검진과 더불어 부모는 아동에게 필요한 예방접종을 실시한다. 아동을 위한 예방접종은 월령에 따라 다르다. 부모는 제때 예방접종을 실시하여 전염병에 걸리지 않도록 한다.

부모와 교사는 아동을 대상으로 안전교육을 실시한다. 아동에게 교통안전교육, 화재안전교육 등을 실시한다. 아동은 교육을 통해 건강하고 안전한 생활습관을 형성한다.

3. 장애 아동의 권리와 복지 실천의 어려움

장애 아동의 권리를 보장하고 복지를 실현하기 위한 여러 가지 지원이 이루어지고 있다. 그러나 여전히 사각지대에 놓여 복지서비스를 제공받지 못하는 장애 아동도 있다. 이들의 어려움을 살펴본다.

1) 장애 아동을 위한 교육기관이 부족하다

장애 아동은 특수학교나 일반학교의 특수학급 및 일반학급에서 교육을 받는다. 특수교육대상자로 선정된 장애 아동은 배정된 학교로 등교하여 교육을 받는다. 이때, 장애 아동의 장애 유형에 적합한 학교나 거주지에서 근거리에 있는 학교를 찾지 못하는 경우가 생긴다. 예를 들어, 지체장애 아동의 거주지 근처에 특수학교가 있지만, 지적장애 아동을 교육대상으로 하는 곳이라면 멀리 있는 특수학교를 다녀야 한다. 다행히 근거리에 다닐 수 있는 학교가 있다면, 걸어서 통학을 할 수 있지만 그렇지 않은 경우에는 통학 버스, 대중교통, 자동차를 이용해야 한다. 학교까지 가는데 1시간 이상 이동하는 장애 아동도 있다. 근거리에 있는 학교를 찾지 못하는 장애 아동의 부모는 자녀의 취학을 유예하기도 한다.

국가적 차원에서 장애 아동의 교육받을 권리 보장을 위해서 특수학교나 장애통합유치원을 설립하려고 꾸준히 노력하고 있다. 이러한 학교 설립에서 있어서 장애 아동 및 부모의 접근성도 고려한다. 그러나 특수학교 설립을 반대하는 주민들로 거리가 먼 곳에 특수학교를 설립하거나 설립하더라도 그 시기가 늦어지고 때로는 무산되기도 한다.

특수교육 대상이 되는 장애 아동은 늘고 있다. 장애 아동이 교육받을 수 있도록 특수교육기관을 늘려야 한다. 사회 구성원들의 지속적인 관심이 필요하다. 특수학교를 설립하기 위해서 국가, 지역사회, 지역주민 모두 협력해야 한다.

2) 특수교사의 수가 부족하다

장애 아동과 비장애 아동은 사회의 구성원으로 함께 성장하며 민주 시민으로의 기본적인 자질을 함양해 가야 한다. 장애통합교육의 중요성이 바로 여기에 있다. 그러나 학교의 수에 비해 장애통합교육을 실시하는 학교의 수는 많지 않다. 그 이유 중 하나는 특수교사의 부족에 있다.

특수교사는 대학에서 특수교육과, 특수체육교육과, 유아특수교육과처럼 특수교육에 관한 전공 교과목을 이수하여 특수교육에 관한 전문적 소양을 갖춘 이들이다. 특수교사는 비특수교사처럼 학교현장실습을 하여 모든 과정을 이수했을 때, 국가자격증인 특수교사 자격증을 취득하게 된다.

특수교사들은 사명감을 가지고 일하지만, 여러 가지 어려움을 겪는다. 장애 아동은 장애 유형에 따라서, 동일한 장애라 하더라도 그 정도나 특성이 다르다. 정원을 초과한 장애 아동을 교육하게 되면서 특수교사는 장애 아동의 개별적 요구를 반영하여 교육하는 데 어려움을 겪는다. 예를 들어, 유아특수교사는 4명의 장애 아동을 교육하지만 경우에 따라서 5명의 장애 아동을 담당하기도 한다. 이러한 경우 교육뿐만 아니라 장애 아동의 안전 문제도 발생한다.

장애 아동이 전문성을 지닌 특수교사로부터 교육받을 수 있도록 특수교사를 늘려야 한다. 장애 아동이 좋은 환경에서 교육받도록 특수교사를 배치해야 한다.

3) 장애 아동에 대한 편견이 있다

흔히들 한쪽으로 치우쳐 있는 신념을 편견이라고 한다. 편견은 사람이나 사물을 올바로 이해하는 데 방해요인으로 작용한다. 장애인이나 장애 아동에 대한 편견은 건강한 사회 공동체를 만드는 데 부정적인 영향을 미친다. 이러한 편견을 개선하고자 꾸준히 교육하고 있지만, 우리 사회에는 장애 아동과 그 가족에 대해 편견을 가진 사람들이 여전히 있다.

장애 아동은 스스로 할 수 없을 거야
장애 아동은 무엇이든 다 도와줘야 할 거야
장애 아동은 친구들을 힘들게 할 거야
가족은 힘들기만 할 거야
가족은 장애 아동을 방치할 거야

편견은 장애 아동과 그 가족에게 상처를 준다. 때로는 사람들의 과도한 친절로 불편함을 야기한다. 장애 아동과 그 가족이 바라는 사회는 장애인에 대한 편견 없는 세상일 것이다.

장애 아동이 스스로 하도록 충분한 시간을 주며 기다리기
장애 아동이 도움을 요청할 때 기꺼이 도와주기
장애 아동의 특성을 알고 그 행동을 이해하기
장애 아동을 온전한 가족 구성원으로 바라보기
장애 아동을 대하는 가족의 사랑을 인정하기

장애 아동과 그 가족은 비장애 아동과 그 가족처럼 있는 그대로를 바라봐 주기를 희망할 것이다. 편견이라는 그릇된 인식을 버려 사회 구성원으로 바라봐 주기를 바랄 것이다.

4. 장애 아동의 권리와 복지 실현의 길

장애 아동의 권리와 복지 실현의 길은 무엇일까? 장애 아동과 그 가족을 중심으로 이를

고민해 보아야 한다. 여기서는 크게 두 가지로 살펴본다.

1) 사회에서는 장애 아동과 그 가족을 위한 종합적인 지원책을 마련하다

장애 아동과 그 가족을 위한 종합적인 지원책은 다양한 복지서비스를 연계하여 제공하는 데 있다. 우리 사회에서는 장애 아동을 위한 보육, 교육, 치료, 재활을 지원하고 있으며 앞으로도 지속적으로 지원해야 한다. 각각의 지원은 종합적인 차원에서 연계적으로 이루어져야 한다. 예를 들어, 보육과 교육, 교육과 치료, 치료와 재활이 연속적으로 이루어져야 한다. 교육만 보더라도 유치원 교육에서부터 이후 교육이 순차적으로 이루어져야 하며, 이는 장애 아동의 일상생활에 필요한 기술뿐만 아니라 미래를 살아가는 데 필요한 기본적인 교육도 종합적으로 이루어져야 한다.

장애 아동을 위한 종합적인 지원책은 온전히 장애 아동을 위한 방향으로 이루어져야 한다. 장애 아동은 동일한 장애유형이더라도 그 정도와 특성은 모두 다르므로, 장애 아동의 행동을 관찰하며 그 방향을 고민해야 한다.

장애 아동을 둔 가족을 위한 신체적·심리적·경제적 지원도 종합적으로 이루어져야 한다. 지원이 적절히 이루어지지 않을 때, 장애 아동과 그 가족은 사회에서 고립되어 삶을 살아갈 힘을 잃는다.

장애 아동의 목숨을 앗아간 부모의 이야기를 들어본 적이 있는가? 뉴스를 통해 보도되는 이 이야기는 부모뿐만 아니라 아동의 생존권이 보호받지 못함을 보여준다. 장애 아동과 그 가족에 대한 지원이 적절히 이루어져야 한다. 이를 위해서는 장애 아동과 그 가족의 이야기에 귀 기울여야 한다.

2) 교사는 장애위험 및 장애 아동과 함께하는 교육적 상황을 위해 유아, 부모, 특수교사와 협력하다

교사는 장애위험 및 장애 아동과 함께하는 교실을 구성하기 위해 유아, 부모, 특수교사와 협력해야 한다. 교사는 이들과 장애 아동에 관한 정보를 공유하고, 자신의 역할을 수행해야 한다. 교사의 이러한 책임감이 중요해지는 이유는 다음과 같다.

첫째 이유는 유아에게 장애인식개선교육을 실시해야 하기 때문이다. 유아는 장애인, 장애 아동과 함께 살아간다. 이들을 차별하지 않고, 올바로 이해하기 위해시 교사는 유아에게 장애인식개선교육을 실시해야 한다. 유아기는 사람과 사물에 대한 지식과 함께 편견도 서서히 형성하게 되므로, 이 시기의 교육은 매우 중요하다. 특히나 장애인식개선교육의 내용이나 방법에 따라 유아들이 장애에 대해 가지게 되는 생각은 달라진다. 만약, 교사가 장애인에 대해 편견을 가지고 있다면 이 또한 교육을 할 때 의도하지 않게 표현되며 이는 유아의 생각에 영향을 미친다. 따라서 유아에게 장애인식개선교육을 올바로 실시하기 위해서 교사는 책임감을 가져야 한다.

둘째 이유는 교육기관에서 장애위험 영유아의 수가 증가하고 있기 때문이다. 교육기관을 이용하는 영유아의 수는 점점 줄고 있지만 오히려 장애위험 영유아나 특수교육 대상자로 선정된 영유아의 수는 증가하고 있다. 교사들도 장애위험 영유아의 출현이 증가하는 추세라고 인식하며 그 원인을 미디어 중독이나 부모의 양육 태도와 같은 환경적 요인으로 보고 있었다(최자영, 이순자, 2021).

따라서 교사는 유아교육기관에서 장애나 특수교육을 대상이 되는 유아를 발견했을 때, 부모와 협력하여 필요한 조치를 해야 한다. 교사는 부모에게 이를 알리기 위해 상담을 진행해야 한다. 교사는 유아를 관찰했던 기록을 부모에게 보여주며, 유아의 발달 특성을 이야기 나눈다. 그 후 필요하다면 특수교육 대상자로 선정될 수 있도록 교사는 부모에게 그 과정을 안내한다. 이때, 평소 유아의 발달이 또래에 비해 느리다고 인지하고 있던 부모라면 교사의 의견을 받아들이겠지만, 그렇지 않은 부모라면 자녀의 발달 특성을 민감하게 받아들이지 않는다. 부모가 선택을 할 때까지 교사는 기다려야 한다. 교사와 부모 간의 협력이 잘 이루어질 때, 장애위험 아동에게 필요한 교육적 지원을 해 나갈 수 있다.

셋째 이유는 특수교육 대상자로 선정된 유아라면, 교사는 특수교사와 함께 협력하여 교실을 운영해야 하기 때문이다. 장애 영유아를 위한 교육은 장애 가능성이 있는 영유아를 조기에 발견하여 적절히 지원함으로써 영유아의 장애를 최소화하여 이들의 사회적응을 도와주는 데 있다(홍은숙, 노진아, 이미애, 2010). 이를 위해 교사와 특수교사는 서로 협력해야 한다. 교사는 비장애 유아에게 장애 유아와 상호작용하는 바람직한 방법을 안내해준다. 장애 유아에 대한 교사의 역할을 특수교사와 상의하며 실천해 간다.

장애 아동의 권리를 보장하고 복지를 실현하는 데 있어 교사는 중요한 위치에 있다. 장애 아동과 비장애 아동은 서로를 존중하며, 함께 살아가도록, 교사로 편견 없는 지원을 계속해야 한다.

세 걸음 성장하기

장애통합교육을 위해 교사는 어떤 지원을 해야 할까요?
각 상황에 맞는 지원 방법을 생각해 보세요.

➡ 1단계: 우리 교실에 특수교육을 받는 시각장애 아동이 옵니다. 교사의 지원 방안을 생각해 보세요.

- 상황 1. 시각 장애 아동과 비장애 아동이 처음으로 교실에 오기 전

- 상황 2. 시각 장애 아동이 처음으로 교실에 왔을 때

- 상황 3. 시각 장애 아동이 그림책을 보려 할 때

- 상황 4. 시각 장애 아동이 계단을 내려가기 어려워할 때

- 상황 5. 시각 장애 아동과 비장애 아동 간의 갈등이 생겼을 때

➡ 2단계: 올바른 장애통합교육에 관해 생각해 보세요.

참고문헌

국가법령정보센터(2022a). 장애아동복지지원법. https://www.law.go.kr/LSW/lsInfoP.do?efYd=20220101&lsiSeq=232563#0000에서 2022.10.24 인출함.

국가법령정보센터(2022b). 장애인 등에 대한 특수교육법. https://www.law.go.kr/LSW/lsInfoP.do?efYd=20230419&lsiSeq=244921#0000에서 2022.10.24 인출함.

국립특수교육원(2022). 국립특수교육원 홈페이지. https://www.nise.go.kr/sub/info.do?m=0505&s=nise에서 2022.10.23 인출함.

도미향, 남연희, 이무영, 변미희(2019). **아동 권리와 복지**. 경기: 공동체.

박소영, 윤송하, 유장순(2022). 특수교육지원센터에 근무하는 유아특수교사의 역할과 지원 요구. **유아특수교육연구, 22**(2), 151-173.

박희숙, 유주희, 이광희(2014). **아동복지론**. 경기: 공동체.

서효정, 강은영 박윤정(2021). 특수교육지원센터의 운영 및 역할에 대한 실태 및 개선 요구 분석. **지적장애연구, 23**(2), 115-139.

송정애(2013). **아동복지론**. 경기: 양서원.

최자영, 이순자(2021). 장애위험 영유아 지도에 대한 유아교육기관 교사의 인식과 지원 요구. **유아특수교육연구, 21**(3), 53-87.

홍은숙, 노진아, 이미애(2010). 특수교육지원센터의 장애 영 · 유아교육 프로그램 실태 및 지원 요구. **유아특수교육연구, 10**(2), 1-22.

CHAPTER

7

빈곤 가정 아동의 권리와 복지

한 걸음 다가가기

○○는 어머니께 초등학교에서 받아온 가정통신문을 전달합니다. 가정통신문은 저소득층 아동에게 교육비를 지원한다는 내용입니다. 어머니는 주민센터를 방문해서 교육비 지원을 신청합니다. 이후 ○○는 학교에서 실시하는 방과 후 프로그램 수강료를 지원받습니다.

쓰레기로 가득 찬 집에서 살아가는 영아의 이야기

온수가 나오지 않고 보일러가 되지 않는 집에서 추운 겨울을 보내는 유아의 이야기

음악적 재능이 있지만 가정의 경제적 어려움으로 전문적으로 배울 기회가 없는 초등학생의 이야기

매일 한 끼 식사를 편의점에서 간단히 먹는 중학생의 이야기

누구나 한번쯤 들어 보았을 빈곤 가정 아동에 관한 이야기이다. 도움의 손길이 필요한 이 아동에 대한 이야기는 텔레비전 방송 프로그램이나 인터넷 동영상에서 접한다. 이 아동을 보거나 만났을 때, 사람들은 어떤 시선으로 바라볼까? 빈곤 가정 아동은 그러한 시선에 불편함을 느낀다. 아동이 살아가는 모습에 조금 더 신중히 관심을 가질 때, 이들의 이야기를 올바로 바라보게 된다.

빈곤으로 인해 어려움을 겪는 아동의 수는 우리의 생각보다 훨씬 많다. 빈곤의 정도나 이로 인한 생활 모습은 모두 다르지만, 기본적인 생활조차 누리지 못하며 어렵게 살아가는 아동의 수는 결코 적지 않다. 건강하고 안전하게 살아갈 권리, 잠재력의 계발을 위해 교육받을 권리, 놀이나 문화생활을 누릴 권리를 지닌 빈곤 가정 아동이 건강한 사회 구성원으로 성장하며 행복한 삶을 살아가도록 우리의 진실된 관심이 필요하다. 명절, 어린이날, 크리스마스처럼 특별한 날 특별한 듯 진행되는 일회적인 지원이 아니라 가난이 세대를 거쳐 대물림되지 않도록 우리 사회의 지속적인 관심이 절실하다. 이는 최선을 다해 빈곤 가정 아동의 권리를 보장하고 복지를 실현하는 시작이다.

7장은 빈곤 가정 아동에 관해 생각해 본다. 구체적으로 7장에서는 빈곤의 의미를 통해 빈곤 가정 아동을 들여다보며 그 지원 방법도 고민해 본다. 교사는 빈곤 가정의 아동을 만나면 적절한 지원을 해야 한다. 적어도 다양한 복지서비스를 찾는 방법을 알고 있는 교사라면, 빈곤 가정을 지원하는 정책과 신청 방법을 부모에게 안내해 주어야 한다. 국가뿐만 아니라 지방자치단체에서 빈곤 가정과 그 아동을 지원하는 복지서비스는 다양하며 변한다. 비록 교사가 모든 복지서비스를 알 수 없지만 지속적인 관심은 필요하다. 검색을 통해, 교사로 빈곤 가정 아동을 돕는 방안을 고민해 보기를 바란다.

1. 빈곤 가정 아동의 의미

빈곤 가정 아동(또는 아동 빈곤)은 18세 미만의 아이가 빈곤한 가족에 속해 있는 것으로 성인 빈곤, 노인 빈곤과 대비된다(문영희, 2012; 이미영, 2016). 여기서 말하는 빈곤(貧困)은 아동이 살아가는 데 필요한 최소한의 자원조차 부족한 상태를 의미한다.

사람이 살아가는 데는 충족되어야 하는 기본적 욕구가 있다. 바로 의식주이다. 사람들은 적어도 계절에 맞는 깨끗한 옷을 입고 살아가야 한다. 만약, 사람이 한겨울 젖은 여름 옷을 긴 시간 동안 입고 있다면, 감기에 걸려 건강을 해친다. 사람들은 배고플 때 먹어야 한다. 장시간 음식을 섭취하지 못하면 일상적인 활동에 필요한 에너지를 충족하지 못해 제때 성장하기 어렵다. 또한 사람들은 편안한 집에서 휴식해야 한다. 만약 휴식할 수 있는 집이 없다면, 다른 사람, 추위, 벌레 등 여러 가지 위험 상황에 처해져 자신을 안전하게 보호하기 어렵다.

매슬로우는 이러한 기본적 욕구를 생리적 욕구로 본다. 욕구 위계설을 주장했던 매슬로우는 안전 욕구를 충족하기 전에 우선적으로 생리적 욕구를 충족해야 한다고 보며, 여러 욕구 중에서 사람에게 채워져야 하는 가장 기초적인 욕구로 생리적 욕구를 설명한다. 만약 의식주와 관련한 기본적인 욕구조차 충족하지 못할 때, 사람들은 안전을 보장받기 어렵고, 자아실현을 꿈꿀 수 없다.

기본적 욕구를 충족하며 살아가려면, 사람들에게 최소한의 자원이 필요하다. 최소한의 자원은 재화, 서비스, 물건을 구입하거나 서비스를 이용하는 데 필요한 최저치의 돈을 포함한다. 만약 4명의 가족이 함께 살아갈 보금자리를 구한다고 가정해 보자. 이 가족에게 보금자리가 될 집을 마련하는 방법은 집을 짓거나 집을 구입하거나 집을 빌리는 것이다. 경우에 따라 그 비용은 다르겠지만, 어떤 경우이든 집을 마련하는 데 돈이 필요하다. 만약 집을 구입할 만큼의 충분한 돈이 없다면, 국토교통부에서 제공하는 국민임대주택공급 서비스를 활용할 수 있어야 한다. 그러나 안정적인 주거 생활을 지원하기 위해 마련된 이러한 복지서비스를 알지 못하거나 구체적인 이용 방법을 알지 못한다면, 보금자리를 구하지 못한 가족은 결국 친척집이나 사회복지시설로 뿔뿔이 흩어져야 한다.

사람들은 기본적 욕구를 충족하는 삶을 살아가기 위해서 최소한의 자원을 필요로 한다. 그러나 최소한의 자원이 부족하여 삶을 살아가는 데 어려움을 느끼는 가정을 빈곤 가정이라고 부른다. 이 가정에서 살아가는 18세 미만의 아이를 빈곤 가정 아동이라고 말한다.

빈곤에 관한 사전적 의미뿐만 아니라 실제 빈곤을 어떤 관점으로 접근하는가는 그 사회에서 매우 중요한 의미를 가진다. 그 관점에 따라 빈곤선이 달라지고 빈곤선에 따라 빈곤 가정을 지원하는 복지정책의 방향이 달라질 수 있기 때문이다. 또한 빈곤선에 따라 복지서비스를 받는 지원 대상도 달라진다.

빈곤선은 빈곤을 결정하는 기준점으로 기본적인 생활 수준을 유지하는 데 필요한 최소한의 소득을 말한다. 따라서 이 빈곤선은 빈곤과 비빈곤의 경계에 놓인다. 사람들에게 다음의 두 가지 질문을 던져본다.

"자신은 빈곤하다고 생각하나요?"
"삶을 살아가는 데 필요한 최소한의 소득은 얼마라고 생각하나요?"

두 가지의 질문에 대해서 사람들은 아마도 각자 다른 대답을 내놓을 것이다. 스스로 빈곤하다고 생각하지만, 최소 소득 이상의 충분한 소득을 가지고 있는 사람이 있다. 자신은 빈곤하지 않다고 생각하지만 다른 사람이 바라보기에는 도움을 필요로 하는 빈곤 상태에 놓여 있을 수 있다. 이처럼 사람에 따라 빈곤이나 빈곤선에 대한 기준이 달라지는 것은 자신의 삶을 기준으로 주관적으로 인식하기 때문이다.

앞서 이야기했듯, 빈곤선은 복지정책의 지원 대상을 결정하는 데 중요하므로 조금 더 신중히 접근해야 한다. 주관적인 관점으로 빈곤선을 결정할 수 없는 것이다. 복지서비스를 반드시 이용해야 하는 대상이 모두 포함되어 사각지대에 놓이지 않도록 빈곤선을 결정해야 한다.

빈곤선을 결정하는 방법으로 세 가지의 빈곤에 관한 관점을 적용해 보게 된다. 먼저 살펴볼 빈곤은 절대적 빈곤이다. 절대적 빈곤에서는 객관적인 기준을 정해 빈곤선을 결정하여 그 빈곤선 이하인 가정을 빈곤하다고 본다. 절대적 빈곤은 객관적 기준을 적용하게 됨으로써 빈곤 가정은 사회 구성원 대다수가 동의하는 수준의 빈곤 상태에 놓여 있다. 즉, 사람들은 빈곤 가정을 보며 살아가는 데 어려움을 겪을 것으로 보고, 꼭 필요한 지원을 받아야 한다며 고개를 끄덕인다.

절대적 빈곤에서 활용하는 객관적 기준은 두 가지 방법으로 정해진다. 첫째 방법은 전물량 방식이다. 이 방식은 기본적인 욕구 충족에 필요한 모든 재화를 고려하여 이를 구입하거나 사용하는 데 필요한 최소한의 소득 기준으로 빈곤선을 결정한다. 우리나라의 경우, 과거에는 전물량 방식에 따라 최저생계비를 정하고 이를 빈곤선의 기준으로 삼았다.

둘째 방법은 반물량 방식이다. 이 방식은 기한 내 그 가구의 전체 소득에서 식료품비 또는 전체 지출에서 식료품비가 차지하는 비율을 따져 빈곤선을 결정한다. 이를 엥겔지수라고도 부른다. 식료품비가 차지하는 비율이 높을수록 빈곤 가정으로 본다. 비빈곤 가정에서는 식료품비를 포함하여 교육비, 의료비, 문화생활비 등 다양하게 생활비를 지출하지만 빈곤 가정에서는 음식에 지출하는 비용이 높기 때문이다.

다음으로 살펴볼 빈곤의 관점은 상대적 빈곤이다. 상대적 빈곤은 사회집단 내 사람들 간 비교를 통해 빈곤선을 정하며 그 빈곤선 이하인 가정을 빈곤하다고 본다. 따라서 사회·경제적 상황 등으로 사회 집단 내 사람들의 소득 수준이 달라지면 빈곤선도 상대적으로 변한다.

상대적 빈곤을 결정하는 두 가지 방법이 있다. 첫째 방법은 사회 집단 내 사람들의 평균 소득을 활용하는 것이다. 이 방법은 각 가정의 소득을 모두 더한 다음 평균 소득을 구하고, 평균 소득의 일정 % 이하를 빈곤선으로 결정한다. 예를 들어 평균 소득의 80%를 빈곤선으로 정한다고 가정해 보자. 전체 가구의 평균 소득이 300만 원이라면 80%인 240만 원 이하의 가구를 빈곤 가정으로 정한다. 그러나 소득의 차이가 큰 경우, 평균값은 그 집단의 소득에 대한 대표성을 가지기 어렵다. 계층 간의 소득격차가 갈수록 심해지며 양극화가 나타나고 있는 우리나라의 현 여건을 고려했을 때, 평균을 통한 빈곤선의 결정은 적절하지 않다.

상대적 빈곤을 결정하는 둘째 방법은 사회 집단 내 사람들의 중위 소득을 활용하는 것이다. 이 경우는 각 가정의 소득을 순차적으로 나열한 다음 그 중간에 해당하는 가구 소득에서 일정 % 이하를 빈곤선으로 한다. 예를 들어, 전체 가구 중에서 중간에 해당하는 가구의 소득, 즉 중위 소득이 400만 원이라고 하고, 이 중에서 50% 이하의 기준을 적용하여 빈곤선으로 정한다면, 200만 원 이하의 소득이 있는 가구는 모두 빈곤 가정에 해당한다. 우리나라는 2015년부터 기준 중위 소득을 정해 복지정책을 지원하는 대상을 선정하는 기준으로 삼고 있다. 예를 들어, 최저 생활을 보장하기 위해 지급되는 생계 급여는 기준 중위 소득의 30% 이하인 가구에서 신청 가능하다. 이러한 중위 소득은 중앙생활보장위원회에서 매해 발표한다. 물론 중위소득의 기준은 가구원의 수에 따라 다르다.

마지막으로 살펴볼 빈곤의 관점은 주관적 빈곤이다. 주관적 빈곤은 객관적 기준 없이 개인의 주관적 판단에 따라 빈곤선을 결정하여 그 빈곤선 이하인 가정을 빈곤하다고 본다. 주관적 빈곤에 따라 빈곤선을 정하는 방법도 두 가지이다. 첫째 방법은 라이덴 방식이다. 이 방법은 삶을 살아가는 데 필요한 최소한의 소득과 실제 소득을 비교하여 일치하는 점을 빈곤선으로 정한다. 최소한의 소득은 자신의 상황(예: 자신의 직업, 생활 패턴)에 따라 달라지므로, 빈곤선의 기준도 바뀐다. 둘째 방법은 사회조사이다. 이 방법은 사람들에서 살아가는 데 필요한 최소한의 비용을 조사한 다음 평균한 금액을 빈곤선으로 정하는 것이다.

이처럼 빈곤을 보는 관점은 절대적 빈곤, 상대적 빈곤, 주관적 빈곤이 있다. 더불어 빈곤의 기준은 시간과 공간에 따라 변화하는 상대성을 띤 개념이므로 이에 대한 관심도 필요하다(이미영, 2016).

빈곤은 여러 차원에서 나타난다. 즉, 빈곤은 주건 빈곤, 의료 빈곤, 교육 빈곤, 문화 빈곤으로 살펴볼 수 있다. 물론 각각은 빈곤으로 인해 상호 영향을 미친다.

먼저, 주거 빈곤이다. 주거 빈곤은 집다운 집에서 살아가지 못하는 빈곤 상태이다. 즉, 주거 기준을 충족하지 않는 집(예: 여러 명이 살기에 좁은 집, 화장실, 부엌처럼 필요한 공간이 없는 집 등)에서 살아가거나 집이 아닌 곳(예: 비닐하우스, 자동차 등)에서 생활하는 경우이다. 흔히들 집이라 했을 때, 가족 구성원이 다 함께 생활하는 데 불편함이 없는 크기, 방이나 화장실처럼 기본 편의시설을 모두 갖춘 곳을 떠올린다. 하지만 주거 빈곤 가정에서는 집으로 편리성이나 편안함과 같은 기본적인 조건을 충족하지 못한다. 주거 빈곤 상황에 놓인 아동은 추울 때나 더울 때 제대로 보호받지 못하고, 지저분한 환경으로 피부병에 걸리기도 한다. 이러한 환경에서 아동은 위축되거나 우울감을 느낀다. 즉, 아동의 신체적·정신적 건강이 위협 받는다. 이는 곧 아동의 발달에도 부정적인 영향을 미친다.

다음으로 의료 빈곤이다. 의료 빈곤은 아프거나 정기적인 치료를 필요로 하지만 적절한 의료적 서비스를 제공받지 못하거나 제공받을 수 없는 빈곤 상태이다. 빈곤 가정에서는 건강보험료를 제때 납부하지 못해 병원을 이용하는 데 부담을 느껴 치료를 포기하는 경우가 있다. 건강보험료를 납부하더라도 검사를 받기 위한 진료나 약을 구입하는 데 따르는 본인부담금을 내지 못해 병원 가기를 꺼리는 가정도 있다.

의료 빈곤으로 인해 아동은 제때 치료를 받지 못하거나 치료를 받는 시기가 늦어진다. 국가에서 지원을 해 주는 영유아건강검진이나 국가 필수 예방접종에 관한 정보를 알지 못해, 그 시기를 놓치는 경우도 있다. 이로 인해 의료 빈곤 아동의 발달이 지연되거나 생명이 위협받는다.

또한 교육 빈곤도 있다. 교육 빈곤은 경제적 어려움으로 인해, 필요한 교육적 서비스를 이용하지 못하는 빈곤 상태이다. 교육 빈곤 상태일 때는 받아야 하는 교육을 제때 받지 못하는 경우가 생긴다. 예를 들어 초등학교는 의무교육이지만 가정의 여건상 매일 등교하지 못하는 아동이 있다. 학교 출석 수업을 위해서 온라인 강의를 들어야 하지만 사용할 기기가 없어서 제때 강의를 듣지 못하는 경우도 있다. 또한 교육 빈곤으로 상급학교나 희망하는 학교를 진학하지 못하는 경우가 있다. 수, 과학, 언어, 미술, 음악 등 다양한 분야에서 뛰어난 재능을 보이는 아동이지만 이를 위한 교육적 환경을 마련해 주지 못하는 빈곤 가정도 있다.

의무교육을 제대로 받지 못한 아동은 기초학력의 저하를 가져온다. 학년이 올라갈수록 어려워지는 학습 내용에 흥미를 느끼지 못하고 학교 적응에 어려움을 겪기도 한다. 제때 발견하여 지원하지 않은 재능은 이후 계발하는 데 더욱 어려움을 겪는다.

문화 빈곤도 있다. 문화 빈곤은 영화 보기, 연극 보기, 미술관 관람하기와 같은 문화적 체험을 할 수 있는 기회가 제한적인 경우이다. 빈곤 가정에서는 문화적 체험을 하기에 원거리에 거주하는 경우가 있다. 또한 비용 지불에 따른 경제적인 부담으로 문화 체험을 하는 데 어려움을 겪는다.

이처럼 빈곤은 여러 차원에서 나타난다. 이를 고려할 때, 빈곤을 절대적 빈곤, 상대적 빈곤, 주관적 빈곤처럼 소득을 기준으로 하여 결정하는 것은 적절하지 않으며, 다차원적 접근이 필요하다고 본다. 다차원적 빈곤은 소득 이외의 고용, 건강, 주거환경, 교육, 사회적 관계, 공동체의 참여 등도 함께 고려해야 한다는 관점으로 빈곤의 역동성을 포괄하는 개념이다(김희정, 김윤태, 2020). 따라서 빈곤 가정에 대한 종합적 접근이 필요하다.

두 걸음 찾아가기

빈곤 가정 아동의 사례를 찾아보세요.
그 아동에 대한 사회적 시선을 생각해 보세요.

➡ 1단계: 빈곤 가정 아동의 삶 모습(예: 일상, 학교 생활)을 신문, 동영상으로 찾아보세요.

➡ 2단계: 빈곤 가정 아동과 그 가족 구성원의 관계를 표현해 보세요.

➡ 3단계: 빈곤 가정의 대물림에 대한 자신의 생각을 표현해 보세요.

2. 빈곤 가정 아동의 권리와 복지 실천의 현 주소

우리나라는 빈곤 가정 아동을 지원하여 빈곤의 대물림을 막기 위해 여러가지 복지정책을 실시하고 있다. 이러한 복지는 아동의 권리를 보장하기 위한 노력으로 계속되고 있다.

1) 아동의 빈곤예방 및 지원 등에 관한 법률(약칭: 아동빈곤예방법)이 제정되다

갈수록 해체하는 원가족이 늘고 있다. 아동이 태어나 자라온 원래의 가족, 즉 원가족(친가족)이 부모의 사망, 이혼, 별거, 불화 등으로 해체하는 것이다. 원가족의 해체로 인해, 빈곤 상태에 놓이는 가족이 발생하면 빈곤 가정 아동도 증가한다. 이로 인해 우리 사회에서는 빈곤 가정의 아동을 보호하기 위한 적극적인 법의 제정이 필요하게 되었다. 이에 따라 2011년에 아동빈곤예방법이 제정되었다.

아동빈곤예방법(국가법령정보센터, 2017)은 목적, 기본 이념뿐만 아니라 빈곤 아동에 관한 실태 조사 및 지원을 위한 계획에 관한 내용을 포함하고 있다. 아동빈곤예방법에서 정한 내용을 토대로 빈곤 아동을 위한 지원을 모색하게 된다.

아동빈곤예방법은 빈곤 가정 아동의 건강한 성장을 지원하기 위한 최소한의 법적 장치이지만, 아동빈곤예방법이 제정된 후 법을 보완해야 할 필요성이 제기되었다. 아동빈곤예방법의 내용은 빈곤 가정 아동의 어려움을 해결하기 위한 단편적인 사항만을 정하고 있어서 그 실효성에 의문이 제기된 바 있다(문영희, 2012). 이후 이 법은 여러 차례 개정을 거치며 현재에 이르렀다.

2) 소년소녀가정을 지원하는 정책이 마련되다

소년소녀가정은 부모와 자녀가 함께 살 수 없는 상황으로 인해 미성년자인 아동을 중심으로 형성된 가정을 말한다. 즉, 부모의 사망, 질병, 재혼, 복역 등을 이유로 아동을 보호하지 못할 때, 이 가정의 아동을 지원하기 위해 소년소녀가정으로 지정하게 된다. 이 가정에서 18세 미만의 아동은 실질적인 가장 역할을 하여 과거에는 소년소녀가장이라고 불렀다. 좌현숙, 김예성, 그리고 오승환(2013)에 따르면, 우리나라는 아동으로만 이뤄진 가정에서 살아가는 데 있어서 위험성, 가장인 아동에게 책임감을 부여하게 되어 아동이 느끼는 심적 부담감, UN 아동권리위원회의 폐지 권고 등을 고려하여 소년소녀가정 지정을 제한하고 있지만 다음과 같은 이유로 소년소녀가정이 신규로 지정되고 있다.

- 부모의 갑작스러운 부재(예: 부모 사망)로 요보호 아동이 발생했으나 조부모나 친인척이 부재한 경우
- 대리양육, 친인척 가정위탁보호로 조부모나 친인척의 보살핌을 받았으나 사망 등으로 더 이상 위탁보호를 할 수 없는 경우
- 후견인이 소년소녀가정으로 지정되기를 희망하는 경우

이 외에도 아동의 연령이 곧 18세가 되는 경우, 친인척 가정에서 적응하지 못한 경우, 아동이 원가정에서 생활하고 싶어 하는 경우 등 여러 가지 이유로 우리 사회에서는 여전히 소년소녀가정을 신규로 지정하고 있다. 소년소녀가정을 신규로 지정하지 않고 또 다른 가정이나 사회복지시설에서 양육해야 한다는 목소리는 계속되고 있지만 쉽지 않은 상황이다.

그러다 보니, 소년소녀가정이 건강하게 생활하여 사회 구성원으로 성장하도록 지원하는 서비스를 운영하고 있다. 예를 들어, 2025년 8월 기준으로 복지로 홈페이지(www.bokjiro.go.kr)에 제시된 소년소녀가정의 성인기 이후의 자립을 위한 아동발달지원계좌 지원, 생활용품 지원

등이 있다. 중요한 것은 이러한 경제적 지원 이외에도 아동끼리 살아가는 과정에서 나타날 수 있는 심리적 어려움과 안전사고의 문제도 관심을 기울여야 한다는 데 있다.

3) 한부모가정을 지원하는 정책이 마련되다

한부모가정은 부나 모와 아동으로 구성된 하나의 온전한 가정이다. 한부모가정 중 일부는 빈곤 상태에 놓인다. 그 경우는 다음과 같다.

- 부부가 이혼하여 한부모 가정이 되었으나, 재산 분할이 제대로 이루어지지 않고 자녀 양육비를 받지 못하는 경우
- 미혼모(부) 가정으로 경제적으로 지원을 해 줄 사람이 없는 경우
- 자녀가 어려 부나 모가 경제적 활동을 적극적으로 해 나가기 어려운 경우
- 부나 모가 건강하지 않아 경제적 활동을 할 수 없는 경우

이처럼 다양한 상황으로 인해, 빈곤 상태에 놓인 한부모 가정은 생활해 가는 데 어려움을 겪는다. 경제적 어려움뿐 아니라 심리적 어려움에 처한다. 이러한 한부모가정을 지원하기 위한 법적 근거로 한부모가족 지원법(약칭: 한부모가족법)을 마련하였다. 이 법은 1989년 제정된 모자복지법을 기반으로 하며 이후 2007년 한부모가족 지원법으로 변경하였다. 모자의 경우 주로 어머니와 그 자녀의 구성된 가정을 떠올리게 되며, 우리 사회에는 다양한 한부모가족이 있으므로 명칭을 변경하여 조손가정도 한부모가정으로 지원하게 되었다. 2025년 8월 기준으로 복지로 홈페이지에 제시된 지원으로는 아동양육비, 교육비, 청소년 한부모 아동양육 및 자립 지원, 행복주택공급, 양육비이행 원스톱종합서비스 등이 있다.

4) 지역아동센터가 설립되다

지역아동센터는 빈곤 가정 아동에게 안전한 울타리가 되어 아동의 건강한 성장을 돕는 시설이다. 지역아동센터는 1980년대 빈곤 지역을 중심으로 시작한 공부방에 뿌리를 두고 있다(구은미, 2010). 이후 2004년 아동복지법을 개정하며 아동복지시설로 지역아동센터를 추가 지정하게 되면서 정부의 지원을 받아 운영할 수 있게 되었다. 법적인 지원 체제가 마련되면서 지역아동센터의 수는 급격히 증가하였다. 2022년 10월을 기준으로 전국에 4,000개가 넘는 지역아동센터가 있다. 지역아동센터는 빈곤 가정 아동을 위한 교육, 돌봄, 상담, 문화체험 등의 다양한 서비스를 제공한다. 아동이 학교를 마친 방과 후뿐만 아니라 방학기간에도 서비스를 제공한다. 이러한 서비스는 아동뿐만 아니라 부모나 그 가족을 대상으로 하는 경우도 있다.

5) 다양한 복지서비스가 실시되다

빈곤 가정 아동은 비빈곤 가정 아동에 비해 신체 발달이 느리다. 또한 영양 상태가 불균형적이어서 발달에 어려움을 겪는다. 더불어 빈곤 가정 아동은 낮은 자존감 등 정서적인 어려움을 경험한다.

빈곤 가정 아동은 주거, 교육, 의료, 문화 등 여러 분야에서 생활하는 데 어려움을 겪거나 건강한 생활을 방해받는다. 이로 인해 빈곤 가정 아동을 위한 다양한 복지서비스가 실시되고 있다. 복지로(2025년 8월 기준)에 제시된 복지서비스를 살펴보면 다음과 같다.

- 저소득층 기저귀·조제 분유 지원: 2세 미만의 영아가 있는 저소득 가정 지원
- 초·중·고 학생 교육정보화 지원: PC, 통신비 등을 초·중·고등학생이 있는 저소득 가정 지원

- 방과 후 보육료 지원: 방과 후 어린이집을 이용하는 취학아동이 있는 저소득 가정 지원
- 방과 후 학교 자유 수강권: 초, 중, 고등학생 중에서 방과 후 학교 프로그램을 수강하기 원하는 아동이 있는 저소득 가정 지원
- 통합 문화 이용권: 문화누리카드로 6세 이상의 아동이 있는 저소득 가정 지원

빈곤 가정 아동을 위한 복지서비스는 교육, 의료, 문화와 관련되어 있다. 이러한 복지서비스의 이용 여부는 서비스에 대한 접근 용이성이다. 빈곤 가정의 아동이나 부모가 서비스를 이용할 수 있도록 정보를 제공해 주어야 한다.

6) 드림스타트가 운영되다

드림스타트는 빈곤의 대물림을 막아 아동에게 동등한 출발 기회를 보장하기 위한 목적으로 실시되어 왔다. 드림스타트는 12세 이하 취약계층 아동, 그 가족, 임산부를 대상으로 다음과 같은 복지서비스를 제공한다(보건복지부, 2022).

- 사례관리 아동 대상 발굴을 위한 가정 방문 상담
- 취약계층 아동에 대한 문제 및 욕구 파악
- 아동별 맞춤별 통합 서비스 제공
- 사례관리 기초 기록 관리 및 아동별 데이터베이스 구축

국가가 참여하는 드림스타트는 민간 주도의 위스타트에서 시작되었다. 드림스타트는 이후 2007년 16개 지역에서 '희망스타트' 시범사업으로 시작되었고, 2008년에 드림스타트 사업으로 명칭을 변경하게 된다(이상균, 2017). 이러한 드림스타트는 전국 각 지역에 분포하여 빈곤 가정 아동과 그 가족을 지원하고 있다.

3. 빈곤 가정 아동의 권리와 복지 실천의 어려움

빈곤 가정 아동을 위한 복지의 실천은 선택의 문제가 아니다. 주거 공간을 예를 들어 생각해 보면, 잘 지어진 아파트에서 거주할 것인지와 잘 조성된 전원주택에서 살 것인지의 문제가 아니기 때문이다. 곰팡이가 핀 곳에서 살아가는 빈곤 가정 아동이라면 자신의 신체적·심리적·사회적 건강을 위협받기 때문에, 지금 당장 개선되어야 하는 환경에 노출된다. 따라서 이 빈곤 가정 아동에 대한 적극적인 지원이 필요하다.

1) 사각지대에 있는 빈곤 가정 아동이 있다

사각지대, 우리 주변에서 보이지 않는 그래서 관심을 덜 가지게 되는 곳을 가리키는 말이다. 이러한 사각지대에 놓인 빈곤 가정 아동이 있다. 빈곤 가정 아동을 지원하기 위해서는 그 아동을 찾아내야 한다. 그 아동을 찾아 지원하지 못할 경우, 아동은 건강하게 성장하지 못할 뿐만 아니라 생명까지 위협받는다. 복지서비스를 제공받기 위해 부모의 신청으로 빈곤 가정 또는 빈곤 가정의 아동을 확인한 경우라면 가정의 상황에 맞게 지원을 받을 수 있다.

빈곤 가정 아동의 실태조사는 5년마다 이루어지고 있지만 여전히 사각지대에 놓여 미처 발견하지 못한 빈곤 가정 아동이 있다. 눈에 잘 띄지 않는, 즉 사각지대에 놓인 빈곤 가정 아동이다.

- 생활고를 겪고 있지만 저소득 가정으로 인정받지 못한 경우
- 출생 신고를 하지 않은 경우
- 이사 후, 주소지를 옮기지 않은 경우

빈곤 가정 아동을 위한 좋은 복지정책이 만들어져도, 이 아동에게 지원하지 못하는 상황이라면 소용이 없다. 그 정책은 시행이 되지 못해 실효성을 찾기도 어렵다. 따라서 빈곤 가정 아동을 위한 복지 실천을 위해서는 사각지대에서 도움을 필요로 하는 빈곤 가정 아동을 찾는 데서 시작해야 한다.

2) 복지서비스에 관한 정보가 부족하다

국가나 지방자치단체에서는 빈곤 가정 아동을 지원하기 위한 여러 가지 복지정책과 서비스를 마련하고 있다. 이러한 서비스는 복지로(www.bokjiro.go.kr)를 통해서 검색 가능하다. 복지로 홈페이지에서는 생애주기나 가정의 상황을 고려한 서비스 검색이 가능하므로, 가정과 아동에게 맞는 서비스를 쉽게 찾아볼 수 있다.

그러나 복지로라는 포털에 관해 알지 못하는 가정이 있다. 알고 있더라도, 복지서비스를 지원하는 방법의 다양성으로 혼란을 겪으며 지원을 포기하는 가정도 있다. 서비스를 신청할 때 온라인 접수가 가능하나, 읍·면·동에 있는 주민자치센터를 방문한 경우도 있다. 지원을 받기 위한 서류도 필요하다. 복지서비스를 신청하는 과정이 어렵게 느껴지기도 한다.

따라서 여러 가지 복지서비스에 관한 정보는 다양한 방법으로 안내한다. 적어도 서로 다른 두 가지 방법으로 전달한다. 또한 서비스를 신청하는 방법도 구체적으로 안내한다.

3) 빈곤 가정 아동에게 보내는 사회의 불편한 시선이 있다

1990년대, 새 학기가 시작되면 학교에서는 학생들에게 가정환경 조사서를 작성해 오도록 했다. 그 가정환경 조사서는 부모의 직업, 학력뿐만 아니라 그 가정의 사회경제적 수준을 확인하는 문항도 있었다. 경제적으로 어려우며 부모의 따뜻한 지지를 받지 못한 빈곤 가정 아동은 이 칸을 채울 때 정서적으로 힘들었다. 왜 이 아동은 고통스러웠을까? 지금의 교육 상황은 어떨까?

우리 사회에서 빈곤 가정 아동에게 보내는 불편한 시선은 여전히 남아 있다. 그저 '빈곤 가정 아동을 불쌍하다'로 보며 낙인찍는 것이다. 이는 아동의 생활에서 나타난다.

빈곤 가정 아동은 아동급식카드를 지원받는다. 방학처럼 학교에서 급식을 해결하지 못할 때, 아동은 이 카드로 식사를 한다. 그러나 이 카드를 사용할 수 있는 가맹점이 제한적이었다. 아동은 식사를 해결하기 위해 동네에 있는 가맹점을 찾아야 했다. 쉽게 찾을 수 있는 편의점을 찾아갔지만 이미 식사 대용인 식품은 다 판매된 상태이었다. 아동은 제때 식사를 하지 못했다. 이로 인해 카드를 사용할 수 있는 가맹점을 늘리고 있다. 또한 이 카드로 구입할 수 있는 식품은 제한적이었다. 지원 금액이 충분하지 않아 식당을 간 아동이 선택할 수 있는 음식은 많지 않았다. 아동의 성장을 생각한다면 지원금액을 늘려야 한다. 다행히 지역마다 다르지만, 그 지원 금액을 늘리고 있다. 아동급식카드 그 자체로 아동은 정서적 불편함을 느꼈다. 다른 카드와 구별되는 아동급식카드의 디자인으로 카드를 내밀게 된 아동은 빈곤 가정임을 나타내었다. 누군가는 이 카드를 보며 호의를 베풀 듯 이야기했다. 수치심을 느끼는 아동도 있었다. 현재는 아동급식카드의 디자인의 변경을 통해, 빈곤 가정 아동에게 보내는 불편한 시선을 줄이려고 하였다. 분명 빈곤 가정 아동이 겪는 어려움을 지원하기 위한 서비스이지만, 이용하기가 어려운 상황들이 있어 왔다. 이는 우리 사회에서 빈곤 가정 아동을 어떤 시선으로 바라보고 있는지를 반영한 결과였다.

빈곤 가정이더라도, 부모의 정서적 지지를 통해 신체적·심리적·사회적으로 건강하게 자라는 아동도 있다. 사회에서 빈곤 가정 아동에게 보내는 불편한 시선은 보편성에 기반 한 잘못된 일반화이다. 빈곤 가정 아동을 올바로 이해하기 위해서는 아동과 가족에 대한 상담이 필요하다.

4. 빈곤 가정 아동의 권리와 복지 실현의 길

앞서 빈곤 가정 아동의 권리를 보장하기 위한 복지의 현 주소와 어려움을 살펴보았다. 빈곤 가정 아동이 건강한 사회 구성원으로 성장해 가기 위해서는 앞으로도 지속적 관심이 필요하다. 이에 빈곤 가정 아동의 권리와 복지 실현의 길에서 이를 고민해 본다.

1) 사회에서는 빈곤 가정 아동과 그 가족을 위한 예방적·지원적 차원에서 복지서비스를 지원하다

빈곤 가정 아동과 그 가족을 위한 복지서비스는 예방적·지원적 차원에서 이루어져야 한다. 빈곤 가정이 발생하는 이유 중 하나는 빈곤의 대물림이다. 빈곤의 대물림이란 부모의 빈곤이라는 사회경제적 상태가 자녀의 빈곤으로 이어져 세대를 거치며 빈곤 상태에서 벗어날 수 없는 상황에 놓이는 것이다. 급격한 경제 성장과 함께 고소득층과 저소득층의 소득 차이는 점점 더 커지고 있다. 빈곤 가정은 그 상태에서 점점 더 벗어나지 못하고, 자녀는 부모의 사회경제적 위치에서 벗어나기 어렵다.

빈곤 가정이 발생하는 또 다른 이유는 부모의 실직처럼 가정의 경제적 상황이 갑자기 어려워졌을 때이다. 이 어려움을 해소할 수 있는 프로그램이나 자원을 찾지 못한 채, 오랜 시간 어려운 상황에 놓이며 빈곤 가정이 된다. 가족 해체를 가져오는 경우도 있다.

부모는 빈곤으로 아동을 충분히 돌보지 못한다. 자녀에게 교육의 기회를 제한하거나 재능을 발달시키는 경험을 충분히 제공하지 못하는 부모도 있다. 충분히 교육받지 못한 자녀는 취업을 하는 데도 어려움을 겪는다. 빈곤 가정 아동이 스스로 자립하는 데 필요한 능력을 습득하기 어렵다. 추후 이 아동의 자립을 돕고, 지원을 하는 데는 예방을 위한 실천보다 더 많은 비용이 발생한다. 아동은 이미 이 사회에서 소외되고 있음을 느끼며 상처를 입은 상태다.

따라서 빈곤 가정 아동이 부모의 빈곤을 대물림하지 않고 원가정이 유지되도록 예방적·지원적 차원의 지지가 필요하다. 예방적·지원적 차원에서 아동은 성장과 교육에 필요한 지원을 받아야 한다. 이 지원은 현물 지급, 서비스 제공 등 다양한 형태로 이루어져야 한다. 예방적·지원적 차원에서 이루어진 지원은 빈곤 가정 아동의 건강한 발달을 돕고, 결국에는 가족의 해체를 줄일 것이다.

2) 교사는 빈곤 가정 유아를 발견하고 지원하다

교사에 따르면, 유아교육기관을 이용하는 빈곤 가정 유아는 첫째, 청결적 측면에서 옷이 지저분하거나 씻지 못함, 둘째, 교육적 측면에서 준비물 등을 챙기지 못하거나 문화 경험의 부족으로 활동 참여의 어려움, 셋째, 사회적 측면에서 또래와 어울리지 못하고 소외되는 등의 어려움을 겪는다(안혜정, 홍누리, 이승연, 2017; 유주연, 이승연, 2010). 빈곤 가정 유아가 이러한 어려움으로 인해 교실에서 위축되어 생활하거나 특별한 이유 없이 결석을 하지 않도록 교사는 지원을 해야 한다. 교사는 관찰을 통해 빈곤 가정 유아를 발견할 수 있어야 한다.

부모가 교사에게 가정의 현재 상황을 말하지 않는다면, 교사는 빈곤 가정의 아동임을 알지 못하는 경우도 있다. 아동을 세심히 관찰하는 교사의 자세가 더욱 중요해지는 이유이다. 교사는 관찰을 통해 아동의 모습이나 행동에서 반복적인 특성을 확인한다. 이를 위해 교사는 다음의 상황을 고려한다.

- 아동의 위생 상태가 좋지 않을 때: 오랜 시간 세수를 하지 않음, 머리를 감지 않음
- 아동의 옷 상태가 좋지 않을 때: 계속해서 입는 옷이 깨끗하지 않음, 발보다 훨씬 큰 신발을 신거나 작은 신발을 끌고 다님
- 아동의 사회적 관계가 원만하지 않을 때: 늘 혼자 놀이함, 위축되어 있음
- 준비물을 챙겨오지 않을 때: 도시락통과 숟가락을 매번 챙겨오지 않음, 현장체험학습

을 갈 때 도시락과 간식을 가져오지 않음

- 비용을 제때 내지 않을 때: 반복적으로 어린이 통학 차량 비용을 내지 않음

이러한 상황이 반복적으로 나타날 때, 교사는 부모와 상담을 진행한다. 연구(안혜정, 홍누리, 이승연, 2017)에 따르면 빈곤 가정 유아에게 교사의 적극적 교수행동, 유치원의 교육적 보호적 기능, 교육복지 우선 지원 사업을 통한 지원은 보호 요인으로 작용하고 부모의 적절한 자녀 양육 태도 및 행동 결여, 부모의 유치원 교육에 대한 참여와 소통 부족은 위험 요인으로 작용한다. 따라서 교사는 상담을 통해, 부모에게 바람직한 자녀 양육 방법과 유치원 참여 방법을 알아가도록 지원한다.

또한 빈곤을 바라보는 교사의 정형화된 인식과 태도는 빈곤 가정 유아에 대한 교육적 기대와 상호작용에 영향을 미칠 수 있다(임민정, 박수경, 2012). 교사는 빈곤을 올바로 이해하고 있어야 한다. 빈곤 가정 아동에 대한 교사의 긍정적인 마음가짐과 기대가 필요하다(유주연, 이승연, 2010).

세 걸음 성장하기

빈곤 가정 아동을 위한 복지서비스는 효과가 있을까요?
빈곤 가정 아동의 시선에서 시작하는 복지서비스를 생각해 보세요.

➡ 1단계: 빈곤 가정 아동이 복지서비스에 대해 바라는 점을 동영상으로 찾아보세요.

➡ 2단계: 빈곤 가정 아동을 위한 복지서비스의 적절성에 대해 생각해 보세요.

➡ 3단계: 빈곤 가정 아동에게 꼭 필요한 복지서비스를 생각해 보세요.

참고문헌

구은미(2010). 지역아동센터 프로그램 질과 전문성에 관한 교사의 인식. **아동교육, 19**(2), 5-15.

국가법령정보센터(2017). 아동의 빈곤예방 및 지원 등에 관한 법률. https://www.law.go.kr/LSW/lsInfoP.do?efYd=20170726&lsiSeq=195200#0000에서 2022.10.25 인출.

김희정, 김윤태(2020). 다차원적 빈곤과 아동의 학업 성취: 빈곤 가정 아동을 중심으로. **사회질적연구, 4**(1), 1-32.

문영희(2012). 아동의 빈곤예방 및 지원 등에 관한 법률의 개정 및 보완방안. **법과 정책연구, 12**(2), 519-541.

보건복지부(2022). 2022년도 드림스타트 사업안내. 세종: 보건복지부.

안혜정, 홍누리, 이승연(2017). 빈곤 가정 유아의 유치원 생활에 대한 위험요인 및 보호요인 탐색. **교육과학연구, 48**(2), 167-200.

유주연, 이승연(2010). 빈곤 가정 유아에 대한 보육교사의 경험. **열린유아교육연구, 15**(2), 27-59.

이미영(2016). 빈곤아동 지원제도 개선방안에 관한 고찰: 아동빈곤예방법 및 지원 등에 관한 법률을 중심으로. **사회복지법제연구, 7**(1), 3-25.

이상균(2017). 드림스타트, 지난 10년의 성장과 향후 10년을 위한 과제. **한국아동복지학, 59**, 115-150.

임민정, 박수경(2012). 유아교사의 빈곤에 대한 태도 관련 변인. **유아교육학논집, 16**(2), 381-397.

좌현숙, 김예성, 오승환(2013). 초점집단면접을 이용한 소년소녀가정 제도 개선 연구: 가정위탁보호 지정의 장애요인 및 전환의 필요성을 중심으로. **청소년문화포럼, 36**, 115-138.

홈페이지

복지로 www.bokjiro.go.kr

CHAPTER 8

다문화 가정 아동의 권리와 복지

한 걸음 다가가기

○○는 이중 언어를 사용합니다. ○○는 모국어인 한국어를 능숙하게 사용할 뿐만 아니라 베트남어도 곧잘 합니다. ○○는 베트남에서 온 어머니로부터 베트남 언어를 배웠습니다. ○○는 커서 한국과 베트남을 오가며 서로의 문화를 전하는 사람이 되고 싶습니다.

아버지가 자녀를 온전히 육아하며 경험하는 여러 가지 이야기를 다룬 예능 프로그램, 그 속의 주인공 영아

어머니, 할머니와 함께 엄마의 모국으로 여행을 떠나는 이야기를 다룬 시사교양 프로그램, 그 속에 등장하는 유아

모두 다문화 가정 아동에 관한 이야기이다. 이제는 여러 프로그램이나 영화 속이 아니더라도 우리 사회에서 함께 살아가는 다문화 가정의 아동을 만난다. 그 어떤 장소에서, 어떤 이유로 다문화 가정 아동을 만나든 어색하지 않다.

다문화 사회로 진입한 지 오래된 우리나라는 이제 다문화나 다문화 가정이라는 단어를 익숙하게 사용한다. 그러나 그 단어의 사용과 달리, 우리는 여전히 사람의 외모를 통해 다른 민족임을 확인하고 때로는 눈에 보이는, 보이지 않는 거리감을 느낀다. 서로 다른 문화 속에서 살아온 사람들의 당연한 생각 차이이지만, 우월한 신념이나 민족이 있는 것처럼 자신의 잣대로 상대의 문화를 평하기도 한다.

"다르네."

"다를 수 있지."

"그렇게 생각하기도 하는구나."

라는 말에 앞서 다음처럼 말한다.

"이상해."

"그건 틀렸어."

"그건 나쁜 거야."

문화의 다름으로 다문화 가정이 차별받지 않아야 한다. 지금은 다문화 가정이나 그 아동에 대한 인식이 변하고 있지만, 1990년대 다문화 사회로 서서히 진입하던 우리나라는 그 과정에서 여러 가지 어려움을 겪었다. 일찍이 다문화·다인종 국가였던 미국과는 그 변화 과정도 달랐다. 중요한 것은 우리나라든 미국이든, 다른 민족에 대한 편견은 늘 사회에 있어 왔다. 그 편견으로 인종차별이나 인종혐오도 있었다. 그 어떤 복지서비스보다 다문화 가정과 그 아동에 대한 우리 사회의 편견을 먼저 살펴보아야 한다. 이는 다문화 가정 아동의 권리를 존중하고 복지를 실천하는 출발점이 될 것이다.

8장은 우리 사회의 구성원으로 살아가는 다문화 가정 아동을 만난다. 다문화에 대한 의미를 이해하고, 다문화 가정과 그 아동을 지원하는 여러 가지 복지서비스도 살펴본다. 다문화 가정과 비다문화 가정이 서로를 존중하며 조화롭게 살아가는 사회로 나아가기 위한 방법도 고민해 본다. 특히, 다문화는 관점에 따라 그 범위가 달라지며, 우리나라의 경우 국제결혼 가정을 중심으로 한 지원이 이루어지고 있는 만큼 이에 중심을 두어 살펴본다.

교사도 이 과정에 함께한다. 교사는 유아교육기관에서 다문화 가정 아동을 만난다. 아동이라는 단어 앞에 놓인 다문화라는 수식어가 아동의 발달을 객관적으로 바라보고, 아동을 올바로 이해하는 데 방해되지 않아야 한다. 다문화 가정 아동이 아니더라도, 유아교육기관을 다니는 모든 아동은 다양하므로, 이를 존중하며 교육하는 교사로의 모습을 그려본다.

1. 다문화 가정 아동의 의미

흔히들 다문화는 다양한 인종과 민족을 뜻하는 협의의 의미로 사용한다. 광의의 의미에서 다문화는 다양한 인종과 민족뿐만 아니라 성, 사회계층, 능력에서 다양성을 뜻한다. 이처럼 광의의 의미에서 다문화는 각 개인마다 지닌 다름의 다양성으로 볼 수 있다. 우리 사회에서 다문화는 주로 협의의 의미로 담고 있어, 인종이나 민족의 다름을 나타낸다.

다문화 가정도 협의의 의미와 광의의 의미로 살펴볼 수 있다. 협의의 의미에서 다문화 가정은 우리나라와 다른 다양한 인종과 민족으로 구성된 가정으로 외국인 근로자 가정, 국제결혼 가정을 의미하며 경우에 따라 북한이탈주민 가정을 포함한다. 광의의 의미에서 다문화 가정은 가정 형태의 다양성으로 한부모 가정, 입양 가정, 조부모 가정을 포함한다. 우리 사회에서 다문화 가정은 다문화의 개념처럼 주로 협의의 의미를 담고 있다.

특히, 우리 사회에서는 다문화 가정의 개념을 더욱 좁혀 생각한다. 즉, 다문화 가정은 주로 국제결혼 가정을 의미하는 단어로 쓰인다. 여기서 말하는 국제결혼 가정은 대한민국 국적을 가진 한국인과 외국인(결혼이민자)으로 맺어진 가정을 말한다. 따라서 부나 모 중에서 한 명은 외국 국적을 가지고 있다. 우리나라는 주로 모가 외국인으로 구성된 국제결혼 가정이 다수이다.

다문화 가정 아동은 서로 다른 인종·민족적 배경을 지닌 사람들이 만나 구성된 가정에서 태어나 자라는 18세 미만의 아이를 말한다. 이는 다문화를 협의의 의미로 적용한 것으로 사람들은 주로 국제결혼 가정의 자녀를 다문화 가정 아동으로 인식한다.

우리나라에서 다문화 가정이 급격히 증가한 시대는 1990년대이다. 이 시기 우리 사회는 외국인 근로자가 증가하고, 농촌 총각 장가보내기가 확산되었던 때이다. 1990년대에 일을 찾아 우리나라로 오는 외국인 근로자가 증가했다. 1990년대 초, 우리나라는 급격한 경제 성장과 교육의 기회 증가로, 노동 시장의 변화를 맞았던 것이다. 중소기업을 포함하여 제때 일을 할 사람을 채용하지 못해서 인력난을 겪는 기업과 산업 분야가 늘어났다. 1992년부터 외국인 산업연수생제도가 실시되어 외국인 연수생을 채용하게 되면서, 중소기업에서의 인력난은 점차 해소되었다. 이를 계기로 우리나라에서 일하는 외국인 근로자들도 급격히 늘었다. 이후에도 외국인 근로자들은 제조업, 조선업, 농업, 수산업, 건설업 등 우리 사회 곳곳에서 일을 하고 있다. 이러한 외국인 근로자 중에는 가족이 본국에 있는 경우도 있고, 결혼을 해서 가족과 함께 우리나라에서 거주하는 경우도 있다.

1990년대에는 각 지방자치단체에서 농촌 총각 장가보내기 사업도 확대하였다. 1990년대, 농촌을 떠나는 청년이 늘면서 남아 있는 청년들 중에서는 결혼 적령기이지만 배우자를 찾지 못해 결혼을 하지 못하는 이들이 있었다. 이 시기만 하더라도 결혼 적령기가 되면 결혼을 하여 가정을 꾸리고 자녀를 낳아 키워야 한다는 사회적 인식이 있었다. 이 시기의 결혼 적령기는 20대였는데 이 시기가 지나 결혼을 하지 못하는 농촌 총각들이 늘어났다.

이에 따라 각 지방자치단체에서는 농촌 총각 장가보내기처럼 국제결혼 지원 사업을 실시했다. 국제결혼 지원 사업은 결혼 상대를 찾아주거나 국제결혼 비용과 결혼식도 지원하는 방향으로 이루어졌다. 이후에는 농촌 총각뿐만 아니라 각 지역에서 국제결혼 가정이 늘었고, 이에 따라 다문화 가정 합동결혼식이 열리기도 했다. 따라서 대한민국 국적을 지닌 남성과 다른 나라 국적을 지닌 여성의 결혼이 증가하면서 2000년대에 국제결혼 가정이 급격히 늘어나게 되었다.

국제결혼 가정이 증가하면서 2008년에는 다문화 가정을 지원하기 위한 다문화가족 지원법을 제정했다. 각 지역에는 결혼이민자의 한국 생활 적응을 돕고, 다문화 가정 아동의 학습 및 상담을 지원하기 위한 다문화가족지원센터도 설립했다. 국제결혼 가정의 증가로 다문화 가정에 관한 사회적 관심이 늘면서, 우리 사회는 점점 다문화 사회로 나아가게 되었다.

그러나 2020년 이후로 국제결혼 지원 사업은 서서히 줄어들고 있다. 언어나 문화적 차이로 인해 갈등을 겪거나 가정 폭력으로 인해 이혼을 하며 해체하는 국제결혼 가정이 늘고 있기 때문이다. 더불어 국제결혼을 추진하는 과정에서 결혼이민자 여성에 대한 인권 침해 문제도 제기되었고, 결혼에 대한 가치관의 변화에 따라 그동안 추진해 온 국제결혼 지원 사업은 점점 사라지게 되었다.

우리나라 다문화 가정의 다수는 국제결혼 가정이다. 그중에 한국인 남성과 외국인 여성의 결혼으로 형성된 국제결혼 가정이 한국인 여성과 외국인 남성의 결혼으로 형성된 국제결혼 가정보다 많다. 외국인 여성의 국적은 주로 중국, 베트남, 필리핀, 일본, 캄보디아로 아시아이다.

한국인 아버지와 외국인 어머니 사이에서 태어난 다문화 가정 아동의 수도 늘어나고 있다. 이 다문화 가정 아동은 한국 국적을 지닌 한국인으로 비다문화 가정 아동과 동일한 상황에 놓인다. 예를 들어, 다문화 가정 아동은 어린이집에서 보육 받을 수 있고, 때가 되면 초등학교 의무 교육을 받아야 한다. 그러므로 교사라면 교육적 상황에서 다문화 가정 아동을 만날 기회는 앞으로 늘어날 것이다.

두 걸음 찾아가기

다문화 가정 아동의 사례를 찾아보세요.
그 다음 각각의 질문에 답을 해 보세요.

➡ 1단계: 다문화 가정 아동의 사례를 찾아보세요.

➡ 2단계: 다문화 가정 아동의 발달에 대한 자신의 생각을 표현해 보세요.

➡ 3단계: 유치원에서 만나는 다문화 가정 아동 지원 방법을 생각해 보세요.

2. 다문화 가정 아동의 권리와 복지 실천의 현 주소

다문화 가정에서 자라는 아동의 권리를 보장하기 위한 여러 가지 복지서비스가 제공되고 있다. 이러한 복지서비스는 주로 국제결혼 가정이나 그 아동을 지원 대상으로 한다. 국제결혼 가정 아동이 태어나 성장하는 과정에서 직면하는 여러 가지 어려움을 해소해 가도록 지원하는 복지 실천이 이루어지고 있다.

1) 다문화가족 지원법(약칭: 다문화가족법)이 제정되다

다문화가족 지원법은 2008년 제정되었다. 다문화 가정이 증가하면서 다문화 가정의 사회 적응을 돕기 위한 지원의 필요성이 대두되었고, 이를 보장하기 위한 제도적 기반으로 다문화가족 지원법이 제정된 것이다.

다문화가족 지원법(국가법령정보센터, 2020)에서는 다문화 가족에 대한 실태 조사, 다문화 이해교육, 다문화 가정 아동교육 등에 관한 근거를 마련하고 있다. 따라서 다문화가족 지원법에 따라 각 지방자치단체에서는 다문화 가족의 사회 적응을 돕고 생활을 지원하기 위한 여러 가지 복지정책을 마련한다.

2) 다문화가족지원센터가 설립되다

다문화가족지원센터는 다문화 가정의 건강한 생활을 지원하기 위해 마련되었다. 전국에 위치한 다문화가족지원센터는 200곳이 넘는다. 이 중에서 일부는 건강가정지원센터와 합쳐 건강가정·다문화가족지원센터나 가족센터로 운영되고 있다.

표 8-1 다문화가족지원센터의 수

지역	서울	경기	부산	대구	인천	광주	대전	울산	강원	충북	충남	전북	전남	경북	경남	제주	세종
수	26	31	14	8	9	5	5	5	18	12	15	14	22	23	20	2	1

출처: 2022년 10월 기준 다누리 홈페이지

다문화가족지원센터는 주로 국제결혼 가정 여성을 대상으로 하는 언어지원 프로그램, 한국문화 이해 교육이나 한국 생활 적응 프로그램을 운영해 왔다. 최근에는 다문화 가족 내에서 발생하는 가정 폭력의 증가와 이로 인해 이혼하는 가정이 늘어나면서 이들을 지원하기 위한 법률 상담도 진행하고 있다. 다문화가족지원센터에서는 다문화 가정 아동을 대상으로 하는 언어발달 프로그램과 교육서비스를 제공한다.

다문화가족지원센터에 관한 정보는 포털 사이트인 다누리를 통해 확인 가능하다. 다누리는 한국어뿐만 아니라 영어, 중국어, 일본어, 베트남어, 라오스어, 몽골어 등 총 13개국의 언어로 다문화가족지원센터에 관한 정보를 제공한다. 다누리 홈페이지를 통해, 다문화가족지원센터에서 실시하는 행사 소식이나 다문화 소식을 확인할 수 있다.

3) 다문화교육센터가 운영되다

교육부에서는 다문화교육을 지원하기 위해 다문화교육센터를 운영하고 있다. 다문화교육센터는 다문화 가정 아동의 교육을 지원하고, 다문화 사회에 함께 살아가는 사회를 만들기 위한 학생, 교사, 부모를 대상으로 한 다문화 이해 교육을 실시한다. 다문화교육지원센터는 중앙다문화교육센터(다문화교육포털)와 각 지역 교육청 다문화교육센터 또는 다문화교육지원센터로 구성되어 있다.

4) 다양한 복지서비스가 실시되다

다문화 가정에게 제공되는 사회복지서비스는 다양하다. 예를 들어, 국제결혼 가정의 결혼 이민자를 위한 통번역 서비스가 있다. 이러한 사회복지서비스 중에는 다문화 가정에게 우선적인 혜택을 주는 경우도 있다. 예를 들어, 어린이집 입소 시, 다문화가족 지원법에 따라 다문화 가정 아동의 경우 입소 1순위에 해당한다.

3. 다문화 가정 아동의 권리와 복지 실천의 어려움

2018년, 레인보우합창단은 평창 동계올림픽 개막식에서 애국가를 불렀다. 레인보우합창단은 다문화 가정 아동으로 구성되어 있으며, 2009년에 창단하였다. 이 합창단에서 다문화 가정 아동은 아름다운 노래를 사람들에게 들려주었다. 이 모임은 다문화 가정 아동에게 서로의 경험을 나누는 기회를 제공하였다. 다문화 가정 아동의 부모들은 자녀 양육에 대해 공유하는 시간을 가졌다. 레인보우합창단처럼, 다문화 가정 아동으로 구성된 모임은 여러 해에 걸쳐 계속되고 있다.

그러나 다문화 사회로 진입한 지 여러 해가 지났지만, 권리를 보장받지 못한 채 어려움을 겪고 있는 다문화 가정 아동도 있다. 다문화 가정 아동이 겪고 있는 어려움을 살펴본다.

1) 학업을 중단하다

교육부에서는 국제결혼 가정의 자녀와 외국인 가정의 자녀로 구성된 다문화 가정 학생을 지원하는 교육 정책을 펼치고 있다. 교육 정책의 실천은 교육기관을 다니는 다문화 가정 학생이 증가하면서 그들이 겪는 어려움을 지원하기 위해서이다. 다문화 가정 학생은 언어적 의사소통이나 학업에 있어서 어려움을 경험했고, 또래 관계처럼 사회적 관계에서도 어려움을 보였다. 이러한 요인들로 학교생활에 적응하지 못하는 다문화 가정 학생이 증가하면서 학업을 중단하는 아동도 늘어갔다. 특히, 초등학교, 중학교, 고등학교 즉 상위 학교로 진학할수록 이들의 학업 중단률도 증가하였다.

이에 따라 교육부에서는 다문화 가정 학생의 학업 중단률을 줄이기 위한 지원을 해 왔다. 예를 들어, 다문화 가정 학생의 한국어 교육이나 멘토링 프로그램이 대표적이다. 이제는 학업을 중단하는 다문화 가정 학생의 수가 점점 줄고 있지만, 여전히 다문화 가정이라는 이유로 따돌림을 받거나 학습의 어려움으로 학업을 중단하는 다문화 가정 학생이 있다. 다문화 가정 학생의 학업 중단 이유를 조금 더 구체적으로 밝히고, 이를 예방하기 위한 장기적인 접근이 필요하다.

2) 사회적 편견으로 어려움을 겪다

다문화 가정이나 다문화 가정 아동에 대한 여러 가지 사회적 편견이 있다. 사회적 편견이란 우리 사회에서 가지고 있는 치우친 생각이다. 우리나라는 다문화 사회를 이루며, 함께 조화롭게 살아가도록 각 개인이 지닌 다양성을 존중해야 한다는 인식이 확산되어 왔다. 그럼에도 여전히 다문화 가정이나 아동을 편견적 시선으로 보고 있다.

먼저 다문화 가정에 대한 사회적 편견은 경제적으로 어려움을 겪고 있으며 사회에서 지원을 해야 한다고 보는 것이다. 다문화 가정은 비다문화 가정처럼 경제적인 어려움으로 도움을 필요로 하는 경우도 있고, 그렇지 않은 경우도 있다. 그럼에도 모든 다문화 가정은 경제적인 어려움으로 안정된 가정생활을 위해서 사회에서 도움을 주어야 한다고 인식하는 사람들이 있다. 각 가정마다 경제적 여건이 다를 수 있다는 것을 간과한 것이다.

또한 결혼을 하게 된 동기로 사랑을 전제로 이루어진 결혼인지에 관해서도 의문을 가지는 사람이 있다. 일부 국제결혼 가정은 몇 번의 대면 또는 화상 만남으로 결혼을 하는 경우가 있었다. 그러다 보니, 결혼 상대를 알아갈 충분한 시간이나 만남을 가지기 어려웠고 사랑이 아닌 다른 조건으로 결혼을 결정했다고 보는 사회적 시선이 형성되었던 것이다. 국제결혼 가정마다의 상황이 다름에도 이를 고려하지 않는 것이다.

사람들은 문화적 다름으로 인해서 결혼 생활을 하는 동안 지속적인 갈등을 겪을 것으로 본다. 다른 문화권에서 오랜 시간 성장해 온 사람들이 만나서 한 가정을 이룰 경우, 서로를 이해해 가는 시간이 필요하다. 동일 문화권이라고 하더라도 성장하는 과정에서 겪은 경험이나 신념이 다르기 때문에, 서로를 이해하는 데 적응기간이 필요하다. 그럼에도 사람들은 다문화 가정의 경우, 문화의 다름으로 어려움과 불화를 겪는다고 생각한다.

다문화 가정 아동에 대한 편견은 언어 발달이 느리다고 보는 시선이다. 다문화 가정, 특히 국제결혼 가정의 경우 주 양육자인 어머니께서 다른 나라에서 온 경우들이 많다 보니 아동의 언어 발달도 느릴 수 있다고 보는 사람들이 있다.

아동의 언어 발달은 환경적 요인의 영향을 받는다. 그러다 보니 어머니로부터 한글을 듣고 익힐 기회가 제한되었던 다문화 가정 아동의 언어 발달 또한 느릴 것이라고 인식하는 것이다. 어머니 이외의 환경적 요인을 크게 고려하지 않고 내린 결론이다. 물론 다문화 가정 어머니의 경우에도 자신의 서툰 한국어로 인해 자녀의 언어 습득이 느릴 것을 염려한다. 다문화 가정 아동의 언어 발달에 관한 연구에서도 다문화 가정 아동이 비다문화 가정 아동보다 언어발달이 느리다라는 결과들이 도출되기도 한다. 그러나 모든 자료나 연구가 차이를 보이는 것으로 결론짓지 않는다. 즉, 다문화 가정 아동도 또래처럼 한국어 능력을 구사하고 있었다.

다문화 가정 아동 중에는 오히려 이중 언어를 능숙하게 구사하는 경우도 있다. 한국어뿐만 아니라 영어, 독일어, 일본어 등을 잘하는 아동이다. 한국어를 습득한 후, 어머니와의 상호작용을 통해 이중 언어를 배우며, 두 개의 언어를 잘 습득한 사례이다.

또한 대부분의 다문화 가정 아동은 사회성 발달이 느려 또래 관계나 학교생활 적응에 어려움을 겪는다는 사회적 편견도 있다. 이러한 편견은 아동의 언어 발달 지연으로 인해 또래와 관계를 형성하거나 학업을 수행하는 데 어려움을 겪기 때문에 사회성 발달도 느려 그러한 결과를 가져온다고 본다. 또한 외모에서 나타나는 다름으로 인해 또래로부터 왕따를 경험한다고 보는 것이다. 다문화 가정 아동의 사회성 발달 및 학교생활 적응에서 개인차가 있지만, 이를 고려하지 않고 있다.

다문화 가정 아동의 발달에 관한 사회적 편견은 아동의 전인적 발달을 저해한다. 아동의 발달은 언어나 사회성 발달뿐만 아니라 인지, 정서, 신체 발달도 고려해야 하지만, 종합적인 관점으로 접근하는 데 어려움을 야기한다. 또한 사회적 편견은 다문화 가정 아동을 무시하거나 따돌림시키는 결과를 가져오기도 한다.

다문화 가정 아동에 대한 또 다른 편견은 외모만 보고 그 아동에 관해 판단한다는 데 있다. 다문화 가정 아동 중 대다수는 국내에서 태어난 국제결혼 가정의 자녀들이다. 이들의 국적은 대한민국이다. 그러나 다문화 가정 아동의 피부색을 보고 다른 나라에서 왔다고 단정 짓고 차별하는 것이다. 어떠한 경우이든, 아동은 외모의 다름으로 차별받지 않아야 한다.

다문화 가정의 부모나 아동은 이러한 사회적 편견으로 상처를 받는다. 이러한 상처를 다문화 가정 부모와 아동을 위축시킨다. 따라서 다문화 가정과 그 아동에 대한 사회적 편견을 점검해 가도록 다문화 이해교육이 필요하다.

3) 다문화 가정에 대한 지원이 제한적이다

다문화 가정에 대한 지원은 외국 국적을 지닌 결혼이민자를 대상으로 하여, 한국어 교육 및 한국 문화 체험으로 이루어져 왔다. 현재에는 결혼이민자가 서비스를 이용하고 싶을 때, 모국어 지원을 받고 있지만, 그동안에는 주로 일상생활에서 사용하는 한국어를 듣고, 말하고, 읽고, 쓰는 능력을 기르도록 지원해 왔다. 한국 문화 체험만 하더라도 요리 활동이나 전통 체험으로 실시되었다. 다문화 가정에 관한 이러한 지원은 한국 문화를 이해하고 한국 생활에 적응하는 데 있어서 제한적이었다.

다문화 가정 아동에 대한 지원도 주로 언어 발달을 지원하는 프로그램으로 운영해 왔다. 다문화가족지원센터에서는 다문화 가정 아동의 언어발달을 검사하고, 필요한 경우 언어치료를 지원하였다. 물론 다문화 가정 아동을 위한 교육과 보육 정책을 마련하고 있지만, 다문화 가정 아동이 경험하는 어려움을 해소해 가는 데 어려움이 있다.

4) 이중 문화로 어려움을 겪다

다문화 가정의 부모는 서로 다른 문화에서 살아가며 그 문화권에 적합한 사회 구성원으로 성장해 왔다. 그러다 보니, 다문화 가정의 부모는 삶의 방식이나 자녀 양육과 교육에 있어서 문화적 차이를 경험한다. 문화의 다름에 대한 이해를 바탕으로 상호 존중할 때, 다문화 가정 아동을 위한 일관된 지도를 해 나갈 수 있다. 그렇지 못할 경우, 부모간의 갈등을 가져오며 다문화 가정 아동은 혼란스러워한다. 다음을 생각해 보자.

자녀가 열이 난다면 어떻게 해야 할까요?

자녀의 몸에서 열이 나 보인다면 체온계로 정확히 그 수치를 확인한 다음 해열제를 먹이거나 병원으로 데리고 간다. 이 방법 이외에도 옷을 가볍게 입혀 물수건으로 몸을 닦아주는 경우도 있다. 또 다른 방법으로 오히려 옷을 많이 입혀서 식은땀이 나도록 하는 경우도 있다. 열을 낮추기 위한 방법은 문화마다 다를 수 있다. 자녀를 양육해 가는 과정에서의 문화적 차이는 더 많은 상황에서 발생한다. 모두 자녀의 건강한 성장과 행복한 생활을 위해 부모는 그 역할을 다하지만, 그 방법은 다를 수 있다.

5) 이중 언어 습득 시 어려움을 겪다

이중 문화만큼 이중 언어에 관한 관심도 높다. 만약 어머니가 외국인인 경우, 그 언어를 자녀가 습득하도록 가르칠 것인가를 두고 고민하는 상황에 놓인다. 어머니의 입장에서는 자녀에게 모국어를 가르치고 싶지만, 가족의 반대에 부딪히는 경우도 있다. 다른 언어의 습득이 오히려 한국어를 올바로 구사하는 데 방해 요인이 된다고 생각한다.

그럼에도 교육청에서는 이중 언어 말하기 대회를 여는 등 이중 언어의 학습을 장려하고 있다. 이는 미래 인재를 양성하는 하나의 방법으로 이중 언어의 사용을 촉진하는 것이다.

중요한 것은 다음의 문제에 답을 고민해 보아야 한다.

언제부터 이중 언어를 교육할 것인가요?
모든 다문화 가정 아동에게 이중 언어 교육을 실시할 것인가요?

이중 언어의 습득은 다문화 가정 아동의 특성을 고려해야 한다. 무조건 이중 언어를 습득해야 한다는 관점에서 벗어나, 다문화 가정 아동에게 그 의견을 물어볼 수 있어야 한다. 아직 한국어가 서툰 다문화 가정 아동에게는 또 다른 언어의 습득은 오히려 어떤 언어도 제대로 습득하지 못하는 결과를 가져올 수 있다. 언어에 관심이 많은 다문화 가정 아동이라면 이른 시기부터 이중 언어를 습득할 수도 있다. 즉, 다문화 가정 아동마다 이중 언어 습득이 다르므로, 우선적으로 고려해야 한다.

4. 다문화 가정 아동의 권리와 복지 실현의 길

다문화 가정 아동은 우리 사회에서 함께 살아간다. 다문화 가정 아동의 권리를 보장하고 복지를 실현하기 위해서는 다문화 가정 아동이 놓여 있는 현 상황을 살펴 그 어려움을 해소하도록 지원해야 한다. 다문화 가정 아동을 위한 지원은 다문화 가정 부모에 대한 지원으로 함께 이루어져야 한다. 이러한 지원은 다문화 가정 아동을 위한 복지를 실현하는 길이 될 것이다. 이에 대해 구체적으로 짚어본다.

1) 사회에서는 다문화 가정과 다문화 가정 아동의 전 생애에 따라 접근하다

그동안 우리 사회에서 다문화 가정이나 그 가정의 아동을 지원해 가는 과정에서는 야기된 어려움을 해결하는 데 중점을 두었다. 예를 들어, 다문화 가정 아동이 성장하여 중학교를 진학하는 비율이 증가하고 이에 따른 학업에서의 어려움을 파악하게 되었을 때, 이를 지원하는 정책을 마련했던 것이다. 그렇다 보니, 해결책이나 지원이 마련되지 않았던 상황에서는 다문화 가정과 그 아동이 온전히 그 어려움을 감당해야 했다.

다문화 가정은 우리 사회의 또 하나의 가정 유형이다. 또 하나의 온전한 가정인 것이다. 다문화 가정 아동은 우리 사회의 구성원이다. 구성원으로 사회화되며 평생을 살아간다. 따라서 다문화 가정이나 아동을 위한 지원은 전 생애적 관점으로 이루어져야 한다.

다문화 가정에 따른 전 생애적 접근을 생각을 해 보면, 다문화 가정을 형성하고, 자녀를 낳고, 양육·교육하며, 자녀의 독립을 포함하여 넓은 맥락에서 지원해야 한다는 것이다. 결혼을 하여 다문화 가정을 형성했을 때, 그 가정에 필요한 지원과 자녀의 출생 후 필요한 지원은 다르다. 따라서 각 단계에 맞는 부부 역할과 부모 역할을 이해해 가도록 우리 사회의 지원이 필요하다.

다문화 가정 아동에 대한 전생애적 접근은 아동의 출생에서부터 성인기가 되기까지 종합적 지원이 필요하다는 관점이다. 예를 들어, 다문화 가정 아동이 유치원을 이용하려고 할 때, 이에 맞게 지원할 수 있어야 한다. 다문화 가정 아동은 영아기를 지나 유아기, 학령기, 청소년기에 이어 성인기로 접어든다. 각 시기마다의 발달 과업이 있고, 다문화 가정 아동이 경험하는 어려움도 있다. 따라서 현 시점에서 제기된 어려움만을 해결하는 데 급급하지 말고 넓게 보고 다문화 가정 아동을 지원해야 한다.

2) 교사는 다문화 가정에 대한 자신의 편견을 점검하다

학기 초, 교실 내 다문화 가정 아동이 있다면, 교사는 다문화 가정 아동을 어떻게 지도해야 할지를 고민한다. 비다문화 가정 아동이라면 교사는 무엇을 먼저 고민할까? 교사는 어떻게 하면 비다문화 가정 아동의 개별적 특성을 이해할지를 고민한다. 비다문화 가정 아동을 이해하기 위해 교사는 유심히 관찰한다. 관찰을 통해, 아동의 성향이나 특성을 파악한다. 성격이 급하거나 신중한지를 파악하고, 선호하는 물건이 무엇인지를 알아간다. 비다문화 가정 아동의 꿈도 관찰을 통해 이해한다.

그러나 다문화 가정 아동에 대한 이러한 관찰은 다문화라는 가정환경으로 미뤄지는 경우가 있다. 특히, 교사가 지닌 편견은 다문화 가정 아동을 이해해 가려는 교사의 노력을 방해한다. 교사가 지닌 편견은 다음과 같다.

- 다문화 가정 아동은 무조건 다 도와주어야 할 것 같아.
- 다문화 가정 아동을 위한 언어지도는 따로 무언가를 해야 할 것 같아.
- 다문화 가정 부모와 의사소통하는 데 어려움이 있을 것 같아.
- 다문화 가정 부모는 자녀의 준비물을 챙기거나 행사 참여에 어려움이 있을 것 같아.

다문화 가정 아동이나 부모에 대한 교사의 편견은 아동과 그 가정의 부모를 올바로 이해하는 데 방해요인이 된다. 이러한 교사의 편견이 오히려 아동의 교육기관 적응이나 부모의 협조를 이끄는 데 부정적인 영향을 미친다. 따라서 교사는 다문화, 다문화 가정, 다문화 가정 아동에 관한 편견을 확인해 보아야 한다.

더불어 교사는 아동을 대상으로 다문화 이해교육을 실시해야 한다. 어린 시기부터 다문화를 접한 아동은 다양성을 인정하고, 존중하는 사회 구성원으로 성장한다. 이러한 다문화 이해 교육은 어린 시기부터 실시되어야 할 것이다.

세 걸음 성장하기

다문화와 관련한 이야기를 보며, 생각해 보세요.

➡ 1단계: 빨간 우체통 넌 어느 나라에서 왔니? 동영상의 줄거리를 적어보세요.

➡ 2단계: 다문화 가정 아동을 바라보는 시선을 적어보세요.

➡ 3단계: 다문화 가정 아동으로 구성된 학급의 담임교사로 필요한 자질을 적어보세요.

참고문헌

국가법령정보센터(2020). 다문화가족 지원법. https://www.law.go.kr/LSW/lsInfoP.do?efYd=20200519&lsiSeq=218017#0000에서 2022.10.27 인출함.

홈페이지

다누리 www.liveinkorea.kr

CHAPTER

9

시설보호 아동의 권리와 복지

한 걸음 다가가기

○○는 아버지를 만날 생각에 아침부터 기분이 좋습니다. ○○의 아버지는 매주 토요일 아침에 보육원으로 와 ○○를 데리고 외출을 합니다. ○○는 아버지와 함께 맛있는 점심을 먹고, 과자와 학용품을 사서 보육원으로 향합니다. 보육원에 도착한 ○○는 이제 아버지와 헤어져야 합니다. 아쉬운 마음을 뒤로한 채, ○○는 아버지에게 "다음 주에 만나요"라며 인사를 합니다. ○○는 아버지와 헤어지지 않아도 되는 그날을 기다립니다.

생활지도원(사회복지사)과 함께 치료를 받으러 병원으로 향하는 유아의 이야기

언니와 함께 공동생활가정에서 지내는 초등학생의 이야기

보육원에서 생활하다가 주말이 되면 할머니 댁으로 가는 중학생의 이야기

아동복지시설에서 보호를 받는 아동들의 이야기이다. 이 아동들은 여러 명의 다른 아동과 함께 아동복지시설에서 단체 생활을 한다. 아동복지시설에서 아침을 맞이하는 아동은 아침 식사를 하고, 학교를 간다. 때로는 아동복지시설에서 운영하는 프로그램에 참여한다. 또 다른 아동복지시설에서는 낮 시간 동안 아동을 보호해 주기도 한다. 아동복지시설에서 함께 지내는 아동들은 서로에게 형이자, 친구이자, 동생이 되어 준다.

많은 아동이 가정을 떠나 아동복지시설에서 보호를 받는다. 아동복지시설에 입소하거나 이용하는 이유는 아동의 사정에 따라 다르고, 아동복지시설에 머무는 기간 또한 아동의 상황에 따라 다르지만, 많은 아동이 아동복지시설에서 지원을 받으며 그 환경에서 성장한다. 아동에게 사랑을 주고 안전한 환경을 마련해 준 아동복지시설이었다면, 아동은 시설을 떠나 독립을 한 이후에도 다시 찾고 싶은 곳이 된다.

일시적이든, 지속적이든 친가정의 해체로 인해 아동을 안전하게 보호할 울타리가 없어졌을 때, 우리 사회에서는 아동을 보호하기 위해 시설보호를 선택한다. 여러 가지 이유로 친가정을 유지하기 어려운 경우가 우리 사회에서 계속되는 한 시설보호를 받는 아동도 계속 발생할 것이다. 이러한 시설보호는 아동의 권리를 보장하고 복지를 실현하는 것이어야 한다.

9장에서는 시설보호 아동에 관한 생각을 나눈다. 구체적으로는 시설보호 아동의 의미를 살펴보고, 시설보호 아동이 살아가는 삶의 모습을 들여다본다. 이 아동이 겪는 어려움도 함께 나눠본다. 이 과정에서는 시설보호 아동의 권리를 보장하고 복지를 실현하는 바람직한 방향을 생각해 본다.

교사는 시설에서 살아가는 아동을 만난다. 또한 교사는 부모를 대신해서 아동을 돌보고 있는 사회복지사도 만난다. 교사는 시설보호에 대한 올바른 이해를 바탕으로 아동을 지원하기 위한 방안을 고민해 보아야 한다. 다양한 시설의 유형만큼, 시설마다 그 특성도 다르고, 그 시설에서 아동이 겪는 어려움도 다르다. 따라서 교사는 시설보호 아동을 바로 알기 위한 노력을 해야 한다.

1. 시설보호 아동의 의미

시설보호 아동은 아동복지법에 준하는 시설에서 단기적·장기적으로 보살핌을 받는 18세 미만의 아이들을 말한다. 아동복지법(국가법령정보센터, 2022)에서 말하는 아동복지시설은 아동양육시설, 아동일시보호시설, 아동보호치료시설, 공동생활가정, 자립지원시설, 아동상담소, 아동전용시설, 지역아동센터, 아동보호전문기관, 가정위탁지원센터, 보장원 등을 포함한다. 이러한 아동복지시설의 주요 특성은 다음과 같다.

첫째, 아동복지시설의 설립 목적이 다르다. 아동복지시설은 공통적으로 아동에게 필요한 보호를 지원한다는 목적을 가진다. 가정에서 보호받아야 할 아동이 그럴 수 없는 상황에 놓여 있을 때, 우리 사회에서는 아동을 안전하게 보호하기 위해 아동복지시설을 안내한다.

그러나 각 아동복지시설의 이름이 다른 것처럼 실제 운영목적이나 내용이 다르다. 그러므로 개별아동은 보호 목적에 맞는 아동복지시설을 이용할 수 있어야 한다. 예를 들어, 아동양육시설은 친가정에서 보살핌을 받기 어려워 시설에 입소한 아동의 생활 전반을 지원하는 목적으로 돌봄, 보호, 교육, 자립 지원 등의 프로그램을 제공한다. 자립지원시설은 아동복지시설에서 퇴소한 아동의 생활, 취업, 주거를 지원하는 목적으로 운영된다. 반면, 지역아동센터는 방과 후나 방학 동안 저소득 맞벌이 가정에서 보살핌을 받지 못하는 아동을 대상으로 보호와 교육을 제공한다. 이처럼 아동복지시설의 설립 목적이 다르고 이에 맞게 지원 대상을 선정하여 프로그램을 제공한다.

둘째, 아동복지시설을 이용하는 아동의 연령이 다소 상이하다. 자립지원시설은 아동복지시설을 퇴소하는 18세 이후의 아동을 대상으로 하여 최대 5년까지 그 시설에서 머물도록 지원한다. 반면, 지역아동센터는 초등학생을 포함하여 18세 미만의 아동을 대상으로 한다.

대부분의 아동복지시설은 18세 미만의 아동을 대상으로 운영한다. 아동복지법에 따라 이용 연령은 18세를 기준으로 한다. 최근에는 아동의 권리를 보장하기 위한 방안으로 아동 스스로 연장 보호를 희망하는 경우에 아동복지시설에서 더 지낼 수 있도록 하고 있다.

여러 가지 아동복지시설 중에서 가정과 비슷한 생활환경을 제공하는 곳은 아동양육시설, 아동일시보호시설, 아동보호치료시설, 공동생활가정이다. 각각의 특성을 살펴본다.

아동양육시설은 보호대상 아동의 입소부터 퇴소까지 시설에서 생활하는 데 필요한 모든 자원을 지원하는 시설이다. 이 시설에서 지내는 보호대상 아동은 가정의 경제적 어려움, 부모의 질병이나 학대 등으로 가정에서 충분히 보호를 받지 못하거나 보호자가 없는 아이들이다. 아동양육시설에서는 이러한 아동을 양육하고, 교육하며, 추후 자립을 지원한다. 아동양육시설은 여러 명의 아동이 한 공간에서 함께 생활하는 형태로 성별에 따라 생활관을 나누어 사용한다. 이 생활관은 아동이 함께 사용하는 방, 거실, 부엌, 화장실로 구성되어 있다.

아동양육시설은 과거 전쟁 고아를 위한 시설로 출발했던 고아원의 설립 취지를 반영하되 고아원에 대한 부정적 인식과 거리를 두어, 1990년대에서 2020년대에 이르러 고아원을 대신해 보육원이라는 명칭으로 자리 잡았다(조아현, 2023). 이러한 아동양육시설은 보육원과 영아원으로 나뉜다. 보육원은 18세 미만의 아동을 대상으로 한다. 최근에 보육원의 수나 보육원을 이용하는 아동의 수는 점점 줄고 있다. 영아원은 시설에 따라 다르다. 3세 미만의 영아를 주로 양육하는 영아원이 있는가 하면, 취학 전 아동을 대상으로 양육을 지원하는 영아원도 있다.

아동일시보호시설은 아동 학대로 인해, 부모로부터 즉각적인 분리조치가 필요한 아동을 일시적으로 보호하는 시설이다. 보호 종료 후에는 아동에게 맞는 보호 방법을 선택한다. 아동일시보호시설의 수는 점점 늘어나고 있다. 학대로 인해 분리조치가 필요한 아동의 수에 비해 일시보호시설의 수가 부족하기 때문이다.

아동보호치료시설은 사회적으로 바람직하지 않은 행동을 보인 아동을 치료하기 위한 목적으로 만든 보호시설이다. 아동보호치료시설에서는 시설 적응 프로그램, 상담 프로그램, 직업 훈련 프로그램, 문화·예술 프로그램 등을 실시한다.

공동생활가정은 그룹홈이라고도 불리며, 보호를 필요로 하는 아동에게 가정과 유사한 환경을 제공하여 함께 생활하도록 지원하는 시설보호의 형태이다. 이 가정에서 함께 생활하는 아동의 수는 5~7명이다. 공동생활가정은 주택가에 위치한다. 보육원은 간판을 통해 확인할 수 있지만, 이곳에서는 그룹홈 등의 명찰을 따로 붙이지 않는다. 공동생활가정 아동은 외관상 다른 집과 특별히 구분되지 않는다고 인식하고, 거주지로 인한 차별(예: 놀림 등) 경험이 아동양육시설에 거주하는 아동보다 조금 더 낮은 것으로 조사된 바 있다(임세희, 권지성, 전수아, 이아영, 2023). 보육사는 공동생활가정에서 아동을 지도하며, 아동에게 필요한 지원 및 조치, 서류 업무 등을 담당한다.

시설보호는 단기적 또는 장기적으로 이루어진다. 단기적인 시설보호는 수개월 이내로 이루어진다. 단기적인 시설보호를 하는 경우는 친가정으로 아동을 보내거나 가정위탁보호처럼 다른 보호 방법을 선택하여 보호를 종료하게 될 때이다. 장기적인 시설보호는 아동이 시설을 퇴소할 때까지 이루어진다. 예를 들어, 1세에 아동양육시설에 온 아동이 18세가 되어 시설을 퇴소할 때까지 보호받는 경우이다.

시설보호를 받는 아동의 수는 점점 줄고 있다. 그 이유는 무엇일까? 첫째 이유는 저출생이다. 태어나는 아동의 수가 급격하게 줄면서 시설보호받는 아동의 수 또한 점점 줄고 있다. 여전히 가정 해체는 계속되고 있고, 시설보호를 필요로 하는 아동도 있지만 그 수가 줄어드는 이유는 전반적으로 태어나는 아동의 수가 급감한 데 따른다.

둘째 이유는 원가정 보호 서비스의 강화이다. 우리나라는 저출생과 함께 아동이 원가정에서 건강하게 성장하도록 여러 가지 보호 서비스를 실시하고 있다. 임신부터 출산, 양육, 교육에 걸쳐 다양한 사회복지서비스를 제공하여, 원가정이 유지될 수 있도록 지원한다.

셋째 이유는 아동의 권리 측면이다. 아동은 가정이라는 따뜻한 울타리에서 건강하게 자라야 한다. 따라서 시설보다는 아동을 보호할 수 있는 가정을 우선적으로 찾는다. 아동복지시설 중에서 공동생활가정이 늘고 있는 이유이며, 아동양육시설에서의 아동 보호를 대신해 가정위탁보호나 입양을 선택하는 이유이기도 하다. 따라서 아동의 권리 측면에서 시설의 수는 점점 줄여가되 가정과 같은 환경에서 아동을 보호하기 위한 복지정책은 강화되고 있다.

두 걸음 찾아가기

시설보호 유형에 따른 아동의 생활 모습을 조사해 보세요.

➡ 1단계: 시설보호 유형에 따른 아동의 사례를 조사해 보세요.

아동양육시설

아동일시보호시설

아동보호치료시설

공동생활가정

➡ 2단계: 시설보호 아동에게 시설보호의 의미를 생각해 보세요.

➡ 3단계: 학대받은 아동을 위한 시설보호 유형을 생각해 보세요.

____

____

____

____

2. 시설보호 아동의 권리와 복지 실천의 현 주소

가정에서 충분히 보호를 받지 못하는 아동에게 시설보호는 보살핌과 정서적 지원을 제공하는 곳이다. 시설보호 아동의 권리와 복지를 실천하기 위한 그 동안의 노력을 살펴본다.

1) 아동의 생활 전반을 지원하다

아동복지시설에서 아동은 생활하는 데 필요한 모든 사항을 지원받는다. 아동복지시설은 아동이 대부분의 시간을 보내는 곳으로 가정에서 양육자에 의해 이루어진 모든 지원을 대신한다. 우선적으로 아동복지시설에서는 아동이 보호받을 수 있는 공간을 제공한다. 그 공간에서 아동은 휴식하고, 놀이하며, 식사한다.

아동은 시설보호 속에서 교육도 제공받는다. 아동은 시설에서 지내며 학교교육을 받는다.

아동양육시설에서 유아는 유치원을 다니고, 초등학생은 초등학교를 간다. 중학교와 고등학교를 다니는 아동도 있다. 학교생활을 하는 데 필요한 준비물을 챙기고, 해야 하는 숙제도 함께 관리한다. 학교교육 이외에도 아동에게 필요한 교육을 지원한다. 미술에 흥미를 보이는 아동이라면, 미술 교육을 조금 더 전문적으로 받을 수 있는 교육기관을 다닌다. 시설에서는 단체나 기업의 후원을 받아 교육을 실시하기도 한다. 사회적으로 관심 받고 있는 AI 교육이 기업의 참여로 아동보호시설에서 실시된다. 이처럼 교육을 포함하여 이 시기 아동에게 필요한 모든 지원이 아동복지시설에서 이루어진다.

물론 아동은 의료적 서비스도 제공받는다. 아동복지시설에서 사회복지사는 아픈 아동을 병원으로 데려가 치료를 받거나 제때 예방접종을 하도록 지원한다. 만약 발달 지연으로 인해 정기적인 치료를 필요로 하는 아동이라면 지역사회에 있는 치료실을 찾아 제때 치료 받도록 지원한다. 이러한 아동복지시설은 아동의 생활을 전반적으로 지원하는 안전한 곳이자, 편안한 곳이 되어야 한다.

2) 아동의 권리를 보장하기 위해 시설유형에 관심을 가지다

시설의 수가 늘고 있는 아동복지시설은 아동양육시설보다 공동생활가정이다. 앞서 설명했듯 아동은 가정이라는 테두리에서 보호받으며 성장해야 한다고 볼 때, 가정과 비슷한 형태를 띠고 있는 공동생활가정이 아동 보호에 있어 더 적합하다고 본다. 또한 공동생활가정은 주거지에 위치해 있지만 이를 안내하는 명찰을 따로 붙이지 않는다. 공동생활가정이라는 명찰을 붙였을 때, 부모로부터 따뜻한 보살핌을 받지 못하는 아동이라는 부정적인 이미지를 심어줄 수 있기 때문이다. 명찰을 붙이지 않음으로써 이를 예방한다.

더불어 아동일시보호시설을 늘려 아동 학대로부터 아동을 분리하여 안전하게 보호하려는 노력도 계속되고 있다. 우리나라는 아동 학대와 관련하여 즉각분리제도를 시행하고 있다. 1년에 2회 이상 아동 학대 신고가 있었고, 학대의 재발 가능성이 있다고 판단될 때는 학대 가해자로부터 아동을 즉각적으로 분리한다. 아동 학대로부터 아동을 지켜내기 위한 방안인 것이다. 즉각분리제도가 잘 실행되기 위해서는 분리 후 아동이 머물 수 있는 시설을 마련해야 한다.

그러나 아동 학대로 인해 부모로부터 아동을 분리하지만, 이 아동이 생활할 수 있는 시설은 턱없이 부족한 실정이다. 이에 따라 아동의 권리를 보장하여 건강하게 살아가도록 아동일시보호시설은 그 수를 늘려야 한다.

3) 아동의 자립을 지원하다

18세가 될 때까지 원가정으로 돌아가지 못하고, 보호를 종료하게 되는 시설보호 아동이 있다. 18세가 된 아동은 시설에서 더 이상 보호받지 못하며 자립을 해야 한다. 자립으로 아동이 경험하는 어려움을 최소화하고 원만하게 자립하도록 경제적·심리적 자원이 필요하다. 경제적 자원은 생필품을 사는 데 쓰일 뿐만 아니라 살아갈 집을 구하고, 학업을 하며 생활하는 데 사용된다. 심리적 자원은 자립으로 인해 겪게 되는 어려움을 이야기 나누고, 해소해 가는 데 도움을 준다. 아동이 온전히 자립하기까지 충분한 준비 과정과 시간이 필요하다.

자립할 준비가 되지 않은 채 시설보호를 종료하게 된 아동은 사회생활에 적응하려고 노력한다. 그 노력의 결과로 스스로 살아갈 힘을 얻게 된 아동은 그나마 밝은 미래를 꿈꾼다. 그러나 노력해도 생각대로 되지 않는 현실을 마주한 아동은 매일 힘들다고 느낀다. 살아갈 집을 구하지 못해서 노숙을 하는 아동이 있다. 모아둔 돈이 부족하거나 일자리를 구하지 못한 아동은 제때 식사를 하지 못한다. 생활고를 비관하며 희망의 끈을 놓는 아동도 있다. 이들은 18세라는 연령을 기준으로 시설보호를 종료하면서 어려움을 겪게 되는 아동들이다.

이제 우리 사회는 시설보호 아동의 삶에 대한 관점을 넓혀 생각하고 있다. 과거에는 시설에서 보호받는 아동의 삶을 지원하는 데 중점을 두었다. 시설에서 건강하고 안전하게 살아가도록 지원하며 이 아동의 정서적·행동적·학업적 특성에 관심을 기울였던 것이다. 이제는 시설보호를 종료한 이후, 아동의 삶에 관심을 가지기 시작했다.

경제적 지원으로는 디딤씨앗통장사업을 추진하고 있다. 이는 2007년부터 실시하고 있는 아동발달지원계좌사업이다. 시설보호를 받는 아동은 시설 입소와 더불어 디딤씨앗통장에 가입한 후 수동적인 자세로 저축과정에 참여하지만, 자립 후 필요한데 사용하게 되어 통장이 있을 경우 안정감을 느낀다(김규리, 김용회, 한창근, 2021).

또한 심리적 지원으로는 아동을 대상으로 상담을 실시하기도 한다. 시설보호 아동의 자립을 지원하는 이러한 사업은 주로 아동권리보장원의 자립지원부에서 담당한다. 자립지원부에서는 일상생활을 하는 데 필요한 기술뿐만 아니라 진로탐색, 돈 관리 등에 관한 교육을 실시한다.

4) 자원봉사자의 지원을 받다

아동복지시설에서는 자원봉사자를 모집한다. 함께하게 된 자원봉사자는 영유아를 돌보거나 아동의 학업을 지원한다. 그림 지도, 악기 연주, 동화책 읽어주기 등 재능을 기부하는 자원봉사도 있다. 이 외에도 아동복지시설에서 청소를 돕는다. 아동과 함께 나들이나 문화 활동을 할 때, 아동의 안전을 위해 보조 교사로 참여하는 자원봉사자도 있다. 이러한 역할은 자원봉사자의 연령, 봉사 횟수, 희망 봉사 내용에 따라 달라진다.

코로나 바이러스-19와 같이 자원봉사자가 아동복지시설에 들어갈 수 없는 상황을 제외한다면, 아동복지시설에서는 자원봉사자를 홈페이지에 공지하여 꾸준히 모집한다. 각 시설에서 자원봉사를 하려면, 희망자는 자원봉사를 신청해야 하며, 교육도 받아야 한다. 이후 자원봉사는 일정 기간 동안 지속된다.

물론 자원봉사를 대신해 아동에게 필요한 물품을 후원하거나 후견인이 되는 사람도 있다. 자원봉사이든 후원이든 아동에 대한 관심에서 시작하여 아동의 마음에 상처를 주지 않는 방향으로 이루어져야 한다.

3. 시설보호 아동의 권리와 복지 실천의 어려움

시설보호 아동에 관한 사례를 보면, 아동의 권리를 침해하는 경우를 찾아볼 수 있다. 시설에서 안전하게 보호받지 못하는 아동을 통해, 그 어려움을 살펴본다.

1) 아동의 발달을 지원하는 데 어려움이 있다

아동기는 삶의 그 어느 시기보다 급격한 발달을 이룬다. 발달에서 개인차도 나타난다. 이런 아동의 발달을 지원하기 위해서는 아동을 지속적으로 관찰하며 아동의 발달 특성을 객관적으로 파악해야 한다. 아동과 오랜 시간 함께하며 양육을 담당할 사람이 필요하다.

그러나 아동복지시설에서 아동을 돌보는 사회복지사가 계속적으로 바뀌는 경우가 있다. 예를 들어, 공동생활가정에서 아동을 돌보는 보육사는 낮은 급여와 열악한 처우로 인해 이직을 하게 된다. 이직을 하지 않더라도 담당하는 아동이 변경되는 경우도 있다. 예를 들어, 보육원에서 아동을 돌보는 생활지도원은 해가 바뀌면 다른 아동을 담당한다. 양육자의 변경은 아동에게 혼란을 가져온다. 양육자 간에 인수인계가 이루어지더라도, 아동의 발달을 온전히 이해하는 데 어려움이 따른다.

또한 여러 명의 아동이 함께 생활하는 아동복지시설에서 아동의 발달에 맞게 충분히 지원하는 데 어려움이 발생하기도 한다. 사회복지사가 담당하는 아동의 수가 많기 때문에, 적극적으로 상호작용하는 데 어려움이 발생하는 것이다. 따라서 아동의 발달이 지연되지 않도록 개인차를 고려한 발달 지원이 필요하다. 아동에게 맞는 발달 지원이 이루어질 때, 아동의 전인적 발달을 촉진한다.

2) 아동복지시설이 사라지다

아동복지시설은 가정에서 더 이상 보호받기 어려운 상황에 처해 있는 아동에게 기본적인 삶을 살아가도록 지원하는 곳이다. 아동은 아동복지시설에서 휴식을 취하거나 잠을 자고, 식사를 하며, 운동도 한다. 아동에게 아동복지시설은 추위와 더위를 피할 수 있는 안락한 곳이자, 위험한 사람이나 환경으로부터 보호받을 수 있는 안전한 곳이며, 함께 웃으며 생활하는 따뜻한 곳이다. 이러한 아동복지시설이 사라지는 순간, 아동은 단지 생활하는 곳만을 잃는 것이 아니라 삶의 일부를 잃게 된다.

실제 아동복지시설의 폐쇄로 인해서 더 이상 갈 곳을 잃는 아동이 있다. 아동복지시설의 직원 잘못으로 아동복지시설을 관리하는 기관에서 폐쇄 명령을 내린 경우이다. 구체적으로 아동복지시설 운영자가 횡령을 했거나 아동에게 온 후원금을 올바로 사용하지 않은 경우에 아동복지시설은 폐쇄된다. 아동 학대가 발생한 경우도 마찬가지이다. 아동복지시설에서 아동 학대가 발생한 경우, 조사를 통해 아동복지시설을 폐쇄 조치한다. 운영자의 경제적인 상황으로 더 이상 아동복지시설을 운영하기 어려운 여건에 처하는 경우도 있다. 지역아동센터나 공동생활가정의 경우, 경제적인 문제로 인해 운영을 중단하는 상황에 놓이기도 한다. 아동복지시설을 폐쇄하거나 운영을 중단하게 되면, 아동은 지낼 곳을 잃게 된다.

아동복지시설이 사라지면 아동은 어떻게 될까? 원가정으로 돌아가는 아동이 있다. 그럴 수 없는 상황에 처해 있는 아동이라면 다른 아동복지시설로 전원한다. 즉, 같은 아동복지시설에서 함께 지내온 아동들은 각각 다른 아동복지시설로 뿔뿔이 흩어지게 된다. 동일 아동복지시설에 지내며 서로 의지했던 아동들은 이러한 상황에서 심리적 불안감과 박탈감을 느낀다. 다른 아동복지시설로 전원을 결정할 때, 아동의 의사를 반영하기 어렵다. 오로지 바뀐 아동복지시설에서의 적응은 아동의 몫이다. 아동에게는 불안한 심리 상태와 사람과 사회에 대한 불신만 남게 된다.

3) 중도 퇴소하는 아동이 있다

18세까지 아동복지시설에 머물지 않고 중도 퇴소하는 아동, 즉 보호중단 아동이 있다. 먼저 원가정으로 복귀하는 아동이다. 예를 들어, 경제적 어려움으로 아동을 아동복지시설에 맡긴 부모가 가정의 상황이 개선되어 아동을 양육할 수 있다고 판단될 때, 아동은 원가정으로 복귀한다. 아동을 위한 복지는 원가정의 해체를 막고 아동의 권리 보장을 위해 가정에서 건강하게 성장하도록 지원하는 데 있다. 그러므로 아동복지시설에서 일정 기간 보호받은 다음 원가정으로 복귀는 아동을 안진하게 보호해야 하는 사회적 책임을 다하는 것으로 중요한 의미를 지닌다.

문제는 원가정 복귀에만 급급할 때 발생한다. 형식적으로 이루어지는 원가정 복귀 절차와 복귀 후 사후 관리의 부재로 인해 학대받는 아동이 있다. 부모가 자녀를 건강하게 양육할 준비가 되었을 때, 원가정으로 아동을 데려가야 하지만 미처 준비되지 않은 상태에서 아동을 데려가 학대하는 것이다.

원가정으로 돌아가지 못한 채, 개인적인 문제로 퇴소를 하는 아동도 있다. 아동복지시설에 적응하지 못하고 지속적으로 가출을 할 때, 아동복지시설에서는 아동의 보호를 중단한다. 다른 아동복지시설로 전원되지 못한 이 아동은 살 곳을 마련하지 못한 채 거리를 전전하며 범죄에 노출된다. 18세 이전에 중도 퇴소하게 된 아동은 자립 정착금과 자립 수당을 받을 수 없으므로 이 아동의 삶은 더욱 힘들어진다.

4) 자립으로 어려움을 겪다

아동복지시설에서 지내던 아동은 18세가 되면 보호를 종료한다. 이러한 아동을 보호종료 아동이라고 부른다. 아동복지시설을 퇴소한 아동은 자립을 해야 한다. 그래서 이 아동을 자립준비청년이라고도 부른다. 자립할 준비가 충분히 되지 않은 아동들은 자립을 하며 여러 가지 어려움을 겪는다.

먼저 아동들은 주거 공간을 마련하는 데 어려움을 겪는다. 퇴소 아동은 자립정착금이나 자립 수당을 받는다. 그러나 이 자금으로 주거 공간을 구하기란 쉽지 않다. 자립준비청년을 위한 주택을 공급하고 있으나 이를 이용할 수 있는 아동의 수는 제한적이다.

또한 아동은 자립과 함께 혼자서 생활해 가는 데 어려움을 겪는다. 아동은 일상생활에 필요한 모든 과정을 스스로 해야 한다. 요리, 청소뿐만 아니라 생필품 구입 및 돈 관리도 아동의 몫이다. 혼자 살아가는 과정에서 여러 가지 어려움을 겪으며 적응해 가야 한다.

아동은 심리적 어려움도 겪는다. 생활을 하며 힘들 때, 이야기 나눌 대상을 찾지 못한 아동은 사회로부터 고립감을 느낀다.

자립에 따르는 어려움으로 스스로 삶을 포기하는 청년들이 있다. 이로 인해, 아동복지시설에서는 자립하는 아동을 지원하기 위한 방안을 마련하고자 노력하고 있다. 즉, 18세가 지나도 아동이 희망한다면 아동복지시설에서 조금 더 지낼 수 있다. 그러나 이러한 시설조차 부족한 실정이다. 자립을 해야만 하는 아동은 삼중고를 겪는다.

5) 담당 사회복지사의 어려움이 있다

아동복지시설은 다양한 사람으로 구성되어 있다. 아동복지시설에 따라 이름이 다르지만, 원장, 센터장, 영양사, 조리원, 사무원, 상담사, 그리고 사회복지사는 각 시설에서 아동의 생활을 지원한다. 이 중에서 아동과 가장 밀접한 관계를 형성하고 있는 사람은 사회복지사이다.

사회복지사는 아동의 생활 전반을 지원하며 아동을 인솔한다. 사회복지사는 아동의 건강 상태, 학교생활 등을 지원한다. 이러한 사회복지사는 아동복지시설에 따라 생활지도원, 보육사로 불린다.

사회복지사는 한 번에 여러 명의 아동을 담당한다. 발달적 요구가 다른 아동을 지원하는 데 어려움이 생긴다. 사회복지사는 교대 근무를 하며 24시간 아동을 돌본다. 체력적인 어려움을 느끼는 사회복지사도 있다.

4. 시설보호 아동의 권리와 복지 실현의 길

다양한 시설에서 보호받는 아동의 수는 점점 줄고 있지만, 여전히 많은 아동이 시설에서 보호받으며 생활한다. 이 아동이 안전하게 보호받으며 건강하게 생활하도록 그들의 권리를 보장하고 복지를 실현해 가는 그 길을 생각해 본다.

1) 사회에서는 아동의 상황에 맞게 복지서비스를 지원하다

시설보호를 받는 아동의 상황은 매우 다양하다. 먼저 시설을 오기 전 아동의 상황이 모두 다르다. 부모의 이혼, 가정의 경제적 어려움 등 그 이유는 다르다. 따라서 아동이 시설에 오기 전 상황을 올바로 이해하고 이에 따른 지원이 필요하다. 필요시 아동 상담을 통해 아동이 겪고 있는 정서적 어려움을 지원해야 한다.

또한 시설보호를 받으며, 아동은 각자 다른 발달 시기를 거쳐 간다. 초등학교 시기에 해당하는 아동이 있는가 하면, 청소년기 아동도 있다. 각 발달 시기에 따라 아동이 경험하는 발달 과업이 다르다. 그러므로 이에 대한 교육이 필요하다.

시설보호를 종료하는 경우도 다양하다. 18세가 되어 시설보호 종료를 희망하는 아동이 있는가 하면, 연장을 희망하는 아동도 있다. 종료를 희망하더라도 이후 자립을 위해 필요로 하는 정보도 다르다. 따라서 아동의 상황이 매우 다양하며 개개인마다의 요구가 다르므로 이를 고려한 복지서비스를 제공해야 한다.

복지서비스가 마련되면, 아동이 필요한 정보를 찾도록 교육해야 한다. 시설보호 아동에 대한 관심의 증가로 여러 가지 복지서비스를 마련하고 있다. 그러나 이러한 복지서비스를 알지 못하는 아동이 있다. 그러므로 아동이 실질적으로 복지서비스를 알고 접근해 가도록 지원해야 한다.

2) 교사는 시설보호 아동을 올바로 이해하다

시설보호 아동은 교육받을 권리에 따라 유치원을 다닌다. 교사는 시설보호를 받는 아동을 만나게 되었을 때, 아동에 관한 편견을 살펴보아야 한다. 예를 들어, 오랜 시간 시설보호를 받는 아동은 고아로 불렸다. 그러다 보니, 우리 사회에서는 시설보호 아동을 불쌍한 아이로 인식했다. 이러한 사회적 분위기는 교사가 시설보호 아동을 바라보는 시선에도 영향을 미쳤다. 그러므로 교사 스스로 시설보호 아동에 대한 자신의 생각을 들여다보아야 한다.

또한 교사는 시설에서 아동을 지도하는 사회복지사와 협력해야 한다. 아동에 관한 정보를 얻거나 아동의 유치원 생활을 지원하기 위해서는 상호 간의 적절한 협력이 필요하다.

세 걸음 성장하기

아동양육시설에서의 자원봉사를 계획해 보세요.

➡ 1단계: 아동양육시설에서의 자원봉사 사례를 찾아보세요.

➡ 2단계: 자원봉사계획서를 작성해 보세요.

➡ 3단계: 자원봉사계획서를 작성할 때, 고려해야 할 점을 생각해 보세요.

참고문헌

국가법령정보센터(2022). 아동복지법. https://www.law.go.kr/LSW/lsInfoP.do?efYd=20220701&lsiSeq=224935#0000에서 2022.11.09 인출함.

김규리, 김용회, 한창근(2021). 아동양육시설 보호종료아동이 경험한 디딤씨앗통장의 의미에 관한 질적 사례연구. **한국아동복지학, 70**(3), 91-125.

임세희, 권지성, 전수아, 이아영(2023). 보호대상 아동 주거 특성이 아동의 일상생활과 발달에 미치는 영향: 아동양육시설, 공동생활가정, 청소년 쉼터 비교. **한국사회복지학, 75**(2), 277-302.

조아현(2023). 1990년 이후 한국 아동양육시설 보도의 명칭 변화 분석: '고아원'에서 '보육원'으로. **가족과 문화, 35**(1), 36-73.

CHAPTER

10

가정위탁보호 아동의 권리와 복지

한 걸음 다가가기

○○의 어머니는 경제적인 어려움으로 ○○를 잘 키우기 어려운 상황이 되자 우선 일을 하여 돈을 모으기로 결심했습니다. ○○를 맡길 기관을 찾던 어머니는 위탁가정을 알게 되었습니다. 사회복지사의 도움을 받아 어머니는 ○○를 위탁가정에 보내게 되었습니다. ○○는 그곳에서 위탁을 해주는 분들을 큰아빠, 큰엄마라고 부르며 잘 적응해 갔습니다. 위탁가정에서 만난 대학생 언니는 ○○와 잘 놀아주었습니다. ○○는 따뜻한 보살핌을 받으며 오늘도 즐겁게 생활합니다. 이제 다음 달이 되면, ○○는 보금자리를 마련한 어머니와 함께 집으로 돌아갑니다. 가정위탁이 곧 종료됩니다.

위탁모를 엄마라 부르며 어린이집에서 있었던 일을 말하는 유아

위탁모를 이모라 부르며 이야기 나누는 초등학생

할머니의 보살핌을 받으며 열심히 학교생활을 하는 중학생

대학을 가며 위탁가정을 떠나는 고등학생

가정위탁보호를 하는 아동들의 이야기이다. 우리나라는 원가정에서 보살핌을 받으며 건강하게 자라기 어려운 상황에 놓인 아동을 보호하기 위한 여러 가지 정책을 마련하고 있다. 아동이 건강하게 성장하도록 지원하는 것은 우리 사회의 책임이므로, 아동의 상황을 고려하여 아동에게 최선의 이익을 가져오는 보호 방법을 선택하도록 여러 방안을 마련해 놓은 것이다.

그중 하나로 가정위탁보호가 있다. 비록 위탁가정에서 친부모와 함께 살 수 없지만, 아동은 자신을 돌봐주는 사람들을 엄마, 아빠, 큰엄마, 큰아빠, 이모, 이모부라 부르며 사랑을 받고 건강하게 자란다. 위탁가정은 아동에게 따뜻한 보금자리이며, 그곳에서 만난 위탁부모는 온 마음을 다해 아동을 키우는 또 다른 가족이다.

그러나 우리 사회에서 가정위탁보호는 여전히 낯설게 여겨진다. 가정위탁보호를 전혀 알지 못하거나 생소하게 느끼는 사람들도 있다. 이에 10장에서는 가정위탁보호 아동에 관해 생각해 본다. 구체적으로 10장에서는 가정위탁보호 아동의 의미를 들여다보고, 이들을 지원하는 정책도 살펴본다. 더불어 사회적 보호가 필요한 아동을 위한 가정위탁보호의 필요성에 따라 가정위탁보호를 지원하는 방법도 고민해 본다.

위탁가정 부모는 아동이 교육기관을 다닐 때, 부모 역할을 대신하며 아동의 학교 생활 적응을 돕고 싶어 한다. 그러므로 교사는 위탁가정 부모의 위탁 동기, 아동의 위탁 배경이나 환경에 관해 관심을 가져야 한다. 교사로 또 하나의 가족 유형인 위탁가정을 이해하는 시간을 가져보기를 바란다.

1. 가정위탁보호 아동의 의미

가정위탁보호 아동이란 친 가정을 떠나 또 다른 가정에서 계획된 일정 기간 동안 돌봄을 받으며 자라는 18세 미만의 아이들을 말한다. 아동이 친가정을 떠나는 이유, 즉 가정위탁보호를 하게 되는 이유는 친부모에 의한 아동보호가 제대로 이루어지지 않아서 또 다른 방법의 보호를 해야 할 때이다. 구체적으로 부모의 사망으로 아동을 돌봐줄 양육자가 없는 경우, 부모의 이혼, 별거, 입원, 교도소 수감 등으로 아동을 돌봐주기 어려운 경우, 부모의 학대, 알코올 중독 등으로 아동을 바르게 양육할 수 없어서 아동과 분리해야 하는 경우에는 아동을 보호할 위탁가정을 찾는다. 친부모의 신청이나 주민자치센터 담당 공무원의 요청에 따라, 각 지역가정위탁지원센터에서는 아동을 보호할 위탁가정을 찾아 아동을 위한 위탁보호를 실시한다.

가정위탁보호는 계획된 일정 기간 이루어진다. 가정위탁보호는 원가정으로 복귀할 때까지 위탁가정에서 아동을 양육해 주어, 원가정의 해체를 예방하는 데 주 목적을 둔다. 따라서 가정위탁보호는 아동에게 영구적으로 새로운 가정을 형성하도록 지원하는 입양과 다르다.

위탁가정에서 일정 기간 보살핌을 받고 종료하게 되는 아동의 상황은 세 가지이다. 먼저, 아동이 친가정으로 복귀하게 되는 경우이다. 친부모의 사업 실패로 인해 경제적 어려움을 겪게 되었을 때, 일시적으로 아동위탁보호를 요청할 수 있다. 원가정에서 경제력을 회복하여 아동을 다시 양육할 수 있는 환경을 갖추게 되면, 친부모는 아동을 원가정으로 복귀하도록 하여 가정위탁보호는 종료된다. 이뿐만 아니라 친부모가 가정위탁보호를 종료하기 바란다면, 위탁종료기간이 남아 있더라도 일정한 절차를 거쳐 위탁보호를 종료한다.

다음으로 부모가 사망하거나 연락이 두절되어, 일정 기간이 지나더라도 아동을 원가정으로 돌려보내기 어려운 경우이다. 아동을 원가정으로 돌려보낼 수 없으므로 아동을 보호할 또 다른 방법을 고민해야 한다. 아동을 입양 보내거나 시설보호를 요청하여, 가정위탁보호가 종료된다. 물론 위탁보호를 하던 가정에서 아동을 입양하거나 위탁보호를 연장할 수도 있다.

마지막으로 18세가 된 아동은 친가정으로 복귀하지 않더라도 가정위탁보호를 종료한다. 아동복지사업은 아동을 대상으로 복지서비스를 제공하게 되므로, 아동기를 넘어서는 시기, 즉 18세가 되면 가정위탁보호도 종료한다. 단, 아동이 보호기간 추가연장을 신청하여 인정된 경우에는 25세까지 연장 가능하다. 위탁가정에서는 제도적으로 정하는 아동의 연령 기준에 따라 가정위탁보호를 종료해야 하지만, 실제적으로 복귀할 친가정이 없는 아동을 심리적으로 지원하며 기댈 수 있는 가족으로 남는 위탁가정도 있다.

가정위탁보호를 희망하는 가정은 위탁가정으로서 적합해야 한다. 이 적절성을 살펴보는 첫째 기준은 법적 기준을 충족하는 것이다. 위탁가정이 되고 싶다면, 이에 맞는 요건을 충족해야 한다. 이 요건은 가정위탁보호 신청인 가정조사서를 작성하면서 구체적으로 확인할 수 있다. 가정조사서의 내용은 다음과 같다(국가법령정보센터, 2022).

- 신청인, 가족관계, 가정위탁보호 동기, 가정환경을 기재
- 가구소득(아동을 양육하기에 적합한 소득수준) 충족 여부
- 양육 및 교육환경(위탁아동의 종교의 자유 인정 여부 등) 충족 여부
- 가정위탁보호자 나이(모두 25세 이상, 위탁아동과의 나이 차이가 60세 미만) 충족 여부
- 자녀 수(자녀가 없거나 자녀의 수가 4명(위탁아동 포함) 이내, 단 18세 이상 자녀 제외) 충족 여부
- 가구원 전력(가구원의 성범죄·가정폭력·아동 학대·마약·알코올·약물중독·정신질환 전력 여부) 충족 여부
- 전문가정위탁 기준 충족 여부

이러한 요건을 기본적으로 충족해야 할 뿐만 아니라 부모교육도 이수해야 한다. 각 지역위탁가정지원센터는 위탁가정을 등록하여 관리한다.

둘째 기준은 위탁가정 구성원의 아동에 대한 정서적 지원이다. 아동은 위탁가정에 배치되기 전후로 심리적 어려움을 경험한다. 부모가 다시 찾아오지 않을 것을 불안해하는 아동이 있는가 하면, 부모를 만나지 못하거나 바뀐 환경에서 우울감을 느끼는 아동도 있다. 자아존

중감이 낮은 아동도 있다. 만약 아동이 친가정에서 아동 학대를 경험했다면 이러한 심리적 어려움은 더욱 크게 나타난다. 반대로 부모와 안정애착을 형성했고, 부모와 좋은 관계를 형성해 왔다면, 아동은 부모로부터 버림받았다는 생각을 하기도 한다. 따라서 위탁가정에서는 아동에게 정서적 지원을 해 주어야 한다. 위탁부모는 아동에게 믿음과 책임감을 보여주어야 한다. 아동은 정서적 지원을 통해 점점 위탁가정에 적응하며 안정감을 찾아가게 된다.

가정위탁보호의 유형은 여러 가지이다. 대리양육가정위탁은 아동의 (외)할머니, (외)할아버지를 보호자로 하여 아동을 일정 기간 보호한다. 친인척가정위탁은 아동을 기준으로 8촌 이내의 혈연관계에 있는 사람을 통해 일정 기간 보호받는 과정으로 삼촌, 고모, 이모 등에 의해 가정위탁보호를 한다. 일반가정위탁은 아동과 혈연관계가 전혀 없는 가정에서 이루어지는 가정위탁보호를 말한다. 또한 전문가정위탁은 2세 이하의 영아나 장애 등으로 조금 더 개별 아동의 발달적 특성을 고려하여 지원이 가능한 전문성을 갖춘 가정에서 이루어지는 위탁보호이다. 일시가정위탁은 가정과 긴급하게 분리하여 보호해야 하는 위기 아동을 위해 이루어지는 유형에 해당한다. 우리나라에서 가정위탁보호는 대리양육가정위탁이나 친인척가정위탁에서 주로 이루어지고 있다.

가정위탁보호는 아동에게 가정에서 성장하도록 지원하는 환경을 마련하는 데 있어 중요한 의미를 지닌다. 구체적으로 가정위탁보호는 아동에게 가정에서 성장할 기회를 제공한다. 가정이라는 공간에서 동일 구성원으로부터 보살핌을 받도록 하는 것이다. 이는 아동에게 안정감을 준다. 또한 위탁보호 가정이 늘어서 각 가정에서 보호받는 아동의 수가 증가할수록 시설에서 보호받는 아동의 수나 기관의 수를 줄여갈 수 있다.

따라서 보호가 필요한 아동을 위한 가정위탁이 잘 이루어지도록 사회의 적극적인 지원이 필요하다. 이 지원은 가정위탁보호 아동의 권리를 보장하는 것이어야 하며, 가정위탁보호 아동의 목소리에 귀 기울이는 것이어야 한다.

두 걸음 찾아가기

위탁가정 아동에 관한 이야기를 들어본 적 있나요?
이 아동의 이야기를 찾아보세요.

➡ 1단계: 위탁가정 아동에 관한 사례를 찾아보세요.

위탁아동	
위탁을 하게 된 이유	
위탁 기간	
위탁가정	
위탁 시 좋았던 점	
위탁 시 힘들었던 점	

➡ 2단계: 위탁가정 아동을 지원하는 방안을 생각해 보세요.

2. 가정위탁보호 아동의 권리와 복지 실천의 현 주소

가정위탁보호는 아동, 위탁부모, 친부모와의 관계를 복합적으로 고려해야 한다. 위탁가정을 지원하는 정책이나 서비스의 방향을 살펴본다.

1) 아동복지법에서 가정위탁보호를 규정하다

가정위탁보호에 관한 사항만을 구체적으로 밝히는 법은 마련되지 않았다. 다만, 아동복지법에서 가정위탁보호와 관련한 내용을 찾아볼 수 있다. 가정위탁보호는 이 아동복지법에 명시되면서 활성화되었다. 아동복지법에서는 가정위탁의 개념, 가정위탁지원센터의 설치 및 업무, 위탁보호 아동의 자립에 관한 사항들을 안내한다. 이처럼 가정위탁보호는 아동복지법을 근거로 하여, 아동의 권리를 보호하고 복지를 실현하기 위한 방법으로 실시된다.

2) 가정위탁지원센터가 설립되다

가정위탁보호는 1988년부터 정부의 주도로 실시되어 왔으나, 가정위탁보호가 활성화된 것은 2003년 지역가정위탁지원센터를, 2004년 중앙가정위탁지원센터를 설립하면서 이다(김경민, 정익중, 2009). 현재 아동권리보장원에서는 중앙가정지원센터를 통합적으로 운영하고 있다.

각 지역가정위탁지원센터는 과장을 포함하여, 상담원, 자립지원 전담요원, 임상심리 치료사 등으로 구성되어 있다. 이곳에서는 주로 위탁부모 교육, 위탁부모 선정, 사례 관리, 가정위탁보호 홍보 등의 업무를 담당한다. 특히, 지역가정위탁지원센터에서는 위탁을 희망하는 아동이 있을 때, 아동과 위탁가정을 맺어주고, 위탁가정에서의 생활을 지원한다. 위탁이 종료되면 친가정으로 복귀하도록 지원하는 곳도 지역가정위탁지원센터이다. 결국 아동, 친부모, 위탁부모 모두에게 성공적인 가정위탁보호를 하려면 가정위탁지원센터의 역할 수행이 매우 중요하다.

3) 위탁아동을 위한 복지서비스를 제공하다

위탁아동을 대상으로 하는 여러 가지 지원이 이루어지고 있다. 이는 크게 두 가지 방향으로, 먼저 아동을 위탁하는 기간 동안 이루어지는 지원이다. 즉, 아동이 위탁된 가정에서 건강하게 성장하고 발달하도록 지원한다. 예를 들어 위탁아동을 위한 생계비와 심리치료비를 지원하고 디딤씨앗통장을 개설하도록 한다.

다음으로 위탁기간 종료 후 이루어지는 지원이다. 이러한 지원으로는 대학에 진학하는 아동을 위한 대학입학금 지원이나 자립정착금 지원을 들 수 있다. 그러나 위탁아동도 시설보호받은 아동처럼 위탁 후 자립하는 데 어려움을 겪고 있다. 가정위탁보호 종료 아동의 자립을 위해서는 일상생활에 필요한 기술을 습득하고, 바른 경제 개념을 습득하도록 지원해야 한다.

4) 가정위탁보호에 대한 사회적 관심을 일으키다

매년 5월 22일은 가정위탁의 날이다. 이 날은 가정위탁보호를 알리고, 이를 활성화하기 위해 만들었다. 이 외에도 다양한 방법으로 가정위탁보호를 홍보하고 있다. 일반가정위탁보호가 무엇보다 필요하기 때문이다.

- 각 지역 가정위탁보호센터에서 만든 가정위탁보호 홍보 포스터
- 아동권리보장원에서 제공하는 가정위탁보호 공익 광고
- 위탁가정의 이야기를 담은 사례 동영상

사람들에게 친숙한 방법으로 가정위탁보호에 대해 알리고 있다. 이를 통해 가정위탁보호와 그 가정, 아동을 올바로 바라보는 계기를 마련한다.

3. 가정위탁보호 아동의 권리와 복지 실천의 어려움

우리 사회에서 아동을 잘 보호하기 위한 방법으로 가정위탁보호가 필요하지만 실제 이를 실천하는 데 여러 가지 어려움이 있다. 이러한 어려움은 가정위탁보호 사업이 시작된 이후로 꾸준히 제기되었으나 쉽게 해결되지 않고 있다. 따라서 가정위탁보호가 잘 이루어지기 위해서는 이러한 어려움을 해소해 가도록 근본적인 대안 마련을 해야 한다.

1) 아동을 보호할 위탁가정이 부족하다

2021년 말 기준, 우리나라 위탁가정은 대리양육가정 4,817세대, 친인척 위탁가정 1,999세대, 일반위탁가정 917세대였다(보건복지부, 2022). 우리나라에서 가정위탁보호가 실시된 이후, 주로 대리양육가정과 친인척 위탁가정에 의한 아동 보호가 이루어졌다. 지금도 그 양상은 크게 달라지지 않고 있다. 혈연 중심의 가정위탁보호가 이루어진 것이다. 이에 비해 일반위탁가정의 수는 적다.

일반가정위탁이 적은 또 다른 이유도 찾아볼 수 있다. 먼저, 가정위탁보호라는 사업을 알지 못하는 경우이다. 다음의 경우를 생각해 보자.

자녀들이 모두 자라, 대학을 다닙니다.
마음의 여유, 경제적 여유가 생기니 주변을 돌아보게 됩니다.
가정에서 보살핌을 받지 못하는 아동을 위해 봉사하고 싶습니다.
그러나 어떤 방법이 있는지 알지 못합니다.

가정위탁보호를 알지 못하다 보니 위탁부모의 조건을 파악하기 어렵다. 위탁 절차를 알지 못하기 때문에, 위탁을 어떤 방법으로 진행해야 하는지를 알지 못하게 되고, 이로 인해 위탁보호를 망설이기도 한다.

일반가정위탁을 고민하는 또 다른 이유는 위탁가정에 대한 사회의 불편한 시선에 있다. 가정위탁보호에 대해 잘 알지 못하는 경우, 위탁아동이나 위탁가정을 편견의 시선으로 바라보기도 한다. 이러한 불편한 시선은 일반위탁가정을 유지하는 데 어려움으로 인식된다.

일반위탁가정의 수가 적은 또 다른 이유는 가족 구성원 모두의 지지를 받기 어려운 경우들이 있어서이다. 일반위탁가정이 되려면 가족 구성원 모두의 동의와 지원이 필요하다. 하지만 가족 구성원에 변화(예: 자녀의 결혼, 자녀의 출산)가 생기거나 이사 등이 있을 때, 일반위탁가정에서는 아동을 위탁보호하는 데 어려움을 겪는다.

이를 개선하기 위해 아동권리보장원에서는 가정위탁보호의 의미, 절차 등을 홍보하고 있다. 각 지역 가정위탁지원센터에서는 위탁부모를 모집하기 위한 절차를 안내하며 가정위탁보호의 활성화를 위해 노력하고 있다. 이 외에도 다양한 매체를 통해 가정위탁부모의 생생한 이야기를 전하며, 위탁보호의 중요성을 전하고 있다.

그럼에도 여전히 위탁가정이나 위탁부모에 대해 알지 못하는 사람들이 있다. 위탁보호를 해야 하는 아동의 수가 좀처럼 줄지 않은 상황에서, 이 아동의 가정 내 보호를 위해서는 조금 더 적극적인 홍보가 필요하다.

2) 위탁부모의 권한이 제한적이다

위탁부모는 여러 가지 동기로 위탁을 결정한다. 김진숙과 이근무(2005)는 위탁 동기를 다음과 같이 설명한다.

- 종교적 동기: 종교에 따라 사랑을 실천하기 위해서
- 가족체계강화 동기: 자녀에게 동생이 있었으면 했기에
- 사회적 이타심의 실현: 사회적으로 보람되고 가치 있는 일을 하고 싶어서
- 개인적 만족감의 실현: 아이들을 좋아해서

어떤 동기로 위탁부모가 되든, 위탁부모는 아동을 양육하는 데 최선을 다해 부모로서의 역할을 수행한다. 아동에게 필요한 교육적 경험을 제공하고, 아동에게 필요한 의료적 조치를 받도록 지원한다.

그러나 위탁부모는 부모와 같은 역할을 수행해 갈 때, 권한의 제한으로 어려움을 겪는다. 위탁부모는 위탁자녀의 법정 대리인이 아니며, 위탁자녀는 주민등록상에서 동거인으로 되어 있다(장정은, 전종설, 2019). 이로 인해, 위탁부모는 부모로서의 역할을 수행하는 과정에서 제약이 따른다.

아동에게 위급한 상황이 발생했을 때, 위탁부모는 친부모에게 연락해서 동의를 구해야 한다. 아동이 긴급하게 수술을 해야 하는 경우나 이사로 인해서 아동의 학교를 옮겨야 하는 경우에는 친부모의 동의를 받아야 한다. 그러나 친부모의 연락이 두절되는 경우도 있어서(김경민, 정익중, 2009), 위탁부모로 상황에 대처해 나가는 데 어려움을 겪는다.

3) 비협력적인 친부모가 있다

가정위탁보호에서 친부모의 역할 수행은 친부모를 배제하는 관점과 친부모를 협력자로 보는 관점에 따라 나뉜다. 친부모를 배제하는 관점은 가정위탁보호 시 부모의 권한이나 역할을 제한하는 것이다. 위탁보호를 하기 전에 아동을 올바로 양육하지 않아서 오히려 위탁보호에 방해될 수 있다고 보고 친권을 제한할 필요가 있을 때, 친부모를 배제한다.

친부모를 협력자로 보는 관점은 가정위탁보호를 할 때, 친부모에게 가정위탁보호에 참여하도록 하는 것이다. 사회복지사는 친부모에게 아동에 관한 정보를 듣고, 위탁가정에 알려주어야 한다. 또한 친부모는 아동과 약속한 시기에 정기적으로 만나야 한다. 가정위탁보호는 일정 기간 위탁가정에서 보호를 받은 아동을 친가정으로 복귀하도록 지원하는 것이므로, 친부모는 협력자로 가정위탁보호를 지원해야 한다.

그러나 아동과 약속한 날짜에 아동을 만나러 오지 않는 경우, 연락처를 바꾸어 더 이상 연락이 되지 않는 경우 등, 친부모로서의 역할을 올바로 수행하지 않는 경우들이 있다. 반대로 수시로 연락하여 오히려 아동이 위탁가정에서 초기에 적응하는 데 어려움을 겪게 하는 경우도 생긴다. 따라서 가정위탁보호가 원만히 이루어지고 아동의 정서적 지원을 위해서는 친부모의 협력이 절실하다.

4) 위탁가정의 중도해지 상황에 놓이다

가정위탁보호의 중도해지는 아동을 배치할 당시의 계획이나 사회복지사와 협의도 없이 위탁부모가 중도에 위탁아동의 양육을 포기하는 것이다(강현아, 2006; 김민정, 2010). 위탁가정에서 중도해지된 아동은 다른 아동복지시설에 입소하거나 다른 위탁보호 가정을 찾게 된다.

아동은 가정위탁보호의 중도해지로 인해, 원가정에 이어 또 다시 박탈감을 느낀다. 또한 부모에 이어 위탁부모에게서 버림받았다는 생각을 하게 되는 아동의 심리적 고통은 더욱 커진다. 따라서 가정위탁보호의 중도해지는 신중해야 한다.

김진숙과 이근무(2005)는 위탁을 해지하게 되는 직접적 요인으로 다음을 제시한 바 있다.

- 위탁아동 요인: 문제행동을 보이거나 반항성을 제어하기 어려운 경우 등
- 친부모 요인: 친부의 지나친 간섭이나 친부모의 집착 등
- 위탁부모 및 가정환경 요인: 양육 준비 소홀이나 친자녀의 어려움 등
- 위탁지원기관 관련 요인: 위탁지원기관의 지지 부족 및 아동에 관한 정보 제공 부족 등
- 외부의 환경 관련 요인: 양육비 및 치료비 부담 등

위탁부모가 아동에게 애정을 느끼고, 아동이 위탁가정에 소속감을 느낄 때 가정위탁보호를 중도해지하게 될 위험률은 낮아진다(강현아, 2006). 따라서 위탁부모와 아동이 상호 친밀감을 형성하도록 위탁 초기 적응 프로그램이 필요하다.

5) 위탁부모가 심리적 어려움을 겪다

위탁부모는 아동을 보호하며 여러 가지 심리적 어려움을 경험한다. 먼저, 위탁부모는 아동의 친가정 복귀에 따라 상실감, 우울감, 불안감을 느끼기도 한다(장정은, 전종설, 2019). 위탁부모의 의견을 수렴하지 않은 채, 급진적으로 이루어지는 아동의 친가정 복귀는 위탁부모에게 상처를 남긴다.

또한 위탁부모는 재혼 가정으로 오해를 받는 경우도 있었고, 가족 내에서는 아동과 친부모와 자녀 관계, 친형제나 친자매 관계로 지낼 수 있었으나 그 경계를 넘으면 가족으로 인정받지 못하는 경험을 하였다(장정은, 전종설, 2019). 위탁부모는 아동에게 가슴으로 낳은 아이라고 말한다. 한 가족처럼 이 아동을 보듬어 살아가지만, 주변의 시선들은 위탁부모에게 어려움을 야기한다.

4. 가정위탁보호 아동의 권리와 복지 실현의 길

가정위탁보호는 아동에게 심리적 안정감을 주는 또 다른 가정을 만나게 한다. 아동의 이야기를 경청하고, 그 마음에 공감해 주는 위탁부모는 아동이 건강한 사회 구성원으로 성장하도록 지원하는 매우 중요한 역할을 한다. 이러한 관계가 잘 형성되고 유지되도록 가정위탁보호 아동의 권리와 복지 실현의 길을 살펴본다.

1) 사회에서는 아동 중심의 가정위탁보호 사업을 실시하다

가정위탁보호는 친부모의 상황과 여건에 따라 시작되고 마무리된다. 친부모의 신청에 따라 위탁가정을 찾게 되며, 위탁기간이 남아 있더라도 친부모의 신청에 따라 가정위탁보호를 종료하게 된다. 그 과정에서는 아동의 의견 수렴을 찾아보기 어렵다. 의사소통에 어려움이 있는 아동이 있다고 하더라도 아동과 다양한 의사소통 방법으로 아동에게 생각을 묻고 답을 들어야 한다. 이를 위해서는 다음을 생각해 본다.

첫째, 위탁가정은 아동이 살아가는 지역사회에서 찾는다. 지역사회는 아동에게 친숙한 환경이다. 아동은 낯설지 않은 환경에서 불안감을 덜 느끼고, 언젠가는 원가정으로 돌아갈 것이라는 기대감도 잃지 않는다. 그러므로 위탁가정을 정할 때는 아동을 중심으로 하여 고민해 본다.

둘째, 친부모와의 지속적인 만남은 아동에게 그 선택권을 부여한다. 아동은 자신을 다른 가정에 맡긴 친부모에 대한 원망으로 만남을 거부할 수도 있다. 친부모의 입장에서 아동과 만나는 날짜, 시간, 장소를 정하기에 앞서 아동에게 의견을 물어본다.

셋째, 위탁보호 종료 시 아동의 의사를 반영한다. 18세가 되면, 가정위탁보호를 종료하게 되지만 대학 등 학업 등의 이유로 연장이 가능하다. 또한 친부모의 요청에 따라 위탁보호를 종료하는 경우도 있다. 위탁보호를 연장하거나 종료할 때는 아동에게 그 의사를 물어본다.

아동 중심의 가정위탁보호를 실시해야 한다. 아동의 상황을 충분히 고려하지 않은 채 실시하는 가정위탁보호는 아동에게 또 다른 상처가 될 수 있다.

2) 교사는 가정위탁보호에 관심을 가지다

교사는 가정위탁보호를 하고 있는 아동을 만났을 때, 아동의 현재 상황에 관심을 가져야 한다. 아동의 위탁가정 적응 여부뿐 아니라 아동의 행동 특성에 대해서도 관심을 가져야 한다. 이를 위해서는 위탁부모와 교사 간의 소통이 중요하다.

교사는 위탁부모와 소통을 통해 아동에 관해 정보를 구할 수 있어야 한다. 또한 교사는 위탁부모가 궁금해 하는 아동의 유치원 생활에 관한 정보를 제공해 주어야 한다.

세 걸음 성장하기

위탁보호의 활성화를 위해서는 일반가정위탁보호를 늘려야 해요.
가정을 구성한 후, 가정위탁보호 여부를 생각해 보세요.

➡ 1단계: 가족 구성원을 정해 보세요.

예 자녀, 남, 10세, 초등학생

가족 구성원	성별	연령	직업

➡ 2단계: 가족 구성원별 가정위탁보호 찬성 여부를 생각해 보세요.

가족 구성원	찬성 여부	이유

➡ 3단계: 우리 가족의 가정위탁보호 여부를 최종적으로 생각해 보세요.

우리 가족은 가정위탁보호를 (찬성, 반대)합니다.
그 이유는 (   )입니다.

참고문헌

국가법령정보센터(2022). 아동복지법 시행규칙, 가정위탁보호 신청인 가정조사서. https://www.law.go.kr/LSW/lsInfoP.do?efYd=20220622&lsiSeq=243317#0000에서 2022.11.06 인출함.

강현아(2006). 가정위탁양육 중도해지에 영향을 미치는 요인에 관한 연구. **한국아동복지학, 21**, 59-87.

김경민, 정익중(2009). 위탁아동의 친가족 경험이 심리사회적 적응에 미치는 영향. **한국가족복지학, 25**, 93-120.

김민정(2010). 가정위탁 양육관련 변인에 따른 위탁유지. **한국가족복지학, 15**(3), 149-161.

김진숙, 이근무(2005). 위탁아동의 양육계약해지에 대한 질적 사례 연구. **한국가족복지학, 15**, 41-74.

보건복지부(2022). 가정위탁 국내 입양 소년소녀가정 현황. 국가통계포털(https://kosis.kr/index/index.do)에서 2022.11.17 인출함.

장정은, 전종설(2019). 가정위탁의 시작에서 종결까지: 일반가정위탁모의 장 · 단기 사례비교를 중심으로. **한국가족복지학, 65**, 67-102.

CHAPTER

11

입양 아동의 권리와 복지

한 걸음 다가가기

○○는 돌이 되기 전 한 가정에 입양되었습니다. 부모가 되고 싶었던 어머니, 아버지는 ○○를 데리고 집으로 오던 날 한없이 기뻤습니다. ○○는 어머니와 아버지의 사랑과 관심 속에서 건강하게 자랐습니다. ○○에게는 동생도 생겼습니다. 부모가 ○○의 동생을 입양했기 때문입니다. ○○와 동생은 함께 놀이하며 즐겁게 생활합니다.

불임으로 인해, 자녀를 입양한 부부의 이야기

자녀에게 형제·자매가 있기를 바라는 마음으로, 자녀를 입양한 부부의 이야기

조카를 공개 입양한 삼촌의 이야기

미혼모 가정의 아동을 입양해서 키우는 미국인 부부의 이야기

모두 입양 가정의 이야기이다. 아동을 입양한 이유, 입양 부모, 입양 가정의 여건은 모두 다르지만, 아동을 입양한 가정에서는 최선을 다해 사랑으로 키운다. 이러한 입양 가정의 이야기는 우리 사회에서 더 이상 낯설지 않다. 자녀를 공개 입양한 사람들의 이야기는 TV 프로그램이나 기사를 통해서 접할 수 있기 때문이다.

과거에는 자녀 입양을 다른 사람들에게 이야기하지 않고 비밀로 했다. 가족 구성원 중에서도 부부만 입양 사실을 알고 있었다. 전통적으로 혈연관계를 중시했던 우리나라는 입양을 불편한 시선으로 바라보았으므로, 아동을 보호하고 가족을 지키고 싶었던 입양부모는 입양 사실을 비밀로 할 수밖에 없었다.

다행히 입양에 대한 사회적 인식은 점점 변하고 있다. 입양을 또 하나의 가정으로 보는 사회적 인식이 증가하고 있는 것이다. 아동이 입양된 가정에서 건강하게 지내기를 바라는 사회 구성원도 점점 많아지고 있다.

그러나 안타깝게도 입양 아동을 불쌍하게 보거나, 버림 받은 아이로 보는 시선도 여전하다. 입양된 아동을 애처롭게 바라보는 이러한 시선은 입양 아동과 가정에 상처를 남긴다. 이제는 입양 아동의 권리를 존중하고 복지를 실현하기 위한 바람직한 방향을 고민해 보아야 한다.

11장에서는 입양 아동에 대해 생각해 본다. 법학적 관점에서의 입양에 관한 연구는 민법을 중심으로, 사회복지 관점에서의 입양에 관한 연구는 입양특례법을 주로 다루어 왔던 만큼(안재진, 2011), 11장에서는 입양특례법을 중심으로 입양 아동과 그 가정에 대해 생각해 본다. 입양 아동의 의미와 입양 아동을 지원하는 현재의 정책을 짚어보는 과정에서 아동 중심의 입양을 생각해 보기 바란다.

입양, 특히 국내 입양은 1세가 되기 전에 이루어진다. 영아기에 입양된 아동은 입양 가정에서 자란다. 교사는 유아교육기관에서 입양 부모와 아동을 만난다. 이들과의 만남이 어떻게 다가오는가는 입양에 관한 교사의 인식에 영향을 받는다. 따라서 교사로 입양과 입양 아동에 관해 생각해 보기 바란다.

1. 입양 아동의 의미

입양 아동은 법적 절차에 따라 입양 부모와 함께 새로운 가족을 만나게 된 18세 미만의 아이를 말한다. 입양은 법적 절차에 따라 이루어진다. 즉, 자녀를 입양하려는 부모는 입양을 신청한 다음 입양 가정으로서의 적합성을 확인하는 가정 조사를 받아야 한다. 또한 부모 교육도 실시된다. 그 다음에는 아동의 출생신고 증빙 서류, 입양 동의 서류 등을 준비한 후 가정법원에 제출하여 입양 허가를 받아야 아동을 입양할 수 있다. 법적 절차에 따라 입양 아동과 입양 부모는 법적인 친자 관계를 맺게 된다. 입양특례법에 따라 이루어진 입양에서 입양 부모는 부모로서 모든 권리와 의무를 지니게 되며, 친부모는 더 이상 부모로서의 권리와 의무를 행사할 수 없게 된다.

또한 아동을 입양하기 위해서는 입양 요건을 충족해야 한다. 이러한 입양 요건으로 입양가정의 재산 정도, 아동 학대와 같은 범죄 경력, 직업 등을 확인한다. 구체적인 요건은 입양특례법에서 살펴볼 수 있다.

아동을 친가정에서 더 이상 양육할 수 없을 때 입양이 진행된다. 과거에는 한국전쟁으로 인해 부모를 잃고 고아가 된 아동들을 입양 보냈다. 이 시기의 아동은 주로 국외로 입양되었다. 우리나라는 2007년부터 국내 입양 가정의 입양 수수료를 지원하고, 양육 수당을 지급하며, 의료급여 혜택을 제공하는 등의 방안을 마련하기에 이른다(안재진, 최운선, 변미희, 권지성, 2017). 아동의 권리를 보장하는 차원에서 아동에게 익숙한 환경, 즉 국내로의 입양이 적절하다고 보기 때문에, 이러한 방안 마련을 통해 국내 입양을 활성화하고자 한 것이다.

입양은 아동을 입양한 사람이나 진행 과정 등에 따라 나뉜다. 먼저, 친족 입양과 비친족 입양이다. 이는 입양을 아동과의 가족관계 및 혈연에 따라 구분한다. 친족 입양은 입양 아동과 혈연관계에 있는 사람에 의해 이루어지는 경우로 큰아빠, 고모 등에 의해 이루어지는 입양이다. 비친족 입양은 입양 아동과 혈연관계가 전혀 없는 사람에 의해 이루어진다.

입양은 기관 입양과 독립 입양이 있다. 이는 입양을 진행하는 기관 또는 방법에 따라 나눈다. 기관 입양은 국가에서 정한 입양기관을 통해 입양하는 경우이다. 입양은 기관을 통해 법적 절차에 따라 이루어지며, 이를 진행한 입양기관에서는 아동을 입양한 전후의 정보를 보관하며 관리한다. 독립 입양은 입양 부모와 친부모 등 개인 대 개인으로 이루어지는 입양을 말한다. 아동의 입양 전 상황이나 친부모에 관한 정보의 체계적인 관리가 불가능하다.

입양은 공개 입양과 비밀 입양이 있다. 이는 입양 사실의 공개 여부에 따라 나뉜다. 공개 입양은 입양 사실을 아동과 그 주변 사람들에게 알리는 경우를 말한다. 비밀 입양은 입양 사실을 숨기는 경우이다.

또한 입양은 국내 입양과 국외 입양으로 이루어진다. 이는 입양을 하는 국가에 따라 나눈다. 국내 입양은 아동이 태어난 국가에서 입양하는 것을 말하며, 국외 입양은 출신국을 떠나 입양되는 경우를 의미한다.

이처럼 입양은 그 특성에 따라 나뉜다. 어떤 형태의 입양이든 입양은 아동의 권리를 존중하는 위한 방향이어야 한다.

두 걸음 찾아가기

또 하나의 가족, 입양입니다.
입양 사례를 찾아보고, 아동의 권리를 존중하는 바람직한 입양 형태를 생각해 보세요.

➡ 1단계: 입양 사례를 찾아보세요.

입양 아동	
성별	
연령	
입양 전 보호	
입양 이유	
장애 여부	
입양 가족	
가족 구성원	
입양 이유	
입양 절차	
입양 후 공개 여부	

➡ 2단계: 아동의 권리 존중 측면에서 바람직한 입양 형태에 동그라미 하세요.

친족 입양	비친족 입양
기관 입양	독립 입양
공개 입양	비밀 입양
국내 입양	국외 입양

입양은 입양 아동, 친생부모, 그리고 입양 부모를 위한 복지사업이다(배태순, 1995). 입양 아동은 출생한 가정에서 자라지 못하여 사회적 보호를 필요로 하며, 출생가정으로 돌아갈 가능성이 전무하다. 이 아동의 권리 보호를 위해서는 영구적인 보호 형태로 입양을 하게 된다.

우리나라 입양 아동의 대다수는 2세 이하의 영아이다. 아동의 입양이 결정되면, 국내 입양 우선추진제에 따라서 국내에서 아동을 입양할 가정을 먼저 찾는다. 이에 따라 1세 이전에는 국내 입양, 이후에는 국외 입양을 하게 된다.

어린 시절 입양된 아동은 입양 가정에서 보살핌과 사랑을 받으며 건강하게 자란다. 이후 입양 부모는 아동에게 입양 사실을 알린다. 입양 아동은 자라 사춘기를 겪으며 정체감의 혼란을 경험하기도 한다.

친생부모는 생물학적으로 아동과 관련되어 있지만, 아동을 양육할 수 없어서 입양을 결정함에 따라서 법적인 친자 관계를 잃게 되는 이들이다. 친생부모가 입양을 결정하게 되는 이유는 빈곤, 이혼·별거, 미혼부모 등으로 자녀를 양육하기 어려운 환경에서 친권을 포기하거나 아동 학대 등으로 친권을 박탈당한 경우이다. 가정의 여건과 개인의 사정에 따라 자발적으로 입양을 결정하게 된 친생부모는 입양을 결정하고 받아들이기까지 죄책감을 느끼기도 한다. 또한 입양특례법에 따라 입양을 하기 위해서는 자녀의 출생신고를 해야 하는데, 이에 부담을 느낀 부모가 아동을 유기하는 경우도 있다. 이 아동은 이후 아동복지시설에서 보호를 받다가 입양을 하게 된다.

입양 부모는 자녀 양육을 희망하는 부모들로 아동과 법적 절차를 통해 친자 관계를 맺은 이들이다. 입양 부모는 여러 가지 동기로 자녀를 입양하려 한다. 먼저 불임이다. 입양 부모는 아이를 정말 좋아하고, 자녀출산을 꾸준히 바라왔지만 불임으로 자녀를 가질 수 없을 때 입양을 결정한다. 또한 다자녀를 희망하는 경우이다. 입양 부모는 자녀를 낳을 수 있고, 현재 자녀가 있지만 입양을 통해 아동에게는 가정을, 자녀에게는 형제 관계를 만들어 주려 한다. 이타심으로 입양을 결정하는 경우도 있다. 이들은 더욱 의미 있는 삶을 살아가며 사회에 봉사하기 위해서 입양을 결정한다.

입양 부모는 아동을 입양하기까지 법적 절차에 따라 기다려야 한다. 이 과정에서 입양부모는 친생부모가 입양을 취소하게 될까 봐 불안감을 느끼기도 한다. 또한 입양 부모는 아동에게 입양 사실을 언제 이야기할지, 친생부모에 대해 어떻게 말을 할지, 왜 입양을 했는지에 대해 어떻게 설명할지 등을 고민한다. 입양 부모는 아동에게 입양 사실을 알리는 것뿐만 아니라 입양에 관한 감정을 인정해 주는 등의 역할을 수행해야 한다(안재진, 권지성, 변미희, 최운선, 2010).

입양은 아동에게 가정이라는 테두리에서 건강하게 살아갈 기본권을 보장해 주어야 한다. 따라서 입양을 결정함에 있어서 아동의 권리 존중이 무엇보다 중요하며 입양의 과정이나 절차 또한 아동의 권리를 보장해 줄 수 있어야 한다.

2. 입양 아동의 권리와 복지 실천의 현 주소

원가정에서 건강하게 자라기 어려운 아동에게 새로운 가족이 필요하다. 아동에게 건강하고 행복한 가정을 만들어 주기 위해 입양 아동을 보호하기 위한 정책들이 마련되었다. 이에 대해 살펴본다.

1) 국내 입양에 관한 특별법이 제정되다

우리나라 입양법의 시초는 1961년에 제정이 된 고아입양특례법이다(김상찬, 신준연, 2019). 고아입양특례법은 한국 전쟁으로 발생한 혼혈 전쟁고아들을 국외로 입양시키기 위한 법적 근거를 마련하기 위한 목적이었다(안재진, 2011). 고아입양특례법은 이후 1976년 12월 31일에 입양특례법으로 바뀌었으며, 고아를 포함하여 미혼모 출산 아동과 유기 아동도 입양할 수 있도록 변경되었다(박영호, 신동면, 2017).

입양특례법은 입양촉진 및 절차에 관한 특례법으로 1995년에 전면 개정되었다. 이후 2011년에 입양특례법으로 전면 개정되었다. 입양특례법(국가법령정보센터, 2022)에서는 입양에 관한 모든 사항을 명시하여 5월 11일을 입양의 날로 지정하고 있으며, 입양을 보내는 아동이나 입양 가정의 요건, 입양 동의, 입양기관 등에 관한 사항을 규정하고 있다. 현재 입양특례법은 국내 입양에 관한 특별법으로 2025년 7월 전부 개정되었다.

그동안 입양특례법은 아동의 권리를 보장하고, 복지를 증진할 목적으로 개정되어 왔다. 국내 입양 우선추진제나 입양 후 사후관리를 강화하며, 입양에 관한 국가의 책임을 강화하는 방향으로 입양특례법을 개정함으로써 아동의 복지 증진을 위해 노력해 왔다. 특히 최근에는 국내 입양에 관한 특별법이 시행되면서, 국내 입양을 활성화하기 위한 노력이 계속되고 있다.

2) 입양기관 및 한국입양홍보회가 설립되다

우리나라는 국가에서 허가를 받은 입양기관을 통해 입양절차를 진행해야 한다. 아동권리보장원 홈페이지에는 각 지역에 위치한 입양기관을 안내하고 있다. 대표적인 입양기관은 대한사회복지회, 홀트아동복지회, 동방사회복지회, 꽃동네 천사의 집 등이다.

입양기관에서는 입양에 관한 실무를 담당한다. 입양 상담, 입양 아동 정보 관리, 법적 절차에 따른 입양 진행 등 아동 입양을 위한 전 과정이 입양기관을 통해 이루어진다. 기관에서 진행하는 입양 절차는 다음과 같다.

첫째, 예비입양부모의 입양 문의이다. 자녀를 입양하려는 예비입양부모들은 입양기관에 전화하여 입양에 관해서 상담을 진행한다. 입양기관 담당자는 예비입양부모에게 입양을 희망하는 동기를 묻거나 입양 절차를 안내하여 입양에 관한 정보를 제공한다.

둘째, 예비입양부모의 입양 상담이다. 전화 상담을 통해 자녀를 입양하려는 의사를 더욱

확고히 한 예비입양부모는 입양기관을 직접 방문한다. 예비입양부모는 입양에 관해 구체적으로 상담한다. 이 과정에서 입양기관 담당자는 예비입양부모의 입양에 대한 생각을 나누며 입양부모로 그 적합성을 확인한다.

셋째, 예비입양부모의 입양 신청이다. 예비입양부모가 입양을 신청한다. 그후 입양기관 담당자는 입양을 희망하는 가정을 직접 방문하여 환경을 살펴본다. 이를 통해 그 가정이 아동을 입양하기에 적절한지를 확인한다.

넷째, 예비입양부모와 아동의 입양 관계 맺기이다. 입양의 조건을 충족한 것으로 파악하면, 입양기관에서는 결연 위원회를 연다. 이를 통해 아동과 예비입양부모를 맺는다.

다섯째, 입양 허가를 위한 가정법원 심의이다. 입양을 성립하기 위해서는 가정법원 허가제에 따라 심의를 받아야 한다. 예비입양부모는 입양에 필요한 서류를 준비하여 가정법원에 제출한다. 가정법원에서는 입양신청을 접수하고 제출한 각종 서류를 검토한다. 가정법원에서 입양신청이 받아들여지면, 예비입양부모는 아동을 입양하게 된다.

입양기관은 입양 절차뿐만 아니라 입양 후 사후 서비스도 제공한다. 입양기관 담당자는 입양 아동이 가정에서 잘 적응하며 생활하는지를 살피고 입양 후 나타난 입양 가정의 어려움도 소통한다. 또한 입양 가정이 건강하게 살아가도록 입양기관에서는 부모 교육을 실시하고, 자조 모임을 가진다.

한편 입양기관에서는 아동의 권리 보장을 위해 입양정보통합관리 시스템으로 입양된 아동과 친생부모의 인적 정보를 보관·관리하며 입양 아동에게 입양 정보 공개 서비스를 제공한다. 만약, 입양 아동이 입양정보공개청구제도에 따라 입양 당시 아동이나 친생부모에 관한 정보를 알고 싶어 한다면, 이를 공개할 수 있다.

입양기관 이 외에도 한국입양홍보회가 있다. 2000년에 설립한 한국입양홍보회는 공개 입양 운동을 전개하며 국내 입양을 홍보하고 장려해 왔다(박영호, 신동면, 2017). 한국입양홍보회에서는 입양의 활성화를 위해 여러 가지 프로그램을 운영한다. 한국입양홍보회에서는 입양 가정의 행복과 어려움을 상호 이야기 나눌 수 있는 자조 모임을 운영하여 입양 가정의 경험을 나누는 기회를 제공한다. 입양부모들은 이러한 자조 모임에 참여하며 다른 입양가족과 경험을 나눈다(안재진, 권지성, 변미희, 최운선, 2010).

3) 국내 입양 우선추진제가 실시되다

우리나라는 2007년부터 국내 입양 우선추진제를 실시하고 있다. 국내 입양 우선추진제는 아동의 입양을 결정하는 데 있어서 국외보다는 국내에서 먼저 입양 가정을 찾도록 한다. 즉, 국내에서 입양 가정을 찾지 못할 때, 국외 입양을 고려하게 된다. 국내 입양 우선 추진제는 아동의 권리 측면에서 아동에게 익숙한 환경 및 문화에서 입양 가정을 찾아야 한다는 관점을 반영한다. 우리나라는 2006년까지 국외 입양이 국내 입양보다 많았지만, 국내 입양 우선추진제의 시행으로 2007년부터 국내 입양이 국외 입양보다 더 많이 이루어지고 있다.

4) 입양숙려제도를 만들다

입양숙려제도는 친생부모가 자녀의 출생 후 1주일이 지난 뒤에 입양에 동의하도록 규정하는 제도이다. 이 제도는 친생부모에게 출생한 아동과 1주일 동안 함께 생활하도록 하여 아동의 출생에 따른 자녀 입양을 고민해 보게 한다. 친생부모는 자녀의 출생 후 양육할 방법을 고민한다. 스스로 키우기 어렵다고 판단한 친생부모는 자녀를 입양 보내기로 결심한다. 그러나 출산 후 1주일 동안 자녀를 돌보면서 친생부모는 마음을 바꾸게 된다. 아동과 함께하는 시간 동안 친생부모는 행복감과 신비감을 느낀다. 친생부모는 힘들더라도 자녀를 키우기로 마음을 바꾼다. 이러한 이유로 입양숙려제도를 실시하고 있다.

3. 입양 아동의 권리와 복지 실천의 어려움

입양 아동의 권리와 복지를 실천하는 데 따르는 어려움은 입양 아동에만 국한되지 않는다. 입양은 입양 아동, 입양 부모, 친생부모와의 관계이기 때문에, 이들이 겪는 어려움은 복합적으로 작용한다.

1) 입양에 관한 정보가 부족하다

자녀를 입양 보내는 부모의 대부분은 미혼모이다. 미혼모는 자녀를 출산하기 전, 아동의 행복한 삶을 바라며 입양을 결정한다. 자녀를 출산한 다음 미혼모는 복지시설에서 지내며 입양숙려제도에 따라 7일간 자녀를 직접 양육한다. 이때 자녀를 입양 보내지 않기로 마음을 바꾸는 미혼모도 있다. 그러나 여전히 많은 미혼모가 자녀를 양육하기 어려워 입양을 보낸다.

입양을 보내기 위해서는 입양에 관한 정보가 필요하다. 입양에 관해 정확한 정보를 알지 못하는 미혼모가 있다. 미혼모는 입양 절차 및 필요한 서류에 관해 자세히 알지 못한다. 아동을 입양 보내기 위해서는 아동의 출생신고를 해야 하고, 부모의 동의가 필요함을 알지 못하는 경우도 있다. 입양 절차나 입양기관을 알지 못해 도움을 받지 못하는 미혼모도 있다.

미혼모는 입양 진행 과정에서의 정보뿐만 아니라 입양 후 경험할 수 있는 변화에 대한 정보도 알지 못한다. 미혼모는 자녀를 입양 보낸 후 죄책감을 느끼고 슬픔에 잠길 수 있다는 심리적 상태에 관한 정보를 알아야 한다. 이후 입양을 수용하기까지 시간이 필요하다는 점도 사전에 충분히 고려해야 한다. 미혼모에게도 입양 후의 변화에 관한 정보가 필요하다.

더욱이 입양에 관해 알지 못하거나 입양에 대해 알더라도 절차상의 어려움과 모의 정보 공개로 인해 입양기관을 선택하지 않는 미혼모도 있다. 입양을 선택하지 않은 미혼모는 베이비박스를 찾아간다.

2) 장애 아동은 국내 입양에 어려움을 겪다

예비입양부모들이 입양을 결정할 때 중요하게 생각하는 아동의 조건은 건강한 아이로 장애 아동을 원하는 경우는 없었다(박영호, 신동면, 2017). 실제 장애 아동은 국내 입양보다 국외 입양이 더 많이 이루어지고 있다. 장애 아동 입양 축하금, 양육보조금, 의료비(예: 진료, 상담, 치료 등)를 지원하고 있지만 장애 아동은 국내에서 입양 가정을 찾는 데 어려움을 겪고 있다. 장애 아동이 국내 입양에 어려움을 겪는 것은 장애 아동을 양육하는 데 전문적 지식이 필요하기 때문이다. 이로 인해 예비입양부모들은 장애 아동을 입양했을 때 잘 양육할 수 있을지를 걱정한다.

더욱이 국내 입양 우선추진제에 따라, 국내에서 입양할 가정을 우선 찾게 된 장애 아동은 입양 가정을 찾지 못한 채 국외 입양을 기다린다. 이때는 국내 입양 가정을 찾기 위해 지체된 시간으로 국외 입양 가정을 찾지 못하는 아동도 있다. 결국 입양 가정을 찾지 못한 장애 아동은 장애인복지시설에서 자란다.

3) 입양 후 파양되다

파양은 입양으로 형성된 가족 관계를 말소한다는 의미이다. 파양은 입양 아동과 입양 부모 간의 합의에 의해 이루어지는 협의상 파양과 법원의 판결에 따라 이루어지는 재판상 파양이 있다. 이미선과 박미정(2010)은 선행연구를 토대로 파양의 원인을 살펴, 아동 관련 원인으로는 입양될 당시 나이가 많거나 장애나 질병이 있는 경우, 입양 전에 학대나 파양을 경험한 경우, 입양 부모 관련 원인으로는 불충분한 입양 준비, 이혼 등과 같은 입양 부모의 상태 변화, 부적절한 양육 태도, 입양기관 관련 원인으로 입양기관의 서비스 부족을 제시하였다.

파양된 아동은 일상생활에서 불안감을 느끼며 정체성의 혼란을 경험한다. 아동에게 또 다른 고통이 된다. 따라서 파양 절차 및 파양 이후 아동의 복리를 보호하기 위한 제도의 도입

이 필요하다(안재진, 2011). 파양 아동의 실태 파악부터 이 아동의 현재 상황을 진단하기 위한 노력이 있어야 한다.

4) 대중매체에서 입양에 대한 편견을 발견하다

예비입양부모들은 TV나 매스컴을 통해 입양 사례를 가장 많이 경험한다(박영호, 신동면, 2017). 이러한 미디어 속에 비친 입양에 대한 이미지는 입양을 보는 편견을 형성하는 데 영향을 미친다. 국내 TV 속 드라마에 나타난 입양이나 입양인에 관한 이미지를 살펴보면(안재진, 2015), 드라마에서는 입양 사실을 숨겨야 하는 것으로 표현되어 입양에서 지향하는 개방 입양의 방향과 맞지 않거나 입양의 동기를 친생부모의 죽음으로 설정하여 미혼모 가정에서의 입양이 주로 이루어지는 우리나라의 여건을 반영하지 못한 부분도 있다. 입양을 원하는 예비입양부모들은 입양에 대한 사회적 편견으로 입양을 망설인다(박영호, 신동면, 2017). 그러므로 입양에 대한 올바른 이해를 위한 바람직한 접근이 필요하다. 이 외에도 기관 입양만을 허용하는 우리나라지만, 여전히 독립 입양이 나타나고 있다. 비밀리에 진행하는 독립 입양으로 아동의 기본권이 침해되기도 한다.

4. 입양 아동의 권리와 복지 실현의 길

앞서, 입양 아동을 위한 우리 사회의 노력과 함께 어려움을 살펴보았다. 여기서는 입양 아동의 권리를 존중하고 복지를 실현하기 위한 방법을 고민해 본다.

1) 사회에서는 입양을 아동 중심 관점에 따라 종합적으로 접근하다

입양은 아동의 권리를 보장하기 위해 아동 중심으로 이루어져야 한다. 아동이 잘 자랄 수 있는 가정에 배치되어, 건강하게 성장하도록 지원해야 하는 것이다. 지원 또한 아동의 건강한 삶을 보장해 주기 위한 것이어야 한다. 이러한 입양은 종합적인 접근이어야 한다.

입양에서의 종합적 접근은 아동의 입양 전후를 모두 고려해야 함을 의미한다. 먼저 아동이 입양되기 전에는 아동 중심에 따라 친가정을 유지할 수 있는 방법을 고민해 본다. 만약 미혼모가 경제적인 이유로 입양을 결정한다면, 이를 지원해 줄 수 있는 방법을 우선적으로 마련하여 안내한다.

아동의 입양을 결정하고 난 다음에는 아동에게 적합한 입양 가정을 찾아야 한다. 입양 가정에서 부적응하거나 입양 가정의 문제로 파양되는 아동이 없도록 입양 가정으로 적합성 여부를 꼼꼼히 확인한다.

아동을 입양한 다음에는 입양 가정에서 잘 지내고 있는지를 확인하며 필요 시 상담을 진행한다. 또한 입양 부모에게는 아동의 성장에 따라 마주하는 양육의 어려움이나 입양 이야기를 지원하도록 부모교육이나 상담을 진행한다.

입양에 대한 사회적 인식을 개선할 수 있는 교육이나 홍보도 실시한다. 입양은 입양 아동, 입양 가정뿐만 아니라 우리 사회에서 보호해야 하는 아동에게 가장 좋은 선택이 될 수 있음을 홍보한다.

2) 교사는 입양 가정의 이야기에 귀 기울이다

교사는 입양 부모의 이야기를 통해 아동의 입양 여부를 확인한다. 부모 상담을 진행할 때, 입양 부모가 아동 양육의 어려움을 겪고 있다면 그 시기 발달 특성을 안내하며 양육 효능감을 갖도록 지원한다.

교사는 아동을 대상으로 다양한 가정에 대한 교육을 실시한다. 입양 가정, 다문화 가정, 한부모 가정 등 다양한 가족 유형을 안내하여 또 하나의 가족으로 인식하며, 아동들이 입양 가정과 그 아동에 대해 편견을 가지지 않도록 지원한다.

세 걸음 성장하기

입양 아동에 관한 이야기나 동화를 본 적 있나요?
우리가 바라는 입양 아동의 삶을 그려 보세요.

➡ 1단계: 입양 이야기나 동화를 들어보세요.

제목	
내용	

➡ 2단계: 들은 동화의 뒷이야기를 그림으로 그리거나 글로 표현해 보세요.

그림	글
❶	
❷	
❸	

참고문헌

국가법령정보센터(2022). 입양특례법. https://www.law.go.kr/LSW/lsInfoP.do?efYd=20220701&lsiSeq=224937#0000에서 2022.11.08 인출함.

김상찬, 신준연(2019). 우리나라 입양제도의 개선방안에 관한 연구. **국제법무, 11**(2), 87-113.

박영호, 신동면(2017). 예비입양부모의 입양 태도 및 동기와 입양사례 경험에 관한 탐색적 연구. **한국사회정책, 24**(3), 55-84.

배태순(1995). 입양사업 제도개선 및 활성화 방안. **한국아동복지학, 3**, 107-126.

안재진(2011). 국내법에 나타난 입양제도의 변천과정 분석: 아동 권리의 관점에서. **한국가족복지학, 16**(4), 71-95.

안재진(2015). TV 드라마에 나타난 입양인의 이미지에 대한 연구. **인간발달연구, 22**(1), 55-75.

안재진, 권지성, 변미희, 최운선(2010). 공개 입양가족의 입양 관련 의사소통에 관한 탐색적 연구. **한국아동복지학, 31**, 143-171.

안재진, 최운선, 변미희, 권지성(2017). 국내 입양 아동의 학업성취수준과 영향 요인. **한국사회복지학, 69**(3), 141-164.

이미선, 박미정(2010). 국내 입양 파양에 관한 인식 및 실태에 대한 연구: 국내 입양실무자 중심으로. **한국아동복지학, 33**, 129-163.

CHAPTER

12

학대피해 아동의 권리와 복지

한 걸음 다가가기

○○는 갇혀 있던 집에서 옷도 제대로 입지 못한 채 뛰어나왔습니다. 갈 곳을 정하지 못한 채 거리를 배회하던 ○○는 주민의 도움으로 경찰서로 인계되었습니다. 이때서야 비로소 ○○는 자신을 학대하던 가정에서 벗어날 수 있었습니다. 다행히 지금은 자신을 위탁해 주던 가정에서 건강하게 성장해 가고 있습니다.

입양된 가정에서 학대로 목숨을 잃은 영아의 이야기

음식을 제대로 먹지 못한 채 학대받으며 목숨을 잃은 초등학생의 이야기

훈육을 이유로 갇힌 가방 속에서 목숨을 잃은 초등학생의 이야기

아동 학대로 목숨을 잃은 아동에 관한 이야기이다. 우리 사회에서 학대받는 아동에 관한 이야기는 더 많이 찾아볼 수 있다. 가정에서 학대받은 아동, 교육기관에서 학대받은 아동, 보호시설에서 학대받은 아동 등 여러 장소에서 다양한 사람에 의해 아동 학대가 발생하였다. 아동의 권리를 보장하고 따뜻한 보금자리가 되어야 하는 곳곳에서 아동은 최소한의 인간다운 삶조차 누리지 못하며 살아가는 것이다. 슬프게도 아동 학대 사건은 매해마다 보고되고 있다.

많은 사람이 더 이상의 아동 학대는 발생하지 않아야 한다고 말한다. 많은 사람은 학대로 인해 아동이 더 이상 상처 받지 않기를 바란다고도 한다. 학대로부터 아동을 지켜내기 위한 우리 사회의 관심이 더욱더 필요하다.

아동 학대 가해자에게 두 가지 질문이 던져진다.

"아이를 학대한 사실을 인정합니까?"

이 질문에 그들은 고개만 숙일 뿐이다.

"왜 아이를 학대했습니까?"

이 질문에 다음의 대답이 돌아온다.

"아이를 훈육하기 위해서요."

훈육과 학대는 다르다. 그럼에도 이를 구분하지 못하는 것은 여전히 아동 학대와 훈육의 경계를 모호하게 여기기 때문이다. 아동 학대가 발생하지 않으려면 학대에 관해 올바로 알아야 한다.

이에 12장에서는 학대피해 아동에 관해 다룬다. 구체적으로 학대의 의미를 짚어보며 학대받는 아동을 보호하기 위한 방법을 찾아본다. 12장을 접하며, 우리 주변에서 살아가는 아동에게 조금 더 관심을 기울이기 바란다.

교사는 아동 학대 신고 의무자이다. 그러므로 교사는 누구보다 아동 학대 의미, 학대받은 아동의 특성, 학대 발견 시 신고에 관해 잘 알고 있어야 한다. 아동 학대에 관한 교사교육은 반복해도 지나치지 않는다. 아동 학대에 관해 살펴보며, 교사로의 역할을 생각해 본다.

1. 학대피해 아동의 의미

학대피해 아동은 여러 장소에서 다양한 사람에 의해 이루어진 학대로 인해 해를 입거나 어려움을 겪는 18세 미만의 아이들을 말한다. 아동 학대는 여러 장소에서 발생한다. 아동이 거주하는 가정에서뿐만 아니라 어린이집·유치원·초등학교와 같은 교육기관과 보육원, 지역아동센터와 같은 아동복지시설에서도 아동 학대는 발생한다. 또한 아동 학대는 다양한 사람에 의해 이루어진다. 아동 학대 가해자로 부모, 교사, 아동복지시설 및 청소년 시설 종사자 이외에도 친인척, 아이돌보미, 낯선 사람이 있다. 아동 학대는 주로 친가정에서 친부모에 의해 발생하고 있지만, 사각지대에서도 아동 학대는 발생하고 있다.

학대는 크게 네 가지의 유형으로 나뉜다. 구체적으로 학대는 신체 학대, 정서 학대, 성 학대, 방임으로 구분한다. 신체 학대는 몸과 도구를 사용하여 아동의 몸에 해를 입히는 경우를 말한다. 신체 학대 행위는 다음과 같다.

- 손이나 발로 아동의 몸을 때리고, 꼬집고, 조르는 경우
- 아동의 몸이나 신체 일부를 잡아 던지거나 밀치는 경우
- 아동을 물에 빠뜨리는 경우
- 자, 매, 방망이, 우산, 골프채로 아동을 때리는 경우
- 못으로 아동을 찌르는 경우
- 뜨거운 물로 아동에게 화상을 입히는 경우

신체 학대를 당한 아동의 몸에서 상처나 멍이 자주 발견된다. 신체 학대로 화상을 입은 아동의 몸에서는 화상 자국을 볼 수 있다. 심할 경우 신체 학대로 뼈가 부러지거나 장기가 파열되는 아동도 있다.

정서 학대는 행동이나 언어로 아동에게 정신적 해를 입히는 경우이다. 정서 학대 행위는 다음과 같다.

- 아동에게 위협이나 협박을 하는 경우
- 아동에게 원망하는 말을 하는 경우
- 아동의 옷을 입히지 않은 채 밖으로 내쫓는 경우
- 아동을 가족으로부터 왕따 시키는 경우
- 아동에게 적합하지 않은 동영상을 강제적으로 보게 하는 경우
- 아동에게 동생이나 친구를 때리도록 강요하는 경우

정서 학대를 당한 아동은 평소 위축되어 있거나 불안감을 호소한다. 또한 정서 학대로 인해 아동은 반사회적 행동을 하거나 평소 하지 않았던 이상 행동을 보이기도 한다.

성 학대는 성적 행위를 통해 아동에게 해를 입히는 경우이다. 성 학대 행위는 다음과 같다.

- 아동의 옷을 벗겨 관찰하거나 성추행하는 경우
- 아동에게 자신의 노출된 모습을 보게 하는 경우
- 아동에게 성행위를 하는 경우
- 아동에게 성매매를 하도록 하는 경우

성 학대를 당한 아동은 생식기에 상처를 입는다. 또한 성 학대로 인해 아동은 또래와 다르게 성에 대한 많은 지식을 가지고 있거나 성에 대한 높은 관심을 보인다.

방임은 기본적인 보살핌을 제공하지 않아서 아동에게 해를 입히는 경우이다. 방임 행위는 다음과 같다.

- 물리적 방임으로 아동에게 적절한 의식주를 제공하지 않거나 아동만 가정에 두고 외출하고 여행을 가는 경우
- 교육적 방임으로 아동을 학교에 보내지 않는 경우
- 의료적 방임으로 아픈 아동에게 치료를 제공하지 않는 경우
- 유기로 아동을 버리는 경우

방임된 아동은 신체나 계절에 맞지 않는 옷을 입거나 신발을 신는다. 아동은 제때 충분히 먹지 못해, 성장하는 데 어려움을 겪는다. 아동의 전반적인 발달이 지연된다.

아동기 학대는 주로 중복 학대의 형태로 나타난다. 중복 학대는 두 가지 이상의 학대가 동시적·복합적으로 발생하는 경우를 말한다. 예를 들어, 아동은 부모로부터 신체 학대를 받지만 동시에 정서 학대를 경험한다. 이로 인해 학대 경험이 있는 아동은 전반적으로 신체 발달이 지연되거나 정서적인 불안감을 느낀다. 또한 학대 가해자나 그와 비슷한 배경을 지닌 사람들을 피하려고 하는 경향을 보인다.

학대는 아동의 삶에 지속적으로 영향을 미친다. 아동 학대로 인한 후유증으로 아동은 분

노조절 장애, 자살 시도, 우울증과 대인 기피증으로 고통을 겪는다(박상식, 김두상, 2017). 따라서 아동 학대가 발생하지 않도록 사회 구성원 모두 관심을 기울여야 한다.

두 걸음 찾아가기

아동 학대 예방에 대한 사회적 관심이 매우 높아요.
아동 학대 사례를 조사하여 그 실태와 비교해 보세요.

➡ 1단계: 언론에 보도된 아동 학대 사례를 조사해 보세요.

학대피해 아동	
성별	
연령	
학대 유형	
학대가해자	
성별	
연령	
학대피해 아동과 관계	
학대 이유	

➡ 2단계: 매해 실시되는 아동 학대 실태 조사 결과를 찾아보세요.

➡ 3단계: 아동 학대에 대한 언론 보도 시, 아동의 권리 보장을 위해 고려해야 할 점을 생각해 보세요.

2. 학대피해 아동의 권리와 복지 실천의 현 주소

11월 19일은 아동 학대 예방의 날이다. 이 날은 아동 학대에 대한 사회적 경각심을 일으켜 학대로부터 아동을 지키기 위해 만들어졌다. 이 외에도 아동 학대를 예방하고, 학대피해 아동을 지원하는 여러 가지 복지정책이 마련되었다. 구체적으로 살펴본다.

1) 아동 학대 범죄의 처벌 등에 관한 특례법(약칭: 아동학대처벌법)이 제정되다

아동 학대와 관련한 사항을 구체적으로 담고 있는 법은 두 가지이다. 첫째는 아동복지법으로 아동 학대의 개념을 밝히고, 아동 학대 예방 및 방지에 관한 내용을 담고 있다. 둘째는 아동 학대 범죄의 처벌 등에 관한 특례법이다. 이 법은 2014년에 제정되었다. 아동 학대에 관한 법을 새로이 제정하게 된 배경은 우리 사회에서 아동 학대 사건이 계속적으로 발생하자, 아동 학대 발생 시 조금 더 적극적으로 대응하고, 학대 가해자에 대한 처벌을 강화하려는 데 있다. 또한 이 법은 학대 행위뿐만 아니라 아동의 성장에 미치는 학대의 부정적인 영향을 예방하기 위해 처벌을 포함한 아동 학대에 관한 사항을 구체적으로 규정하기 위해 제정되었다.

이 아동 학대 범죄의 처벌 등에 관한 특례법(국가법령정보센터, 2023)에서는 아동 학대 의심 사례 신고 시, 아동을 보호하는 방법과 가해자에 대한 조치 내용을 명시하고 있다. 또한 아동 학대 신고 의무자를 구체적으로 밝히고 있다. 유치원 교사와 보육교사가 아동 학대 예방 교육을 매해마다 이수하고, 학대받은 아동의 발견 시 신고 의무자로 그 역할을 다하도록 교육받는 것은 이 법에 따른다.

사회에서 법적 기준을 마련했음에도 불구하고 아동 학대 사건은 끊이지 않고 있다. 아동 학대가 의심되어 신고되는 건수도 매해마다 늘고 있다. 국가적·사회적 노력에도, 아동 학대 사건이 줄지 않는 이유는 무엇일까? 그 이유를 살펴보면, 아동 학대에 대한 사회적 관심의 증가로 아동 학대 신고 의무자 이외의 사람에 의한 신고 사례가 늘었기 때문이다. 즉, 아동의 이웃에 거주하는 사람들이 학대가 의심될 경우 신고를 한다. 사회에서 아동을 보호하려는 관심이 증가한 것이다.

또 다른 입장에서는 아동 학대 가해자에 대한 처벌의 부적절성을 제시한다. 아동 학대 가해자에 대한 처벌 정도가 낮아서 아동 학대 사건이 계속적으로 발생한다고 본다. 아동 학대 가해자의 처벌 기준을 강화하고 있지만, 그럼에도 지속적인 아동 학대의 발생은 아동 학대가 발생하는 근본적인 원인부터 재점검해야 할 필요성을 보여준다.

2) 아동보호전문기관이 설립되다

아동권리보장원에 아동학대예방본부가 있다. 이곳은 과거 중앙아동보호전문기관에서 해 왔던 업무를 담당하며, 각 지역에 있는 아동보호전문기관에서 추진하는 사업을 총괄적으로 관리한다.

각 지역에 있는 아동보호전문기관은 아동 학대와 관련한 주요 업무를 아동 가까기에서 직접적으로 수행하는 곳이다. 아동보호전문기관에서는 학대 의심 신고 아동 조사 및 학대 판정, 학대받은 아동에 관한 사례관리, 학대받은 아동이나 가족에 대한 상담 및 치료 지원, 아동 학대 예방 교육 등을 실시한다. 아동보호전문기관은 2022년 약 80여 곳에서 2025년 약 100여 곳으로 늘었다.

아동보호전문기관에서는 관장, 상담원, 임상 심리사, 아동 학대 전담공무원이 근무하며, 주요 업무는 담당자에 따라 나뉜다. 아동 학대 업무를 총괄 책임지는 사람은 관장이다. 각 지역 아동보호전문기관에 있는 상담원은 주로 아동 학대 사례관리를 한다. 임상 심리사는 학대받은 아동의 심리 치료를 담당한다.

2020년 10월부터는 아동 학대 전담공무원도 아동보호전문기관에서 근무를 하고 있다. 그 이전까지만 하더라도 아동보호전문기관에서 아동 학대에 관한 전반적인 업무를 수행해 왔으나, 민간 단체인 아동보호전문기관에서는 공권력을 행사할 수 없어서 학대로부터 아동을 보호할 골든 타임을 놓치는 경우가 발생했다(배태상, 이희영, 2022). 이로 인해 국가에서는 아동 학대 전담공무원을 배치하여, 아동 학대 의심 신고 시, 아동 학대를 조사하고 판정하는 업무를 담당하도록 하고 있다. 만약 아동 학대 의심 사례가 신고 되면 아동 학대 전담 공무원과 경찰이 학대가 발생한 장소를 방문하여 아동 학대를 조사하게 된다.

아동보호전문기관에 근무하는 사람들은 아동 학대에 관한 전문적 지식을 가지고 있어야 한다. 협력적인 관계를 통해 아동 학대 발생 시 대처해 가야 한다.

3) 아동 학대 실태를 매해 조사하다

보건복지부는 매해마다 아동 학대 주요 통계 자료를 통해, 아동 학대 실태를 보고하고 있다. 이 자료는 아동 학대에 관한 주요한 정보를 포함한다. 구체적으로 통계 자료에서는 아동 학대 신고 접수 현황, 아동 학대 피해 아동의 특성(예: 성별, 연령 등), 아동 학대 가해자의 특성(예: 성별, 연령 등), 아동 학대 신고자 특성, 학대 유형 등에 관한 정보를 모두 제공한다. 아동 학대 실태는 과거와 현재의 아동 학대에 대한 정보를 제공하며, 아동 학대 예방을 위한 우리 사회의 노력을 살피는 자료로 활용된다. 또한 자료는 아동 학대가 발생할 위험 요소를 지닌 아동을 발견하고 지원하는 데 도움을 준다.

4) 아동 학대 즉각 분리제도가 시행되다

아동 학대 즉각 분리제도는 2021년 3월 30일부터 시행되기 시작해서 아동을 학대 가해자(가해 의심자)로부터 즉각적으로 떨어져 지내게 하는 것이다. 분리된 아동은 아동보호시설, 즉 학대피해 아동쉼터나 일시보호시설에서 일정 기간 생활하게 된다.

아동 학대 즉각 분리제도에 따라 아동 학대가 다시 발생할 가능성이 있거나 1년 이내에 2번 이상의 아동 학대 신고가 접수된 상황에서는 아동을 즉시 분리 조치한다. 또한 학대로 인해 아동을 가정으로 보내기 어렵다고 판단될 때, 아동은 분리되어 아동보호시설에서 지내게 된다.

아동 학대 즉각 분리제도는 아동 학대가 의심되었지만 제때 분리 조치를 하지 않아 생명을 잃는 아동이 계속적으로 발생하여 아동 보호를 위해 시행하게 되었다. 아동들이 학대를 받고 있는 것으로 의심한 교사, 원장, 이웃 등이 몇 차례 경찰이나 아동보호전문기관에 신고를 했지만, 그때마다 아동을 제대로 분리하지 않아 학대 가해자 및 환경에 계속적으로 노출되었다. 제때 분리가 되지 않음으로 인해, 아동은 다시 학대를 받았으며 이로 인해 목숨을 잃었다.

즉각적으로 분리해야 할 아동이 그 가정에서 생활한 것은 아동의 권리를 보장하고 복지를 실현하는 데 있어서 원가정의 역할이 중요하다고 보는 원가정보호 원칙에 따른다. 그동안 아동을 위한 최선의 복지를 실천하기 위해서는 아동을 가정이라는 울타리에서 건강하게 성장하도록 지원해야 한다는 관점이 있었다. 따라서 사회복지정책은 원가정이 해체되지 않도록 지원하는 방향으로 이루어졌다. 원가정 보호 원칙에 따라 아동 학대 또한 학대 가해자를 대상으로 한 상담, 치료, 교육을 실시하여, 더 이상 아동 학대가 발생하지 않을 것으로 판단하여 아동을 원가정으로 복귀시킴으로써 원가정을 보호하려고 하였다.

이로 인해 아동 학대를 경험한 아동은 재학대의 가능성이 있음에도 불구하고 원가정으로 돌아가야 했다. 재학대는 아동보호전문기관에서 적용하는 기준에 따라 최초로 학대 사례로 판단한 이후 동일한 가해자로부터 아동 학대가 다시 발생하여 학대 사례로 판단되는 경우이다(이상균, 이봉주, 김세원, 김현수, 유조안, 장화정, 진미정, 박지명, 2017). 아동 학대 사건의 심각성으로 인해, 원가정보호 원칙에 대해 재고해야 할 필요성이 제기되고 있는 것이다. 가정에서 아동의 보호는 여전히 중요하다. 중요한 것은 아동을 안전하고 건강하게 보호해 주는 가정이어야 한다는 점이다.

5) 아동 학대 예방교육이 실시되다

아동 학대를 예방하기 위해 여러 교육이 실시되고 있다. 먼저 아동 학대 예방교육은 유아 및 초등학생 등 아동을 대상으로 실시되고 있다. 이들에게는 아동 학대의 의미, 아동 학대 행위, 아동 학대 시 대처 방법을 안내한다. 아동 학대 예방교육을 통해, 아동은 자신을 소중한 존재임을 인식하며 자신을 보호할 방법을 알아간다.

아동 학대 예방교육은 부모를 대상으로도 실시된다. 부모들은 교육을 들으며, 아동 학대에 해당하는 행동을 파악하고, 자녀 양육관을 돌아보는 시간을 가진다. 부모 세대에 경험했던 자녀 양육관이 현 시대 아동을 잘 키우는 데 적절하지 않을 수 있다고 보고 올바른 양육 신념을 형성한다.

교사를 대상으로 하는 아동 학대 예방교육은 법정 의무교육이다. 교사는 아동 학대 예방교육을 통해, 아동 학대의 유형, 학대받은 아동의 특징, 학대 신고 절차 등에 대해 학습한다. 이 교육을 통해 신고의무자로의 교사의 역할을 알아간다.

다양한 대상에게 실시하는 아동 학대 예방교육은 더 이상 우리 사회에서 아동 학대로 인해 고통 받는 아동이 없도록 하려는 모두의 바람을 반영한다. 단지 교육에 그치는 것이 아니라 아동을 학대로부터 지키기 위한 실천이 뒷받침되어야 할 것이다.

3. 학대피해 아동의 권리와 복지 실천의 어려움

아동 학대를 예방하기 위한 노력은 계속되고 있지만, 아동 학대는 근절되지 않고 있다. 학대로부터 아동을 보호하지 못하는 현 시대적 어려움을 살펴본다.

1) 아동 학대에 대한 민감성이 낮다

과거 자식이 잘되라고 매를 드는 경우가 있었다. 이 매는 '사랑의 매'로 불렸다. 이 또한 자식을 사랑하는 부모의 간절한 바람으로 이해되었다. 매를 통한 체벌은 아동에게 바람직한 행동을 하도록 하는 데 효과가 있을 것으로 여겨졌던 것이다.

아동의 권리에 대한 인식의 변화로 더 이상 사랑의 매는 찾아볼 수 없다. 아동에게 위압감을 조성하고, 아동에게 아픔을 느끼게 하는 매는 그냥 매일 뿐이다. 매를 사랑이라는 아름다운 단어로 포장할 수 없다는 인식의 확산으로 매는 각 가정에서 사라지기 시작했다.

그럼에도 불구하고 여전히 아동 학대에 대한 민감성이 낮은 경우를 볼 수 있다. 아동 학대에 대한 낮은 민감성은 아동 학대 여부를 정확하고 빠르게 인지하는 데 방해 요인이 된다. 낮은 민감성을 높이기 위해서는 아동 학대에 관한 구체적인 사례를 제시하며 적극적으로 예방교육을 실시해야 한다.

학대 경험으로 아동 학대에 덜 민감한 경우도 있다. 어릴 적 아동 학대를 경험한 사람이 이후 자녀에게 학대를 하는 것이다. 아동 학대로부터 보호받지 못하고, 지속적으로 아동 학대에 노출되었을 때, 아동 학대에 둔감해진 아동은 자라서 자신의 자녀를 학대하는 경우도 있다. 따라서 아동 학대가 대물림되지 않고, 아동 학대에 대한 민감성을 기르도록 이를 위한 교육이 필요하다.

2) 아동 학대에 대한 관심이 편중되다

흔히들, 아동 학대라고 하면 신체 학대를 떠올린다. 다른 학대 유형에 비해 외상을 통해 아동 학대 여부를 비교적 쉽게 확인할 수 있기 때문에 아동 학대로 신체 학대를 우선적으로 떠올린다. 그러나 앞서 살펴보았듯, 아동 학대는 정서 학대, 성 학대, 방임도 포함한다. 따라서 아동 학대 전반에 대한 관심이 필요하다.

정서 학대는 신체 학대보다 더 많이 발생하고 있다. 따라서 아동의 말과 행동을 관찰하여 정서 학대를 받고 있지 않는지를 살펴보아야 한다. 아동이 집에 가기를 싫어하고 부모를 만났을 때 불안해하는 행동을 반복할 때는 신체적 손상이 없더라도 학대 여부에 관심을 가져야 한다.

이제는 아동 학대를 넓게 보고, 아동과 아동 학대에 관심을 기울여야 한다. 학대로부터 아동은 건강하게 성장할 수 없다. 그러므로 아동 학대로부터 아동을 보호하기 위한 관심이 무엇보다 중요하다.

3) 아동 학대 발생은 시공간을 초월하다

아동 학대는 오프라인 공간에서만 발생하지 않는다. 아동 학대는 온라인을 통해서도 발생하고 있다. 인터넷이 발달하면서 이러한 범죄는 급격히 증가하고 있다. 대표적으로 온라인 그루밍 성범죄를 들 수 있다. 온라인 그루밍 성범죄는 온라인상에서 아동을 유인한 가해자가 아동에게 성적 행위를 하도록 하는 성 학대에 해당한다. 온라인 그루밍 성범죄로 아동은 불안한 일상생활을 해 나가며 우울감을 느낀다.

4) 아동 학대 형제·자매에 대한 관심이 부족하다

가정 내 아동 학대는 모든 자녀를 대상으로 이루어지는 경우가 있는가 하면, 특정 아동 1명을 대상으로 이루어지는 경우도 있다. 발달이 느리거나 문제 행동을 한다는 이유로 아동 학대를 하는가 하면 특정한 이유 없이 한 아동만을 대상으로 학대를 한다. 아동 학대로 부모를 대상으로 수사가 진행될 경우, 학대를 받은 아동이나 학대를 받지 않은 아동은 시설보호 등의 조치를 하게 된다.

부모로부터 아동을 분리하여 보호할 때, 아동을 대상으로 심리 상담을 진행한다. 학대받은 아동뿐만 아니라 학대를 받지 않은 아동에 관한 심리 상담도 필요하다. 학대를 받지 않았더라도 다른 아동이 학대받는 상황에 노출되었으므로, 그 자체로 정서 학대가 될 수 있기 때문이다.

학대로 인해 아동이 사망한 경우, 생존한 형제나 자매가 사건 장면을 목격함으로써 트라우마를 겪게 되지만 아동보호전문기관에서 이들에게 제공하는 심리치료 및 의료 지원은 부족한 실정이다(정익중, 강현주, 이승진, 김세원, 강현아, 2021). 따라서 학대받은 아동과 이 상황에 노출된 아동에 대한 관심도 필요하다.

5) 아동 학대 관련 담당자가 과도한 스트레스를 경험하다

아동 학대 관련 주요 담당자는 아동보호전문기관의 상담원과 아동 학대 전담 공무원이다. 아동보호전문기관의 상담원은 학대피해 아동을 보호하기 위해 현장에서 일하는 전문 인력이지만, 아동 학대 위기에 개입하는 과정에서 심리적 외상을 경험한다(이비아, 최유석, 2020). 아동 학대 전담 공무원은 전문성의 부족으로 즉각적으로 아동의 분리 여부를 판단하는 데 어려움을 겪기도 한다(배태상, 이희영, 2022).

상담원과 전담 공무원은 아동 학대 관련 업무를 하며 과도한 스트레스에 노출되고 있다. 이로 인해, 상담원의 이직률이 높다. 전담 공무원은 아동보호전문기관으로 근무지를 옮기는 것을 꺼리기도 한다.

4. 학대피해 아동의 권리와 복지 실현의 길

아동 학대는 결코 용납되지 않는다. 그러므로 우리 사회는 아동 학대로부터 아동을 지켜야 한다. 아동의 권리를 존중하고, 아동의 행복한 성장을 지원하기 위해서 아동 학대가 발생하지 않도록 해야 한다.

1) 사회에서는 아동 학대 관련 종합적인 시스템을 만들다

아동 학대 관련 종합적인 시스템은 아동 학대 예방과 대응을 위한 모든 체계를 갖춘다는 의미이다. 먼저, 아동 학대 예방이다. 아동 학대를 예방하기 위해서는 아동 학대 예방교육을 실시해야 한다. 우리 사회에서 이루어지는 아동 학대 예방교육은 주로 부모나 예비부모, 아동, 관련 업무 종사자를 대상으로 실시하고 있다. 아동 학대 예방교육을 받는 대상이 확장되어야 한다. 크게 울거나 산만하다는 이유로 아동을 학대하거나 아동을 차별하지 않아야 한다. 모든 사회의 구성원은 관련 교육을 받아 아동 학대에 관한 최소한의 지식을 갖추어야 한다. 아동기에 대한 이해를 바탕으로 아동을 안전하게 지켜줄 수 있어야 한다.

아동 학대 예방교육은 대상에 따라 체계적으로 접근해야 한다. 아동 학대 예방교육의 주요 교육 내용이나 방법이 달라져야 한다. 예를 들어, 올바른 양육 방법을 알지 못해서 아동을 학대하는 부모가 있다. 이 부모는 아동 학대 예방교육을 통해 자녀 양육 방법을 안내받고, 학대 사례를 통해 하지 않아야 하는 양육행동을 익혀간다. 아동은 또 다시 가족을 잃게 될까 봐 두려워하며 학대를 받아도 참는 모습을 볼 수 있다. 아동 학대 예방교육에서는 아동에게 학대임을 인지하도록 돕고, 이를 위한 대처 방법도 안내해야 한다.

아동 학대 의심 사례가 접수되거나 아동 학대로 판정되면, 아동을 건강하게 보호하기 위한 모든 조치가 강구되어야 한다. 아동이 거주할 수 있는 시설, 치료가 필요한 아동이 이용할 수 있는 병원 등 각 기관과 연계가 체계적으로 이루어져야 한다.

그러나 아동 학대 예방 및 보호와 관련하여 피해 아동을 발견하고 관리·보호하는 시설, 인력, 예산 투입도 부족한 실정이다(박지영, 2021). 아동 학대를 예방하고 대응하기 위해 아동보호전문기관, 학대피해 아동 쉼터의 수가 늘고 있지만, 그 수가 여전히 적다. 따라서 아동 학대와 관련한 종합적인 시스템을 갖추기 위해서는 관련 아동복지시설도 늘려야 한다.

2) 교사는 아동 학대 예방을 위해 노력하다

교사는 아동 학대 예방을 위해 꾸준히 노력해야 한다. 예방은 두 가지로 생각해 볼 수 있다.

첫째, 교사는 아동에게 아동 학대 예방교육을 실시한다. 교사는 안전교육의 일환으로 아동에게 아동 학대 예방교육을 한다. 안전교육은 동영상, 동화 등을 활용하여 실시한다. 아동에게 적합한 아동 학대 예방교육을 통해, 아동은 학대로부터 대처하는 방법을 경험한다.

표 12-1 아동 학대 관련 그림책

그림책 제목(출판사)	학대 유형				
	신체 학대	정서 학대	성 학대	방임	중복 학대
가족 앨범(사계절)			○		
나에게 일어난 일을 다 말할 거예요(뜨인돌어린이)			○		
난 싫다고 말해요(북뱅크)			○		
너 왜 울어?(북하우스)		○			
네 잘못이 아니야!(아람 출판사)			○		
말해도 괜찮아(문학동네)			○		
명희의 그림책(보림)				○	
슬픈 란돌린(문학동네)			○		
싫을 땐 싫다고 말해!(아람출판사)			○		
아빠의 술친구(씨드북)					○
앵그리 맨(내인생의책)		○			
이럴 땐 싫다고 말해요!(문학동네)			○		
할아버지 방패(파랑새 어린이)	○				

출처: 이은영, 전유영(2019).

둘째, 교사는 아동 학대가 의심될 경우 112로 신고한다. 교사는 신고 의무자이다. 교사는 매일 아침 아동의 건강 상태를 확인한다. 교사는 아동의 하루 일과를 관찰하며, 아동의 현 건강 상태를 파악한다. 교사는 부모나 아동을 양육하는 환경에 관해서도 파악한다. 누구보다 아동을 잘 살펴보는 교사는 아동 학대가 의심될 경우 신고해야 한다. 만약 아동의 몸에 멍, 상처 등이 있다면 기록이나 사진으로 남겨둔다.

세 걸음 성장하기

유아를 대상으로 한 아동 학대 사건이 발생한 적이 있어요.
아동 학대 예방을 위한 개인적 노력을 찾아보세요.

➡ 1단계: 유아를 대상으로 한 아동 학대 사건을 찾아보세요.

학대 발생 장소	
학대피해 아동	
학대가해자	

➡ 2단계: 훈육을 위해 아동 학대를 했다고 합니다. 훈육일까요? 학대일까요? 생각해 보세요.

훈육인가?	학대인가?

참고문헌

국가법령정보센터(2023). 아동 학대범죄의 처벌 등에 관한 특례법. https://www.law.go.kr/LSW/lsInfoP.do?efYd=20230628&lsiSeq=246615#0000에서 2023.07.01 인출함.

박상식, 김두상(2017). 아동 학대범죄의 예방과 대책을 위한 과제. **법학논총, 34**(3), 165-190.

박지영(2021). 아동 학대 예방 및 보호 정책 변동에 관한 연구: 2014년 아동 학대범죄의 처벌 등에 관한 특례법제정 이후를 중심으로. **지방행정연구, 35**(1), 171-198.

배태상, 이희영(2022). 아동 학대 전담공무원에 대한 내러티브 연구. **경찰학 연구, 22**(1), 135-158.

이비아, 최유석(2020). 아동보호전문기관 상담원의 직무만족에 영향을 미치는 요인. **사회과학연구, 59**(1), 213-250.

이상균, 이봉주, 김세원, 김현수, 유조안, 장화정, 진미정, 박지명(2017). 아동 학대사례의 잠재유형화와 유형별 재학대 위험요인. **사회복지연구, 48**(3), 171-208.

이은영, 전유영(2019). 아동 학대 관련 그림책에 나타난 학대유형과 피해 아동의 특성. **인문사회21, 10**(4), 1621-1636.

정익중, 강현주, 이승진, 김세원, 강현아(2021). 아동 학대 사망사건의 생존형제자매는 어떻게 보호되고 있는가? **사회복지연구, 52**(4), 35-62.

CHAPTER 13

아동의 권리와 복지의 방향

한 걸음 다가가기

○○는 미숙아로 태어나, 인큐베이터에서 백일을 맞았습니다. 의사와 간호사의 보살핌과 면회 시간마다 찾아오는 부모님의 관심 속에서 건강을 되찾은 ○○는 이제 집으로 돌아갑니다. 앞으로 ○○는 많은 사람의 사랑을 받으며, 건강하게 자랄 것입니다. ○○가 건강하고 행복한 아이로 성장하도록 부모와 우리 사회 구성원 모두의 관심과 지원이 필요합니다.

친구들에게 따돌림을 당한 경험을 부모에게 이야기하며 불안감을 호소하는 유아의 이야기

가정 내 학대 경험을 선생님에게 털어놓으며 울음을 터뜨리는 초등학생의 이야기

준비되지 않은 미래를 떠올리며 두려워하는 중학생의 이야기

이러한 아동의 이야기는 우리 주변에서도 찾아볼 수 있다. 어렵게 자신의 이야기를 꺼낸 아동은 이후 누군가의 반응을 기다린다. 반응에 따라 아동은 위로를 받고 한 단계 더 나은 삶을 살아가는 데 필요한 힘을 얻는다. 반대로 좋지 않은 반응은 아동에게 죄책감을 느끼게 하여 더욱더 사회로부터 고립되게 만든다. 아동은 점점 외톨이가 되어가는 느낌을 받는다. 그만큼, 어렵게 이야기를 꺼낸 아동에 대한 반응은 신중해야 한다.

그렇다면 우리는 이 아동에게 어떤 말을 해야 할까? 우리는 이 아동에게 어떤 반응을 해야 할까?

"평소 네가 잘못해서 그래! 네가 먼저 괴롭힌 건 아니니?"

"너 스스로 학대 받을 만한 행동을 하지 않았니?"

"평소 공부를 좀 열심히 하지 그랬니? 선생님 이야기에 귀 기울이고."

우리는 용기를 내어 자신의 상황을 말한 아동에게 그 책임을 전가하며, 아동을 비난해야 할까? 절대로 아닐 것이다. 이 모든 상황에 따른 책임은 아동에게 있지 않다. 다음과 같이 말해 보는 것은 어떨까?

"친구들이 너와 함께 놀지 않는 것은 너의 잘못이 아니란다."

"부모가 너를 학대한 것은 너에게 그 어떤 잘못도 없단다."

"누구에게나 미래에 대한 두려움은 있을 수 있단다."

아동이 건강하고 행복한 삶을 살아가기를 바라는 누군가는 아동에게서 그 원인을 찾아 비난하기보다는 아동의 주변 환경을 점검할 것이다. 사회에서 충분한 보살핌을 받아야 하는 아동은 자신의 권리를 존중받으며 살아가야 한다. 그래서 우리는 지금도, 앞으로도 아동의 권리 보장과 복지 실현에 관심을 가져야 한다. 소외되는 아동 없이 모든 아동은 인격체로 존중받으며 성장해야 하기에 모든 사회 구성원은 아동을 진정으로 존중해야 한다.

입양된 가정에서 행복하게 성장하는 영아의 모습

놀이터에서 즐겁게 놀이하며 환하게 웃는 유아의 모습

친어머니 품으로 돌아가며 기뻐하는 가정위탁종료 초등학생의 모습

자신의 미래를 설계하며 기대감으로 가득한 중학생의 모습

이는 우리가 바라는 아동의 행복한 모습일 것이다. 이에 13장에서는 그동안 생각을 나누었던 아동 권리와 복지를 마무리하며 앞으로 나아가야 할 복지의 방향을 생각해 본다.

교사는 그 책임을 다해 유아를 지도해야 한다. 이때 교사는 올바른 방법으로 유아를 지도해야 한다. 아동 권리와 복지에 관한 이야기를 마무리하며, 교사 스스로 유아의 권리를 보장하고 복지를 실현하는 최선의 방안을 고민해 보기를 바란다.

1. 아동의 권리와 복지 실현을 위한 고려사항

아동 권리와 복지에서는 1장 아동의 삶, 그리고 권리와 복지를 시작으로 12장 학대피해 아동까지 아동 복지에 관한 전반적인 이야기를 나누었다. 아동마다 처해 있는 상황이 다양해서 삶의 모든 모습을 이해하는 데 어려움이 있었으나 각 장의 내용을 들여다보며, 아동의 권리 존중과 복지 실현의 현 주소를 살펴볼 수 있었다. 그 과정에서는 개선해야 할 지점도 찾

아볼 수 있었다. 아동 권리와 복지를 되새기며 앞으로 더욱더 아동의 권리와 복지 실현으로 나아가기 위해 고려해야 할 사항을 살펴본다.

1) 보호가 필요한 아동, 아동복지사업을 종료하다

아동 복지에서 말하는 아동은 18세 미만의 아이들이다. 많은 아동복지정책 및 서비스는 이 연령 기준에 따라 18세 미만의 아동을 그 지원 대상으로 선정한다. 아동의 연령이 18세가 되면 그동안 지원했던 아동복지사업을 종료한다. 예를 들어, 아동양육시설에서 보호받던 아동이나 가정위탁보호를 받던 아동은 18세가 되면 더 이상 각각의 서비스를 받을 수 없게 된다. 이러한 서비스의 종료와 함께 아동은 자립하여 스스로 살아가야 한다.

18세, 자립해서 무엇이든 혼자서 씩씩하게 해 나갈 수 있는 나이일까? 아직은 누군가의 보살핌을 받으며 진로를 고민하고 선택하며 미래를 꿈꾸는 시기이다. 가정에서 부모의 보살핌을 받으며 자라온 아동은 18세가 되더라도 큰 변화를 맞이하지 않는다. 여전히 양육자와 함께한 가정에서 진로를 고민하며 생활한다.

그러나 18세가 되어 아동복지시설에서 더 이상 보호받지 못하게 된 아동의 삶은 달라진다. 자립을 충분히 준비하고 연습하는 시간을 가지지 못한 채, 보호종료와 함께 자립을 해야 한다. 이 아동은 여러 가지 어려움을 겪는다. 경제적인 어려움으로 지낼 수 있는 주거 공간을 구하지 못하는 아동, 끼니를 제때 챙기지 못하는 아동이 있다. 심리적인 어려움으로 고민을 이야기하고 싶지만, 함께 나눌 대상이 없는 아동도 있다.

다행히 최근에 준비가 되지 않은 채 홀로서기를 해야 하는 아동을 위한 복지정책이 마련되고 있다. 즉, 이제 아동복지정책과 서비스는 아동의 연령 기준에 따라 그 기한 내로 제한하여 지원하는 데 중점을 두지 않고 그 시기를 넘어 이후 아동의 삶에 대해서도 관심을 가진다.

대표적인 지원책은 보호종료 아동을 위해 자립 수당을 지원하는 것이다. 5년이라는 기간 동안 지원되는 수당이고, 신청을 해야 지급받을 수 있지만 생계비 지원을 위한 정책으로 이루어지고 있다. 자립 수당은 30만 원에서 시작하여 조금씩 늘려가고 있으니, 생활비로 충분하지 않더라도 이 수당을 효율적으로 사용하도록 경제 교육이 필요하다. 또한 아동권리보장원 자립지원부에서는 자립준비 청년들의 자립을 지원하기 위한 상담과 교육을 실시한다.

최근에는 아동복지법 개정에 따라 아동의 의사에 따라 시설에서 보호받는 기간을 늘릴 수 있도록 하였다. 만약 대학 진학 등의 이유로 자립하는 데 어려움이 있는 아동은 시설보호를 연장할 수 있다.

사회적으로 18세 연령에 이른 아동을 보호하기 위한 지원책을 마련하고자 조금 더 민감하게 반응하고 있다. 그러나 이러한 지원만으로 충분하다고 보기는 어렵다. 스스로 삶을 포기하는 아동의 이야기들은 더욱 적극적인 지원의 필요성을 보여준다. 아동에게 문제가 발생한 후, 해결책을 찾기보다는 예방 차원의 지원과 정책이 필요하다.

드림스타트 사업도 마찬가지이다. 드림스타트 사업은 주로 0세부터 12세 이하의 취약계층 아동을 대상으로 한다. 그러다 보니 이후 시기에 도움을 필요로 하는 아동이 서비스를 이동하는 데는 어려움을 겪는다. 개별 아동에게 맞춘 지속적인 서비스의 제공이 이루어질 때, 개입과 교육의 효과를 높일 수 있지만 효과가 서서히 나타날 즈음에 이러한 지원이 중단된다. 이와 관련하여 드림스타트의 아동통합사례관리사는 중·고등학생을 대상으로 하는 청소년 드림스타트의 필요성을 제기하였다(최희선, 조인주, 2021). 따라서 현재 실시되고 있는 우리나라의 아동복지정책이나 서비스의 연령 제한을 세밀하게 검토해 보아야 한다. 아동기의 특성을 고려한 지속적인 관심과 보살핌이 필요하다.

2) 원가정보호, 아동복지정책의 주요한 원칙이다

아동복지정책은 대체적으로 원가정을 보호하는 방향으로 이루어진다. 아동은 가정이라는 울타리에서 보호받으며 성장해야 하므로, 아동의 발달에 있어서 최적의 환경으로 원가정을 제시한다. 이에 따라 우리 사회에서는 두 가지 방향으로 이 원칙을 지키려 노력하고 있다. 먼저, 원가정 해체를 예방하려는 노력이다. 부모의 이혼이나 별거, 경제적 어려움 등으로 친가정이 해체되지 않도록 부모교육이나 상담 등을 지원한다. 다음으로 원가정으로의 복귀를 위한 노력이다. 이는 시설보호를 받거나 가정위탁보호를 하던 아동이 일정 기한이 지나면 다시 원가정으로 돌아가도록 지원한다. 그동안 우리나라는 원가정 해체를 예방하는 차원보다는 원가정으로의 복귀 차원으로 원가정 보호 원칙을 적용해 왔다.

우리나라는 원가정 보호 원칙에 따라, 아동복지서비스를 종료하며 아동이 원가정으로 돌아가는 것을 최선으로 여긴다. 예를 들어, 아동이 원가정으로 돌아가게 되면서 시설보호나 가정위탁보호를 종료한다. 학대피해 아동이 발생했을 때도 아동을 원가정으로 보내기도 한다.

아동이 원가정으로 돌아가 부모로부터 충분한 보살핌을 받으며 건강하게 자란다면 그 가정은 아동을 양육하고 지원하는 최선의 환경이 될 수 있다. 예를 들어, 부모가 하던 사업이 갑자기 어려움을 겪으면서 가족이 흩어지게 된 경우를 생각해 본다. 이 부모가 자녀를 아동양육시설에 보낸 후, 열심히 경제 활동을 하게 되고 이후 경제력을 회복하자 다시 자녀를 가정으로 데리고 간다. 그 후, 부모는 자녀를 열심히 양육한다. 이는 아동과 부모뿐만 아니라 사회에서도 바람직한 결과로 여겨진다.

그러나 원가정으로 돌아갔지만 제대로 보호받지 못하는 아동이 있다. 가정위탁보호를 하다가 원가정으로 돌아가 학대를 받는 아동이 있는가 하면, 다시 원가정에서 가출하여 거리를 배회하는 아동도 있다. 원가정이 아동의 건강과 안전을 오히려 위협하는 것이다.

아동의 권리를 보호하고 발달을 지원하기 위해서는 가정이라는 테두리가 필요하다. 이때의 가정은 아동이 보호받는 따뜻한 곳, 건강한 곳, 행복한 곳이어야 한다. 원가정보호 원칙만을 내세우기보다는 아동에게 맞는 최선의 환경인지를 생각해 보아야 한다. 원가정 복귀에 따른 아동의 의견을 수렴해야 한다. 원가정으로 아동을 돌려보내는 데 급급하지 않아야 한다.

아동이 원가정으로 돌아간다면, 이후 가정 내 아동의 생활 상황을 점검해 보아야 한다. 아동이 성장에 필요한 보호를 받고 있는지, 발달과 연령에 적합한 교육을 경험하고 있는지 등 종합적인 관리가 필요하다.

3) 부모, 양육자의 이야기에 귀 기울이다

아동복지정책을 결정할 때는 부모나 양육자의 이야기에 귀 기울인다. 만약, 경제적 부담을 느껴 자녀 낳기를 꺼린다는 사회적 인식이 있다면, 국가에서는 양육 수당, 아동 수당처럼 여러 가지 수당을 통해 현금 지원을 하게 된다. 자녀를 낳더라도 일자리를 그만두어 경력 단절이 발생하는 상황을 염려한다는 사회적 인식이 있다면, 자녀를 키울 수 있도록 육아 휴직을 장려하고, 직장어린이집을 짓도록 규제를 강화한다. 이처럼 아동 복지에 관한 정책의 대부분은 아동의 목소리를 담기보다는 부모나 양육자의 이야기에 귀 기울인다. 부모는 아동의 목소리를 대신 전하는 대변인으로 그 역할을 하기 때문이다.

아동을 위한 복지 실현을 위해서는 아동의 이야기에 귀 기울여야 한다. 아동에게 그 의견을 물어야 한다. 발달하는 과정에 있는 아동기로, 아동의 의견을 신뢰하기 어렵다거나 논리적으로 사고하여 올바른 판단을 하는 데 어렵다고 말하는 사람들도 있다.

그러나 적어도 아동은 자신과 관련한 사항에 대해 의견을 말할 권리를 가진다. 아동복지정책을 마련할 때는 아동의 의견을 듣고 반영하고자 노력해야 한다. 아동의 생각에 귀 기울이는 노력은 그들의 권리를 존중하는 시작점이 될 것이다. 각 시에서 아동참여위원회를 모집하거나 청소년수련관에서 청소년운영위원회를 구성하여 활동하도록 지원하는 것은 아동의 목소리를 반영하려는 노력일 것이다. 단지 이러한 위원회를 구성하는 데 급급하지 말고 아동들이 바라는 바를 알고, 수렴하려는 자세가 필요하다.

4) 아동 복지 분야 담당자, 근무 환경의 개선이 필요하다

아동복지시설에서는 각 분야의 전문가들이 근무를 하고 있다. 이들은 모두 관련 분야의 전문가로 국가자격증을 소지한 이들이다. 구체적으로 살펴본다.

- 가정위탁지원센터: 상담원(사회복지 자격증 소지자)
- 다문화가족지원센터: 상담사(사회복지 자격증 소지자)
- 드림스타트: 아동통합사례관리사(사회복지 자격증 소지자)
- 보육원: 생활복지사(사회복지 자격증 소지자)
- 아동보호전문기관: 상담원(사회복지 자격증 소지자)
- 어린이집: 보육교사(보육교사 자격증 소지자)
- 자립지원전담기관: 자립지원 전담요원(사회복지 자격증 소지자)
- 주민자치센터: 사회복지 전담 공무원(사회복지 자격증 소지자)
- 청소년 수련관: 방과 후 아카데미 팀장 및 담임(사회복지 자격증 소지자)

여러 아동 복지 관련 기관에서는 복지 업무를 담당하는 사람들이 있다. 이들은 각자의 업무에 맞게 전문적인 역할을 수행한다. 문제는 아동 가까이에서 직접적으로 실무를 담당하는 담당자들의 잦은 이직이 발생하는 경우이다. 아동 복지 분야 담당자들은 장기적으로 일을 하지 못한 채, 일을 그만두기도 한다. 지역아동센터가 사라질 위기에 놓여 더 이상 근무할 수 없어 이직을 하는 경우도 물론 있지만, 열악한 근무 환경으로 오랜 기간 근무하지 못하는 경우도 있다. 아동통합사례관리사 중에는 많은 업무로 가정생활에 소홀해지는 경우도 있다(최희선, 조인주, 2021). 근무 상황이나 업무에 비해 월급이 적고, 복지 혜택을 보장 받지 못하다 보니, 장기적으로 근무하지 못하고 일을 그만두는 경우가 생긴다.

잦은 담당자 변경은 아동에게도 어려움으로 작용한다. 아동은 새로운 사회복지사와 친밀감을 형성하며 적응해야 한다. 아동은 마음을 열었던 사회복지사가 그만둠으로써 상처를 받기도 한다. 따라서 아동이 신뢰감을 바탕으로 보호를 받기 위해서는 근무자가 자주 교체되지 않도록 근무 환경의 개선이 무엇보다 필요하다.

2. 아동의 권리 보장을 위한 우리 사회의 지향점

아동의 권리를 존중하고 복지를 실현하기 위해서는 우리 사회 전반에서 관심을 가져야 한다. 이 세상을 살아가는 모든 아동이 행복한 삶을 살아가도록 우리 사회가 나아가야 할 방향을 그려본다.

1) 사각지대에 있는 아동을 발견하다

여전히 어딘가에서 도움을 간절히 기다리는 아동이 있다. 식사를 해결하지 못해 오랜 시간 굶주려 식사를 간절히 바라는 아동, 배움이나 또래와 놀고 싶어 학교를 가고 싶어 하는 아동, 몸이 아파 빠른 시간 내에 병원에 가고 싶어 하는 아동이 있다. 이 세상에 태어났지만 부모가 출생 신고를 하지 않아 집에서 오랜 시간 갇혀 지내 밖의 세상을 알지 못하는 아동도 있다. 이 아동은 우리 사회에서 발견하고 보호해야 할 대상이다.

그러나 부모의 무관심이나 정보의 부족으로 다른 사람들에게 도움의 손길조차 내밀지 못한 채, 제대로 보호받지 못하는 아동이 있다. 바로 사각지대에 놓여 있는 아동이다. 사각지대에 있는 아동의 발견은 주변에 있는 아동을 유심히 살펴 어려운 환경에 놓인 아동을 찾아내는 데 있다.

물론, 취약계층을 찾아 위험한 상황에 놓일 가능성이 있는 아동을 찾으려는 노력은 이루어지고 있다. 학교를 결석한 아동의 가정을 직접 방문하는 것도 아동을 찾으려는 노력이다. 유치원 교사 등 아동 학대 신고 의무자의 역할 강화도 학대로부터 사각지대에 놓인 아동을 찾기 위한 노력이다. 그럼에도 여전히 사각지대에 놓여 있는 아동이 있다. 우리 사회에서는 사각지대에 있는 아동을 발견하여 지원해야 한다.

사각지대에 놓여 있는 아동을 발견하기 위해서는 사회 구성원 모두의 관심이 필요하다. 예를 들어 아동 학대가 의심될 경우 신고하기는 모든 사회 구성원의 역할이다. 교사를 포함한 아동 학대 신고 의무자만이 아동 학대를 신고해야 하는 것은 아니다. 모든 사회 구성원이 관심을 가질 때, 위험한 상황에 놓인 아동을 안전하게 보호할 수 있다. 즉, 아동의 권리를 보장하고 보호하기 위한 노력은 특정 개인이나 직업군만의 문제가 아니며 모든 사회 구성원의 노력이 필요하다.

2) 아동의 관점에서의 복지를 시작하다

아동의 관점에서 복지를 시작하기는 아동을 위한 복지의 방향, 정책, 서비스가 진정으로 아동에게 유익한 것인가를 고민해 보고 결정하는 것이다. 아동 복지는 진정으로 아동을 위할 수 있어야 한다. 단순히 부모나 교사가 아동에게 무언가를 해주기 위해 결정하고 실천하는 과정이 아니다. 따라서 아동 복지는 아동의 시선으로 보며 그 요구를 수용해 주어야 한다. 이를 위해서는 아동의 작은 목소리나 의견에도 귀 기울여야 한다. 아동이 소리를 내는 것은 어려움의 표현이며 도움에 대한 기대이다. 그러므로 아동의 관점을 이해하기 위한 관심이 필요하다.

3) 아동에게 관심을 가지다

아동에게 관심 가지기는 우리 주변에서부터 전 세계에서 살아가고 있는 아동의 삶에 주의를 기울이는 데 있다. 사각지대에 놓여 있는 아동을 발견하든, 아동의 관점에서 복지를 시작하기 위해서이든, 먼저 아동에게 관심을 가져야 한다. 아동에게 관심을 가질 때, 아동과 함께하는 사회를 구성해 갈 수 있다.

아동에 대한 관심의 시작은 아동기를 올바로 이해하는 데서 출발한다. 즉, 아동기는 다른 삶의 시기와 구별되는 발달 특징을 보이며, 이를 있는 그대로 수용해 주어야 한다.

놀잇감을 뺏은 친구를 손으로 밀치는 영아
장난감을 사달라고 조르며 우는 유아
도서관에서 크게 말하는 유아

사회적 규범에 따르면, 이 아동들의 행동은 잘못되었다. 다른 아동에게 해를 입힐 뿐만 아니라 자신에게도 해가 되는 행동이다. 그렇다 보니, 아동의 행동을 유심히 본 사회 구성원들은 이렇게 말하기도 한다.

아이가 왜 이런 말을 하는지 모르겠어요.
아동의 행동이 이해되지 않아요.
아동이 잘못 크고 있는 것 같아요.

아동에 관한 올바른 이해를 바탕으로, 아동에 대해 관심을 가져야 한다. 주의산만한 아동이 아니라 호기심 많은 아동으로 이해하고, 규범을 알고 있지만 실천하지 않는 아동이 아니라 규범을 배워가는 아동으로 이해해야 한다. 아동기는 그 시기만의 특징이 있다. 발달 특징이 있다. 그러므로 아동에 대해 관심을 가지기 위해서는 아동기에 관해 알아야 한다. 이 시기를 이해하지 못한 채 아동을 올바로 알고 있으며, 그들에게 관심을 기울이고 있다고 말하기 어려울 것이다.

또한 아동에게 관심을 가지기 위해서는 아동의 시선으로 바라보아야 한다. 우리가 보았을 때, 궁금하지 않은 많은 일들이 아동에게는 신기한 세상 이야기로 보여진다. 우리가 놓쳤던 소소한 행동은 아동에게 상처를 남긴다. 따라서 아동의 시선으로 바라보며 그들에게 관심을 가져야 한다.

두 걸음 찾아가기

현 시대 아동의 삶을 나타내는 단어를 찾아보세요.

➡ 1단계: 초등 돌봄 교실 확대에 대한 부모와 아동의 관점을 생각해 보세요.

➡ 2단계: 노키즈존과 오케이키즈존에 관한 자신의 생각을 적어보세요.

➡ 3단계: 아동에 대한 이해를 돕는 구체적인 방안을 생각해 보세요.

3. 아동의 권리 보장을 위한 가족의 노력

아동의 권리 보장과 복지 실천은 각 가정에서 출발한다. 가족 구성원들은 아동기를 소중히 여기며 아동이 건강하고 행복하게 살아가는 데 필요한 지원을 해야 한다. 가족의 노력에서는 더 많은 아동의 권리 존중을 위한 출발선으로 가정에서의 실천을 살펴본다.

1) 올바른 가족관을 정립하다

가족관이란 가족에 대해 가지는 가치관이나 생각을 말한다. 어떤 사람은 가족이라는 단어를 듣고 사랑, 행복, 함께함, 공감을 떠올리는가 하면, 또 다른 사람은 분리, 슬픔, 독립, 단절을 떠올리기도 한다. 가족에 대한 생각은 삶의 경험에 따라 변하거나 고착화된다.

아동이 건강하게 자라기 위해서는 가족 구성원 모두 올바른 가족관을 정립해야 한다. 올바른 가족관의 정립은 가족 구성원, 가족 역할 등에 관해 바른 가치관을 가진다는 의미이다. 진정한 가족은 가족관계증명서에 올려진 이름을 하나로 통칭하거나 단순히 한 공간에서 함께 살아가는 사람들을 의미하지 않는다. 가족은 사랑을 바탕으로 하여 구성된 한 집단으로 서로를 보호하고, 인정하며, 인격체로 존중해야 한다.

가족관은 아동을 양육하는 방식이나 태도에 영향을 미친다. 예를 들어, 무조건 아버지의 명령에 따라야 한다고 생각하는 권위적인 가족관을 가진 부모는 자녀에게 부모의 이야기에 무조건 복종하라고 요구한다. 서로의 의견을 존중하며 함께해야 한다고 생각하는 민주적인 가족관을 가진 부모는 자녀에게 의견을 물어보며 함께 문제를 해결한다. 올바른 가족관을 정립하기 위해서 다음의 질문에 답해 본다.

- 가족 공동의 문제는 어떻게 해결해야 할까요?

- 아동에게 나타난 문제는 어떻게 해결해야 할까요?
- 행복한 가족을 위한 노력은 무엇일까요?

올바른 가족관을 정립한 가정에서 아동은 하고 싶은 것과 원하는 것을 말한다. 아동은 감정을 표현하는 방법도 배운다. 아동은 사회적 규범도 알아간다. 올바른 가족관이 정립되어 있을 때, 아동은 화목한 분위기 속에서 건강하게 자란다.

2) 생애주기별 아동을 이해하다

생애주기별 아동을 이해하기는 발달 시기에 따라 아동의 발달 특징의 다름을 파악하고, 이를 존중해 준다는 의미이다. 갓 태어난 신생아와 3개월 뒤 영아의 모습은 사뭇 다르다. 2세가 된 영아와 18세가 된 청소년의 모습도 다르다. 아동은 계속해서 발달하므로 아동의 모습은 점점 달라진다.

아동은 매해, 매달, 매일 발달한다. 아동의 신체운동 능력이 발달한다. 기던 아동은 걸을 수 있고 달리기를 하게 된다. 한 단어를 말하던 아동은 문장을 읽고 쓸 수 있게 된다. 혼자 놀이를 즐기던 아동은 약속을 지키며 또래와 함께 놀이를 할 수 있다. 울기를 잘 하던 아동은 슬픔에 잠긴 친구를 위로해 주기도 한다. 건너뛰며 수세기를 하던 아동은 어려운 수학 공식도 이해한다. 발달을 하며 아동은 생애주기별로 여러 가지 발달 과업을 이뤄가야 한다. 13개월이 되면, 수유 떼기를 해야 하고 18개월이 되면 대소변 훈련도 해야 한다. 36개월이 되면 스스로 옷을 입을 수 있어야 한다. 아동은 성장하며 여러 가지 발달 과업을 성취해 간다.

생애주기에 따라 아동의 발달이나 발달 과업은 달라지므로, 부모의 관심이 필요하다. 예를 들어, 대소변 훈련을 할 준비가 된 아동이 부모에게 끊임없이 신호를 보낼 때, 부모는 그 신호를 발견하고 적절히 대처해야 한다. 준비가 된 아동에게 발달 과업을 이뤄가는 환경을 마련해 주지 않는 것은 적절하지 않다.

더불어 생애주기별 발달 특징에 대한 이해를 바탕으로 발달의 개인차를 존중해야 한다. 부모는 자녀의 발달을 이해하고 성급하지 않아야 한다. 예를 들어, 부모는 18개월 된 옆집 아동의 대소변 훈련을 보며 내 자녀의 발달 느림을 지나치게 걱정하거나 재촉하지 않아야 한다.

생애주기별 아동을 이해할 때, 부모는 아동에게 제공해야 할 지원과 마련해 주어야 할 환경을 알게 된다. 또한 부모는 아동기를 인정하며 아동답게 생활하며 성장하도록 지원할 수 있다.

3) 부모교육에 참여하다

올바른 가족관을 정립하거나 생애주기별 아동을 이해하기 위해서는 부모교육에 참여해 본다. 부모교육은 자녀에 대한 이해를 바탕으로 올바른 부모 역할을 알고 실천하도록 지원한다. 부모교육의 내용은 아동기 발달, 아동기 부모 역할뿐만 아니라 현재 자녀에 대한 교육은 부모 자신의 어릴 적 경험을 반영한다고 보고, 이에 대한 내용도 함께 다룬다. 더욱 구체적인 부모교육 내용은 다음의 주제를 포함한다.

- 인성이 바른 아이로 키우기
- 아이와 함께 놀아주는 부모 되기
- 아동 학대로부터 자녀 지키기
- 아동의 성 행동 이해하기
- 자녀의 스마트폰 사용 이해하기
- 사춘기 자녀 이해하기

이 외에도 다양한 주제로 부모교육이 실시되고 있다. 시대적 여건을 반영하여, 부모교육 내용도 변화하므로 더욱 다양한 주제의 부모교육을 볼 수 있다. 부모교육은 다양한 방법으로 이루어진다. 상담, TV 프로그램뿐만 아니라 유튜브 채널에서도 관련 정보를 찾아볼 수 있다. 오프라인뿐만 아니라 온라인 교육도 활성화되고 있다.

4. 아동의 권리 보장을 위한 교사의 실천

아동을 향한 교사의 관심과 보살핌은 조금 더 건강한 아동으로 성장하도록 지원한다. 교사 또한 아동의 권리를 존중하고 복지 실현을 위해 노력해야 한다. 교사의 실천에서는 교사의 노력을 살펴본다.

1) 편견을 돌아보다

흔히들 한쪽으로 치우친 생각을 편견이라고 한다. 사람들은 살아가는 환경에서 여러 가지 편견과 마주한다. 성, 인종, 직업, 사회계층과 관련한 편견 등 사람들이 경험하는 편견은 다양하다. 교사도 마찬가지이다.

교사도 살아가는 과정에서 편견을 경험한다. 유치원 교사라는 직업에 관한 편견이나 자녀 양육에 관한 편견도 그 중 하나이다. 편견을 경험하며 교사는 스스로 사람이나 사건에 대한 편견을 형성한다.

교사가 가진 편견은 유아교육기관에서 만나는 다양한 가정의 아동이나 부모와의 첫 만남, 상호작용에 영향을 미친다. 예를 들어, 다문화 가정 아동을 보았을 때, 언어 발달이 느릴 것으로 생각하거나 부모와 어떻게 상호작용해야 하는지를 걱정한다. 국제결혼 가정인 경우 다문화 가정 아동은 한국어를 모국어로 쓰는 아이들이다. 그러므로 아동에 관해 알아가기 전에 발달 정도를 짐작하는 것은 교사가 지닌 편견일 수 있다. 부모와의 상호작용도 마찬가지이다. 다문화 가정 부모 중에는 한국어를 능숙하게 하는 결혼이민자도 있다. 그러므로 교사는 자신의 생각이나 신념에서 편견적 요소를 찾아야 한다.

교사는 유아교육기관에서 마주하게 될 다양한 사례들을 통해 자신의 생각을 짚어본다. 다른 교사와 함께 각자의 생각을 이야기 나누며, 생각의 다양성을 경험한다.

틀린 그림 찾기가 유행했던 시대가 있었다. 이제는 다른 그림 찾기라고 부른다. 두 가지 그림 중 어느 것이 정답이라고 말할 수 없기 때문이다. 다름에 대한 인정이 필요하며 이를 위해서는 자신의 편견을 점검해 보아야 한다.

2) 있는 그대로를 수용하다

자신의 편견을 확인한 교사는 다음으로 무엇을 해야 할까? 교사는 상대방을 있는 그대로 수용하기 위해 노력해야 한다. 있는 그대로를 수용하여, 지원이 필요하다고 판단될 때는 도움을 제공한다.

5세 아동의 모습은 어떨까? 모두 다르다. 외모가 다를 뿐만 아니라 성향, 선호하는 것, 싫어하는 것 모두 다르다. 일란성 쌍둥이라고 하더라도 같지 않다. 모두 다른 아동이다. 다양한 가정의 모습은 어떨까? 다문화 가정마다 가족을 대하는 방식, 일상생활 패턴이 다 다르다. 입양 가정도 마찬가지이다. 모든 가정은 각 가정의 삶의 모습으로 살아간다.

교사는 다양한 아동과 가족을 만난다. 이때, 교사는 자신의 신념이나 기준에 따라 아동이나 그 가족을 평가하기도 한다.

'이러한 ○○ 가정환경에서 자랐으니, 아동은 예의 바를 거야.'
'이러한 ○○ 가정환경에서 자랐으니, 아동은 버릇이 없을 거야.'
'이러한 ○○ 가정환경에서 자랐으니, 아동의 발달이 빠를 거야.'
'이러한 ○○ 가정환경에서 자랐으니, 아동의 발달이 느릴 거야.'

'이러한 ○○ 가정환경에서 자랐으니, 아동의 심리 상태는 안정적일 거야.'
'이러한 ○○ 가정환경에서 자랐으니, 아동의 심리 상태는 불안할 거야.'

교사는 살아가며 자신만의 생각을 정립한다. 교사의 직·간접적인 경험은 이러한 생각에 영향을 미친다. 아동에 관한 학습 경험, 아동을 지도한 경험, 다양한 가족을 상담한 경험, 미디어에 비친 아동과 그 가족의 모습 등 다양한 경험이 교사의 생각 형성에 영향을 미친다.

처음으로 아동 관찰 방법을 배운 예비교사는 기록 내용을 다음과 같이 작성한다.

"○○가 친절하게 말한다."
"○○의 어휘력이 또래들보다 풍부한 듯, 말한다."
"○○는 엄청 큰 블록을 좋아한다."

예비교사의 기록에는 주관적 생각이 담겨 있다. 관찰은 사실적이어야 하므로 이러한 주관적 표현은 배제해야 한다. 객관적인 기록을 해 나가는데 예비교사의 지속적인 관찰 경험과 객관성을 확보하려는 의도적 노력이 필요하다.

교사도 마찬가지이다. 교사는 아동과 그 가족을 만났을 때, 있는 그대로를 보기 위해 노력해야 한다. 아동과 그 가족에 대한 섣부른 생각이나 판단은 오히려 오해를 불러올 수 있기 때문이다. 교사는 있는 그대로 아동과 가족을 바라보며 바람직한 관계를 형성하여 소통해야 할 것이다.

세 걸음 성장하기

아동의 권리를 존중하고 복지를 실현해 가는 데 각자의 역할은 무엇인지 생각해 보세요.

➡ 1단계: 아동의 권리를 존중하기 위한 자신의 역할을 적어보세요.

➡ 2단계: 아동의 복지를 실현하기 위한 자신의 역할을 적어보세요.

참고문헌

최희선, 조인주(2021). 드림스타트 아동통합사례관리사의 사례관리 경험에 관한 현상학적 연구. **인문사회 21, 12**(1), 1913-1927.

찾아보기

저자 소개

성영화

2010년 성균관대학교 아동학과 유아교육전공으로 다문화와 관련한 주제를 논문으로 작성하여 박사학위를 취득하였다. 이후 SCH 특수아동교육연구소에서 다문화가정 아동에 관한 연구를 진행한 바 있다. 지금은 예비유아교사를 가르치고 있다.

제2판
아동 권리와 복지

1판 1쇄 발행 2023년 12월 5일
2판 1쇄 발행 2025년 12월 5일

지 은 이 | 성영화
발 행 인 | 박철용
발 행 처 | 양서원
주 소 | 경기도 파주시 직지길 522 파주출판도시
전 화 | 031-955-8000(代)
팩 스 | 031-955-8005
홈페이지 | www.yswpub.co.kr
이 메 일 | yswgroup@naver.com
출판등록 | 1987년 11월 24일 제406-2003-037호

ISBN 978-89-994-1620-0

정가 22,000원